Ansiedade e Criatividade

Ansiedade e Criatividade

Como a curiosidade nos ajuda a encontrar um propósito e nos torna mais sadios

MARTHA BECK

Tradução de Paula Diniz

Copyright © Martha Beck, 2025.

Todos os direitos estão reservados, incluindo os de reprodução de qualquer natureza de parte ou integralidade do conteúdo. Nenhuma parte deste livro pode ser usada ou reproduzida de forma alguma com o propósito de treinar sistemas ou tecnologias de Inteligência Artificial.

Esta edição foi publicada mediante o acordo com The Open Field, um selo da Penguin Publishing Group, uma divisão da Penguin Random House LLC. THE OPEN FIELD é uma marca registrada da MOS Enterprises, Inc.

Alguns nomes e características foram alterados com o intuito de proteger as pessoas envolvidas.

TÍTULO ORIGINAL
Beyond Anxiety: Curiosity, Creativity, and Finding your Life's Purpose

PREPARAÇÃO
Juliana Oliveira

REVISÃO
Mariana Gonçalves
Rayana Faria

DIAGRAMAÇÃO
Victor Gerhardt | CALLIOPE

DESIGN DE CAPA
Lynn Buckley

ARTE DE CAPA
Rare Moments of Beauty - Free, Pawel Nolbert

CIP-BRASIL. CATALOGAÇÃO NA PUBLICAÇÃO
SINDICATO NACIONAL DOS EDITORES DE LIVROS, RJ

B356a

    Beck, Martha Nibley, 1962-
        Ansiedade e Criatividade : como a curiosidade nos ajuda a encontrar um propósito e nos torna mais sadios / Martha Beck ; tradução Paula Diniz. - 1. ed. - Rio de Janeiro : Intrínseca, 2025.
        320 p.

    Tradução de: Beyond anxiety
    ISBN 9788551012918

    Ansiedade. 2. Criatividade. 3. Conduta de vida. I. Diniz, Paula. II. Título.

25-97367.0   CDD: 152.46
                              CDU: 159.942:616.89-008.441

Gabriela Faray Ferreira Lopes - Bibliotecária - CRB-7/6643

[2025]
Todos os direitos desta edição reservados à
EDITORA INTRÍNSECA LTDA.
Av. das Américas, 500, bloco 12, sala 303
22640-904 – Barra da Tijuca
Rio de Janeiro – RJ
Tel./Fax: (21) 3206-7400
www.intrinseca.com.br

Nenhum livro substitui a experiência diagnóstica e o aconselhamento médico de um especialista confiável. Por favor, consulte um profissional antes de tomar qualquer decisão que afete sua saúde, especialmente se você sofre de algum problema médico ou apresenta quaisquer sintomas que possam exigir tratamento.

*Para a minha família ousada e criativa ao redor do mundo.
Mesmo se eu soubesse todas as palavras de cada idioma, ainda não
seria o suficiente para dizer o quanto amo vocês.*

SUMÁRIO

Introdução   *9*

Parte Um
A CRIATURA

1. Por que temos um parafuso frouxo e queremos apertá-lo   23
2. Criaturas ansiosas em uma cultura ansiosa   49
3. Quando criaturas ansiosas são encurraladas   71
4. A criatura, unida   95

Parte Dois
O LADO CRIATIVO

5. Ativando o lado criativo   123
6. Curiosidade: a porta de entrada secreta   147
7. Montando a colcha de saúde da vida   167
8. Maestria: libertando o mágico   193

Parte Três
A CRIAÇÃO

9. Quebrando as regras do seu papel, focando a sua missão	219
10. Constelação de um ecossistema	246
11. A mente do tipo "não sei"	270
12. *Self* profundamente verde, Terra profundamente verde	291

Agradecimentos   *315*

INTRODUÇÃO

No início de 2020, Bo Burnham enfim se sentiu pronto para retornar aos palcos. Ele vinha se mostrando um comediante promissor até 2016, quando começou a ter ataques de pânico em suas performances, o que o obrigou a dar um tempo na carreira. Após três longos anos, ele estava preparado para voltar a se apresentar.

Mas, então, alguém na China começou a ter uma tosse seca.

Os planos de Bo Burnham mudaram, assim como os seus, os meus e os de todo mundo. No entanto, em vez de desistir do sonho de ser artista, Burnham começou a criar — um pouco movido por vingança. Trancado em casa, escreveu, tocou, filmou e editou sozinho uma comédia musical que chamou de *Inside*. O projeto foi lançado no formato digital em junho de 2021, recebendo ótimas críticas.

Inside capta a experiência de viver no século XXI com uma precisão angustiante. "Lá vem ele de novo, aquele sentimento engraçado", Burnham canta em certo momento, sentado sozinho em seu apartamento, com as câmeras ligadas.

Uma loja de presentes no estande de armas, um tiroteio em massa no shopping [...] A compreensão silenciosa no fim de tudo.

Burnham se refere à nossa reação aos perigos dos tempos atuais — temperaturas cada vez mais elevadas, violência nos noticiários e nos videogames, avalanche de informação, dissociação — como "aquele sentimento engraçado". Mas é evidente que o sentimento é qualquer coisa menos divertido. A obra de Burnham evoca o estranho terror de pertencer à população mais tecnologicamente avançada e bem-informada da história... e de observar a ação humana destruir as condições necessárias à nossa sobrevivência.

Enquanto nos vemos diante de notícias horríveis na internet, trocamos piadas sobre o colapso do meio ambiente, balançamos a cabeça em descrença diante do caos político e assistimos a notícias sobre as diversas maneiras como nossa espécie pode estar flertando com catástrofes apocalípticas, muita gente sente, no mínimo, o lado sombrio desse "sentimento engraçado". Outro nome dado a isso é ansiedade, como Bo Burnham sabia muito bem.

A ERA DA ANSIEDADE INACREDITÁVEL

Em 1948, W.H. Auden ganhou o prêmio Pulitzer por seu longo poema intitulado *The Age of Anxiety* [*A era da ansiedade,* em tradução livre]. Com todo o respeito, Sr. Auden, se achava a sua era ansiosa, é porque não viveu a nossa a nossa. Em 2022, o *New York Times* definiu a ansiedade como "a pandemia interna", expressão baseada não apenas na prevalência do transtorno, mas também na rapidez com que vem se espalhando.

Em 2017, a *Forbes Health* revelou que mais de 284 milhões de pessoas em todo o mundo haviam sido diagnosticadas com algum tipo de transtorno de ansiedade — e os casos não relatados quase certamente superam os registrados. Quando o *Journal of Psychiatric Research* se propôs a documentar as taxas de ansiedade nos Estados Unidos, concluiu-se que o transtorno estava aumentando depressa devido à "exposição direta e indireta (...) a eventos globais que provocam ansiedade".

Mas você talvez questione: quando o estudo foi publicado?

Em 2018 d.C.

Kkkkkkk!

Você se lembra dos velhos tempos, como 2018? Lembra-se de como todos pensávamos que *naquela época* tínhamos sido expostos a "eventos globais que provocam ansiedade"?

No primeiro ano da pandemia de covid-19, a prevalência mundial de transtornos de ansiedade aumentou impressionantes 25%. De acordo com a *Forbes Health*, o número de pessoas afetadas pulou de cerca de 298 milhões para 374 milhões. Em 2020, quase metade (47%) dos indivíduos entrevistados disseram ter experimentado crises regulares desse transtorno torturante, que drena a qualidade de vida e deteriora a saúde. Em 2023, mesmo com os temores quanto à flexibilização de medidas adotadas durante a pandemia, 50% dos jovens adultos entre 18 e 24 anos relataram ter sintomas de ansiedade. Tudo isso dá a ela a distinção duvidosa de ser o transtorno mental mais comum do mundo.

Dizem que as estatísticas não mostram o sofrimento das pessoas. Bem, eu, por exemplo, posso sentir a dor de quem sofre de muita ansiedade. Pois também sofro.

O MEU SENTIMENTO ENGRAÇADO

Durante toda a minha vida tenho estudado a ansiedade, porque ela me acompanha desde pequena. Já tive episódios parecidos com um vulcão em erupção ou um céu escuro repleto de nuvens em movimento. Tenho ansiedade há anos a fio, na riqueza e na pobreza, na saúde e na doença. Eu me lembro de ter ficado muito tensa e tomada por ansiedade na véspera de um aniversário, preocupada porque o tempo estava passando muito rápido e eu ainda não tinha conquistado algo relevante. Era meu aniversário de 4 anos.

Quando entrei na escola, só piorou. Na primeira vez que tive que escrever uma poesia, o meu receio de inadequação me deixou sem dormir por cinco dias alucinantes até que o meu pediatra — isso mesmo, o pediatra! — receitou uma dose pequena e abençoada de Diazepam. No ensino médio, quando entrei para o grupo de debate e fiquei de frente para um juiz, caí dura no chão.

A única razão pela qual eu sequer tentei falar em público foi porque percebi, logo que alcancei a puberdade, que só tinha uma escolha: fazer coisas que me provocavam muita ansiedade ou me esconder em uma caixa debaixo da cama. Por sorte, a inatividade, assim como todas as outras coisas, me deixou ansiosa. Então eu me joguei na vida, mais freneticamente, como alguém fugindo de um enxame de abelhas, do que com coragem.

Apavorada, fiz faculdade, depois entrei na pós-graduação, e tive vários empregos. Aterrorizada, eu me casei, viajei, tive alguns filhos e depois tratei de criá-los. Fui a lugares e fiz algumas coisas — mais do que alguns, menos do que outros. Mas aonde quer que eu fosse e o que quer que eu fizesse, eu estava sempre, sempre, sempre ansiosa.

Nossa, era muito chato.

Toda essa ansiedade foi um dos motivos pelos quais eu me enveredei para as ciências sociais. Se eu pudesse entender a mente, a minha mente, então — talvez algum dia, quem sabe? — eu conseguiria me libertar da sensação de incômodo constante. No início, obtive como resultado muitas informações desanimadoras. Por vários anos, e em diversos livros, li que, aos 5 anos de idade, o cérebro humano está totalmente formado, pronto e imutável. Eu me lembro de ler página por página com tristeza, arrasada pelo fato de que meu cérebro extremamente ansioso permaneceria assim para sempre.

Por sorte, continuei lendo.

Com o passar dos anos, as novas tecnologias permitiram que os neurologistas examinassem esse órgão com maior precisão. O que ocorre é que a ideia de um cérebro imutável é pura ficção. Nossa massa cinzenta é uma maravilha da autorrevisão. Ela pode se remodelar e faz isso constantemente, dependendo de como a usarmos, ao longo da vida.

Essa descoberta fez meu coração disparar como um dirigível. Comecei a devorar tudo o que encontrava sobre *neuroplasticidade*, um termo que descreve a maleabilidade do nosso cérebro. Cada novo estudo que eu lia me deixava mais esperançosa, principalmente um no qual neurologistas examinaram o cérebro de monges tibetanos que passaram anos praticando meditação. Descobriu-se que esses homens tinham tecidos anormalmente densos nas regiões do cérebro associadas a felicidade, compaixão e calma.

Em um monge específico, esse efeito era tão evidente a ponto de os cientistas que mediram a atividade cerebral dele pensarem que o equipamento estava com defeito. Esse cara era um verdadeiro super-herói cujo poder era a tranquilidade. Mas ele nem sempre foi tão sereno. Na verdade, ele passou a infância inteira lutando contra a ansiedade incapacitante e os ataques de pânico.

SIM!

Quero dizer, ISSO MESMO! UMA CRIANÇA TEVE ATAQUES DE PÂNICO! E, SIM! ELA SUPEROU!

Quando aprendi sobre a incrível plasticidade do cérebro, já tinha terminado a pós-graduação, dado aula na faculdade por um tempo e deixado a vida acadêmica para escrever livros e trabalhar como coach. A minha carreira acabou se voltando mais a uma convicção quase patológica de que cada pessoa pode satisfazer seu desejo mais profundo e tornar o mundo um lugar melhor do que para minha formação acadêmica. Depois de ler o estudo sobre os monges tibetanos, essa convicção criou raízes tão profundas que nada poderia abalá-la. Eu estava convencida de que poderia transformar o meu cérebro, talvez sem nem mesmo ter que me mudar para o Himalaia ou estudar para me tornar monja. Acreditava que o caminho para a paz já estava dentro de mim, eu só precisava encontrá-lo.

DESCOBRINDO A ARTE DA CALMA

Em 2021, quando Bo Burnham deu os toques finais em *Inside*, sua brilhante e sombria comédia musical, houve uma combinação de fatores que me deixaram mais obcecada do que nunca em superar a ansiedade. Alguns deles foram:

- Muitos dos meus clientes (que agora se consultam comigo por chamada de vídeo) estavam subindo pelas paredes devido à ansiedade — e quem poderia culpá-los? Eles se preocupavam com a pandemia, o futuro financeiro, o caos político, o clima constantemente estranho, além de uma série de outros problemas. Para ajudá-los, comecei a pesquisar sobre a ansiedade com muito mais afinco.

- Durante o lockdown, passei muitos meses desenvolvendo e ministrando um curso on-line sobre criatividade. O objetivo era ajudar as pessoas a encontrarem maneiras inovadoras de viver em um mundo que se tornara extremamente instável. Como parte da minha preparação, aprendi tudo o que foi possível sobre como a criatividade funciona no cérebro.

- Comecei a ter conversas frequentes com diferentes cientistas e psicólogos, incluindo Jill Bolte Taylor, uma neuroanatomista que estudou em Harvard na mesma época que eu. Jill teve um AVC que paralisou grande parte do hemisfério esquerdo de seu cérebro. A experiência dela tanto como cientista quanto como sobrevivente de um derrame fornece lições poderosas sobre como a ansiedade se desenvolve no cérebro e como podemos deixá-la de lado.

Essas experiências me deram novas ideias para lidar com a minha mente inquieta. Fiquei fascinada pela dinâmica neurológica da ansiedade — como ela atua no cérebro e também em nossos comportamentos e interações sociais. Fiquei particularmente intrigada com as evidências que mostram uma espécie de efeito de alternância entre ansiedade e criatividade: quando uma está em ação, a outra parece se manter quieta. Comecei a brincar com algo que chamei de "a arte da calma", porque para acalmar a minha ansiedade bastava usar a criatividade.

Os resultados desse experimento me surpreenderam. Em um momento de crise mundial, quando pensei que me sentiria extremamente desconfortável, minha ansiedade se manteve quase nula. Acontecimentos que antes teriam desencadeado crises de ansiedade — dor física incapacitante, instabilidade financeira, possível doença grave e perda de entes queridos — não me causaram mais pânico. Enquanto desenvolvia e praticava essa "arte da calma", eu me vi cada vez mais preocupada com as pessoas e com o mundo, embora, ao mesmo tempo, eu me sentisse muito menos ansiosa.

Como o lockdown transferiu para a internet quase todas as interações sociais, com exceção da troca de fraldas, também me vi fazendo muitos treinamentos de coaching em grupo, incluindo reuniões on-line gratuitas que atraíam centenas de participantes. Minha mente de nerd da sociologia se animou com a oportunidade de testar meus novos métodos para acalmar a ansiedade. Acompanhei milhares de pessoas enquanto empregavam essas técnicas e, graças às maravilhas da tecnologia, elas puderam me dar um feedback em tempo real sobre o desempenho dessa teoria na prática. A esmagadora maioria de todos os grupos relatou que os métodos que desenvolvi ajudaram a diminuir a ansiedade de forma imediata e consistente. Foi quando decidi escrever este livro.

OS FUNDAMENTOS DE COMO SUPERAR A ANSIEDADE

Na mesa onde escrevo estas palavras, há muitos livros maravilhosos empilhados sobre como reduzir as preocupações crônicas do público leitor. Todos eles contêm ótimos conselhos. Eu os li várias vezes e com atenção. Usei os conselhos deles na minha busca para me sentir menos ansiosa. Ensinei muitos dos métodos que aprendi com eles (sempre os referenciando!) ao trabalhar com meus clientes. Muitas das informações que retirei desses livros realmente ajudaram.

Mas até pouco tempo parecia uma tarefa hercúlea. Depois de anos de cuidadosa higiene mental e de milhares de horas de meditação, algo aconselhado por muitos desses textos, aprendi a ultrapassar a minha ansiedade e me conectar com um estado de paz interior. Por um tempo. Na maior parte dos dias. Mas aí algo preocupante surgia — o prazo de um trabalho, uma reportagem alarmante, uma dor estranha na barriga —, e meu cérebro começava a produzir ansiedade. A sensação era a de ter que limpar o estábulo do rei Augias depois de todos os cavalos e vacas tomarem laxante. Consegui me estabilizar o suficiente para sorrir durante o dia e dormir à noite, mas isso exigia um esforço constante.

Então, ao pesquisar várias áreas diferentes, percebi três coisas importantes que mudariam minha vida, me ajudando a ver como a ansiedade sempre conseguia afetar a minha mente e como eu poderia transformá-la em algo muito gentil, não mais cruel. À medida que experimentava novas técnicas calmantes, a ansiedade se tornou quase inexistente e permaneceu assim por muito tempo. Aqui estão as três informações importantes que espero que sirvam como fundamento para você traçar o próprio caminho para superar a ansiedade.

1ª INFORMAÇÃO IMPORTANTE: Todos somos ensinados a ativar inconscientemente uma "espiral de ansiedade" no cérebro. Mantemos essa espiral girando e acelerando sem qualquer consciência de que estamos fazendo isso.

Desde a primeira infância, somos constantemente recompensados por pensar de certa maneira: tanto verbal e analiticamente quanto em linhas lógicas organizadas. Você está fazendo isso agora mesmo enquanto decodifica os símbolos desta página, os transforma em linguagem e segue meu raciocínio. Esse tipo de foco formou (e está formando) determinada parte do seu cérebro da mesma maneira que exercícios físicos criam músculos. A parte do cérebro que está se fortalecendo se localiza majoritariamente no hemisfério esquerdo, embora todo o cérebro esteja ativo quase todo o tempo. Ainda que existam enormes vantagens em se concentrar nesse tipo de pensamento, há pelo menos uma grande *des*vantagem: dentro do nosso hemisfério esquerdo, há um mecanismo neurológico que chamo de "espiral de ansiedade".

A espiral de ansiedade funciona como um daqueles redutores de velocidade encontrados nas saídas de estacionamentos: ela permite que o cérebro avance para um estado maior de ansiedade, mas que não volte ao relaxamento. Todos os animais têm respostas ao medo quando estão em uma situação de perigo. Mas, por causa de nossas capacidades sofisticadas de fala e imaginação, nós, humanos, podemos manter elevada essa resposta ao medo indefinidamente, quer estejamos em perigo ou não. Na verdade, quanto mais cérebros com o lado esquerdo dominante a sociedade tem, mais nós, como indivíduos, recebemos mensagens para manter nossa espiral de angústia cada vez *mais elevada*, atingindo níveis mais altos de ansiedade.

2ª INFORMAÇÃO IMPORTANTE: À medida que a sociedade nos deixa mais ansiosos, nós a deixamos mais ansiosa.
A ansiedade é contagiosa. Ainda que aprendamos técnicas que diminuam nosso desconforto pessoal, viver em uma cultura marcada pela ansiedade pode nos colocar de volta em um estado de pânico. Nosso cérebro e nossas emoções são moldados pelas influências culturais que experimentamos diariamente: a pressão para ter um bom desempenho em escolas que estimulam a rivalidade entre alunos; a necessidade de garantir uma fonte de renda; a constante enxurrada de notícias alarmantes ao redor do mundo; encontros com familiares, amigos e desconhecidos que podem estar passando por situações difíceis. Ficar calmo em uma sociedade de pessoas inquietas é como tentar descer uma escada rolante que está subindo.

À medida que a sociedade nos deixa ansiosos, nós a deixamos ansiosa. Nossos sentimentos, pensamentos e ações inquietos respingam no que está ao nosso redor, deixando os outros ainda mais ansiosos. Então, essas pessoas aumentam a pressão social que *nos* deixa ainda mais ansiosos, e acabamos devolvendo essa ansiedade ampliada para outras pessoas... Sabemos onde isso vai dar. A espiral de ansiedade na nossa mente — aquela que faz a ansiedade aumentar — se replica em um círculo maior e, em seguida, gira entre as mentes individuais e a sociedade.

As influências sociais que nos empurram rumo à ansiedade são infinitas, sutis e poderosas. Os neurônios-espelho do cérebro mudam para replicar automaticamente o sentimento de quem está por perto. Imagens de perigo e horror estão sendo comunicadas de forma mais rápida e universal; por isso, costumamos ouvir e ver relatos de acontecimentos terríveis pelo mundo. A estrutura de nossa vida profissional muitas vezes nos leva a ficar nervosos e nos fazem temer continuamente a perda de alguma vantagem competitiva ou até a fonte de sustento.

Para neutralizar tudo isso, precisamos de mais do que simplesmente algumas técnicas de relaxamento. Precisamos de uma transformação cultural em nosso modo de lidar com a vida.

3ª INFORMAÇÃO IMPORTANTE: Não é possível simplesmente acabar com a ansiedade. Ela deve ser substituída.
A natureza abomina o vácuo; por isso, mesmo que possamos relaxar nossos circuitos de ansiedade altamente desenvolvidos, eles colidem com muitas

forças (dentro e fora do cérebro) que os aceleram em resposta — a menos que o espaço que a ansiedade costumava ocupar seja preenchido.

Para viver com alegria e otimismo em vez de constantemente preocupados, não precisamos simplesmente nos livrar de problemas; precisamos mudar a forma como usamos nosso cérebro. Precisamos de práticas que conduzam nosso pensamento a novos caminhos habituais, novos modos de perceber e de se relacionar com o mundo. Embora alguns psicólogos e neurologistas estejam começando a articular essa ideia, a cultura ocidental moderna não nos ensina nenhuma habilidade eficaz para canalizar a energia ansiosa e transformá-la em pensamentos pacíficos. Mas outras culturas (pense nas ordens monásticas tibetanas) transmitem esse conhecimento.

Aqui está o que as pessoas que desde cedo desenvolveram práticas para acalmar a ansiedade sabiam: a mente humana é infinitamente generativa e nada é capaz de pará-la. Está sempre fazendo algo. Sempre. A parte do cérebro que fomos ensinados a usar está constantemente criando conceitos, histórias, teorias, estratégias competitivas, uma sensação de ausência — e, é claro, ansiedade.

Para interromper esse ciclo, podemos redirecionar nossa atividade neural para um conjunto diferente de estruturas e funções cerebrais — aquelas que criam curiosidade, encanto, conexão, compaixão e admiração. Aprender a usar o cérebro dessa maneira depende da ciência, mas, como eu disse, é, em última análise, uma arte. As estratégias que vou ensinar neste livro não apenas farão de você uma pessoa menos ansiosa; elas transformarão você em um artista da calma, um gênio criativo.

Isso não significa que você vai começar a pintar retratos ou compor sinfonias (embora possa fazer isso, se quiser). Significa que você vai começar a acionar todo o poder da mente humana infinitamente engenhosa para realizar o que quer que você se proponha a fazer. Todos nós temos uma expressão criativa favorita: culinária, poesia, engenharia, criação de animais, o que for. Mas, apesar dos interesses individuais, também temos uma expressão criativa em comum: a formação de nossas experiências de vida. Qualquer coisa que você faça pode se tornar um meio criativo e, ao deixar a ansiedade para trás e liberar sua criatividade inata, sua obra-prima será a vida mais emocionante e gratificante que pode imaginar.

Viver além da ansiedade é radicalmente libertador, muito mais do que imaginamos: ficamos livres para nos manter em um estado interior contínuo de paz e autocompaixão. Livres para interagir com os outros com confiança e sabedoria, deixando de lado a insegurança e a tensão. Livres para lidarmos com as pressões da sociedade como quem constrói caminhos poderosos e transita por eles, e não como andarilhos infelizes. Livres para criarmos nosso próprio futuro e encará-lo não como avalanches aleatórias de acontecimentos assustadores, mas como desdobramentos de milagres benéficos. A capacidade de ter toda essa liberdade é nosso direito de nascença; está dentro de nós desde o dia em que nascemos. Ao deixar a ansiedade para trás, você perceberá isso.

PARA ONDE VAMOS: A CRIATURA, O LADO CRIATIVO E A CRIAÇÃO

Como qualquer outra arte, viver além da ansiedade requer treino. Gosto de abordar o assunto em três fases, por isso este livro tem três partes. Na Parte Um, você aprenderá a lidar com sua tendência biológica e psicológica de ficar ansioso. Chamo esse processo de "acalmando a criatura".

Na Parte Dois, você começará a utilizar as áreas do cérebro que o tiram de um estado de ansiedade e o levam à curiosidade, ao fascínio e à inventividade. Como o processo traz à tona sua versão mais criativa, eu o chamo de "ativando o *Self* 'criativo' ou 'criador'". Novamente, esse seu lado pode estar interessado no que a sociedade chama de "arte" (música, pintura, poesia etc.), mas seu maior papel será descobrir ou inventar abordagens criativas de resolução de problemas para *qualquer aspecto da vida*. Seu eu criativo vê os "problemas" não como gatilhos que causam ansiedade, mas como oportunidades para projetar respostas originais a qualquer situação.

Na Parte Três, você vai se afastar tanto da ansiedade e entrar no terreno da criatividade que pode começar a experimentar algo que eu chamo de "misturar-se com a criação". Essa expressão soa estranha para o ouvido ocidental típico, já que nossa cultura não nos ensina muito sobre isso. Na verdade, "misturar-se com a criação" pode parecer bobo ou sem sentido para você, especialmente porque as palavras não descrevem a sensação de fato. A analogia mais próxima que posso fornecer é dizer que essa união com a criação é um estado de fluxo sem esforço no qual esquecemos completamente a ansiedade — e até mesmo a parte de nós que se sentia ansiosa. Na verdade, toda percepção de si mesmo pode se dissolver. Mas esse tipo de dissolução — a dissolução de toda a ansiedade — libera o potencial de alegria absoluto, assim como a dissolução das larvas de uma libélula acaba proporcionando às criaturas terrestres a capacidade de voar.

Essa progressão rumo à superação da ansiedade e que atinge o gênio criativo inato é um processo contínuo. Basta ter um cérebro humano para ser capaz de sentir a ansiedade outra vez. Mas conforme aprendemos as habilidades e os conceitos estabelecidos neste livro, fica cada vez mais fácil acalmar a criatura assustada no cérebro e liberar o lado criativo. Toda vez que fazemos isso, vamos em direção a níveis maiores de inventividade, aventura e entusiasmo.

Tudo isso pode gerar um novo "sentimento engraçado" que você levará para todos os lugares. Mesmo ao enfrentar uma realidade de caos, destruição, raiva e ameaça, a calma vai florescer e se transformar em criatividade, conexão e alegria. Você aprenderá a usar a mente e o coração como um escultor trabalha com argila, como um músico compõe canções. Tudo o que fizer contribuirá para a criação artística mais importante: sua vida. E, ao construir uma vida melhor, você pode simplesmente mudar o mundo.

ANTES DE COMEÇARMOS

Conforme aprendemos a usar as ideias e os processos sugeridos neste livro, substituindo a ansiedade pela criatividade alegre, podemos começar a parecer peculiares às pessoas (ansiosas) ao nosso redor. Essas pessoas podem ocasionalmente nos encarar com sobrancelhas franzidas, olhares vazios e comentários ácidos. Aprender a viver além da ansiedade é uma das melhores coisas que você fará por si mesmo, por aqueles que ama e pelo mundo, mas pode não ser a tarefa mais fácil.

Aqui estão algumas perguntas que eu gostaria que você levasse em consideração agora. Se a resposta a qualquer uma delas for um simples não, tudo bem. Leia o livro — ou talvez apenas vá se deitar por um tempo — e veja se as respostas mudam à medida que a ansiedade aumenta. Quando estiver realmente cansado de se sentir ansioso, pode decidir que vale a pena aceitar o desafio.

- Você está preparado para questionar a sabedoria convencional de nossa cultura tão a fundo a ponto de mudar fisicamente sua massa cinzenta

— em outras palavras, para desenvolver um cérebro que não se encaixa muito bem na sociedade?

- Você é capaz de aceitar que abandonar a ansiedade pode fazer com que você pense e aja de modo empático e criativo, mas incomum, e que as pessoas ao seu redor podem não compreender?

- Você tem a vontade e a coragem de moldar todas as suas ações a partir do que surge de sua originalidade inerente, e não a partir de coisas que já tenha aprendido?

Reflita sobre essas perguntas com cuidado. Viver além da ansiedade é uma arte gentil — de fato, ensina a verdade paradoxal de que a gentileza é extraordinariamente poderosa. Mas, neste mundo, ser gentil pode exigir muita coragem. Não quero assustá-lo, você já passou tempo suficiente com medo. Só quero que saiba que viver além da ansiedade, como qualquer arte radical, é uma contracultura. Isso definitivamente o levará para além da sabedoria convencional de nossa sociedade. Ninguém pode prever o que você pode fazer. Não posso prometer que vai parecer "normal"; só posso dizer que isso o levará à alegria inimaginável do seu melhor destino.

Ainda topa o desafio?

Então vamos nessa.

Parte Um
A CRIATURA

1

POR QUE TEMOS UM PARAFUSO FROUXO E QUEREMOS APERTÁ-LO

Escrevo esta parte do livro sob o telhado de palha de uma cabana em um dos meus lugares favoritos: uma reserva natural sul-africana chamada Londolozi. Minutos atrás, enquanto estava sentada aqui digitando, um ruído agudo e gutural interrompeu a quietude da noite. Reconheci o som como o rugido de um leopardo; já o tinha ouvido muitas vezes. Mas nunca quando eu estava sozinha, de pijama, à noite, a quase dois metros de onde vinha o som.

Por um instante, pensei de fato que o leopardo estivesse no quarto comigo — especificamente, *abaixo* de mim, porque na hora corri direto para a rede mosquiteira colocada sobre a minha cama, como um foguete movido por pura adrenalina.

Mas isso aconteceu apenas na minha cabeça.

O que ocorreu de fato foi muito menos dramático. Olhei bem a tempo de ver a forma meio iluminada do animal deslizando do outro lado de uma porta com tela de proteção. Antes que eu sequer pensasse na palavra *leopardo*, percebi que estava completamente segura. O visitante caminhou pela grama alta, proclamando sua presença com um som parecido com o de uma motosserra enquanto eu estava sentada ali radiante, sentindo como se meu sangue tivesse sido substituído por um bom champanhe.

Este é um exemplo de algo que Gavin de Becker, especialista em prevenção da violência, chama de "o dom do medo". O que eu senti quando ouvi o leopardo não foi calma. Mas também não foi ansiedade. Antes de falarmos mais sobre o que é ansiedade, devemos definir com precisão o que não é.

Quatro palavras: ansiedade não é medo.

O chamado daquele leopardo acionou a minha reação de luta ou fuga, um recurso que a maioria dos animais possui. Ele cria uma onda de medo real, que nos atinge com força, colocando-nos em ação, e depois se esvai. Na maioria das vezes, essas reações de "medo verdadeiro" se apresentam em suspensão. Mas se — e somente se — nossos sentidos detectarem perigo explícito e presente, o medo verdadeiro entrará em ação, dando-nos a clareza mental e a energia física necessárias para lidar com a ameaça. Assim que a segurança é restabelecida (o fogo se apaga, o leopardo se afasta), é possível relaxar novamente.

É surpreendente a rapidez com que isso pode acontecer. Agora mesmo, em menos de um segundo, passei do contentamento pacífico para o medo apavorante, depois voltei para a sensação de paz. Não experimentei nenhuma emoção negativa incapacitante, apenas um foco mental súbito e afiado e uma onda de energia física. O medo real nos diz o que fazer ao mesmo tempo em que nos dá a velocidade e a força necessárias. É como ser baleado por um canhão.

A ansiedade, por outro lado, é mais parecida com ser assombrado. Ela atrai nossa atenção para pensamentos e fantasias preocupantes, afastando-nos da nossa situação física e real no presente. A mais vaga sensação de desgraça nos pressiona sem que haja qualquer sugestão de uma ação construtiva. E, ao contrário do medo saudável, a ansiedade nunca cede. Não apenas persiste, mas *aumenta* em situações em que estamos completamente seguros. Esse medo constante piora a saúde, os relacionamentos e a capacidade de realizar sonhos e de se encher de esperança.

Então, como o medo — um dom inestimável sem o qual todos estaríamos mortos — se torna a grande ferramenta de tortura da ansiedade? Excelente pergunta! Que ótimo que perguntei.

Neste capítulo, vou contar como o medo saudável pode acabar emperrado na posição de "ligado", transformando um impulso rápido e reflexivo em uma espiral interminável e crescente de ansiedade. Vou mostrar como a biologia e a cultura nos puxam como uma correnteza em direção à ansiedade, muitas vezes nos arrastando antes mesmo de nos darmos conta, e como podemos começar a nos libertar. Este capítulo apresenta uma ciência rudimentar, extraída do tesouro de descobertas emocionantes que estão emergindo à medida que a tecnologia nos ensina cada vez mais sobre nós mesmos, nossos pensamentos e comportamento. Esse ramo da ciência não só é fascinante, como também é profundamente libertador. Compreender os fundamentos da ansiedade é a chave para escapar dela.

COMO O MEDO SE TRANSFORMA EM ANSIEDADE

Quando deparamos com o desconhecido, de um inseto de aparência estranha a um penteado moderno, isso chama a atenção de uma estrutura antiga no centro do cérebro, que foi transmitida de criatura para criatura por centenas de milhões de anos. Essa estrutura se chama *amígdala*, que, no grego, significa "amêndoa"; os livros nunca deixam de mencionar que ela tem o tamanho e o formato de uma amêndoa. Toda criatura com uma espinha dorsal tem uma amígdala, ou um homólogo próximo.

Na verdade, dizer que temos "uma amígdala" não é correto. Na verdade, temos duas — uma do lado esquerdo do cérebro; outra, do lado direito — e mais adiante falaremos detalhadamente sobre o que isso significa. Por enquanto, imagine a amêndoa interna dividida em duas partes captando qualquer impressão ameaçadora ou desconhecida: a visão de um objeto voando em sua direção, o som de um leopardo bufando ou o rastro do cheiro do spray de cabelo de sua sogra. Imediatamente, a amêndoa interna do cérebro envia um sinal de alarme, como um pequeno grito silencioso: *Aahhh!*

Em um piscar de olhos, esse alarme atinge outras estruturas: as camadas cerebrais que geram emoções e são iguais às de outros mamíferos, e as partes lógicas e verbais, exclusivas dos humanos. Em situações de extremo perigo, essa resposta ao medo pode nos tornar quase super-humanos. Sem pensar duas vezes, pulamos para longe da cascavel, lançamos o bote salva-vidas, levantamos o carro para tirar a pessoa amada presa embaixo dele. (Espera-se que *tudo* isso não ocorra de uma vez.)

Para a maioria das criaturas, a experiência do medo termina quando o perigo imediato desaparece. Foi o que aconteceu no meu cérebro enquanto o leopardo que me visitou ia embora. Já vi muitos outros animais relaxarem depois de escapar do perigo — *logo depois mesmo*. Certa vez, observei um leão que tinha acabado de comer a maior parte de um gnu indo atacar outro gnu. O antílope saiu correndo em disparada. Em menos de 100 metros, o felino supernutrido desistiu e simplesmente ficou ali, ofegante. De forma instantânea, com o suposto futuro assassino ainda à vista, o gnu relaxou e voltou a pastar.

Nós, humanos, reagiríamos da mesma maneira se não fôssemos tão inteligentes (em oposição ao gnu médio, que perderia uma batalha de inteligência para uma colher). O nosso cérebro, ao contrário do de qualquer outro animal, pode reter informações como uma história verbal e elaborá-la por meio da imaginação. Gostamos de acreditar que somos a espécie "racional", tão legal e lógica quanto Sherlock Holmes. Mas, na verdade, nossos pensamentos e decisões são, em grande parte, conduzidos pelo que acontece nos níveis emocionais de nosso cérebro.

Isso quer dizer que a mente humana brilhante geralmente reage com maior intensidade ao grito da amêndoa interna e ao lampejo emocional do medo do que à situação real. Podemos ser surpreendidos por quase qualquer coisa — passos atrás de nós, a cara fechada do chefe, uma notícia. Isso acontece quando vemos que uma ameaça é real e palpável. O cérebro como um todo entra em ação para lidar com o perigo. Mas mesmo que a ameaça não seja real, mesmo que a pessoa atrás de nós seja um ente querido, que o chefe esteja de cara feia por causa da dor provocada por uma doença e não por raiva, e que a notícia requeira sabedoria a longo prazo em vez de um surto imediato, o lado esquerdo do cérebro tende a reagir a cada alarme de ameaça de dois modos: (1) dando *explicações* que justificam o sentimento de medo e (2) descobrindo maneiras de *assumir o controle* da situação.

EXPLICAÇÕES E CONTROLE: COMO A ANSIEDADE CRIA RAÍZES

As histórias assustadoras que o nosso cérebro cria para justificar qualquer sentimento de medo tendem a soar completamente racionais para quem as experimenta, assim como as táticas de controle que usamos para nos sentirmos no comando. Como coach, vi pessoas perderem uma quantidade surpreendente de tempo e energia tentando controlar todo tipo de situação. Algumas vigiam parceiros por meio de aplicativos de celular o tempo inteiro, todos os dias, com a desculpa de que a vigilância constante mantém o amor vivo. Já vi pais quase se mudarem para a escola dos filhos, acreditando que, se puderem administrar todos os aspectos do currículo escolar, seus filhos amados terão um futuro feliz garantido. Já vi chefes destruírem empresas por controlar todos os aspectos da vida profissional dos funcionários até que eles se libertaram e fugiram.

O impulso de controlar é tão profundo e poderoso que podemos acreditar que estamos agindo de maneira lógica, mesmo quando nossas estratégias de controle se tornam bizarras. Por exemplo, alguns anos atrás, minha amiga Jennifer estava hospedada na mesma reserva de Londolozi, de onde estou escrevendo agora. Em sua primeira noite aqui, ela acordou e viu — adivinhe só — um leopardo, bem do lado de fora da porta com tela de proteção. Pode ter sido o mesmo animal que me visitou ainda agora. Mas, no dia em que Jennifer o viu, ele trazia um lanche. Minha amiga foi acordada pelo som instigante de dentes afiados roendo ossos e cartilagens. O enorme felino estava a poucos metros de distância, com os olhos cravados na carcaça ensanguentada de um impala.

Claro, a amígdala de Jennifer soltou um grito poderoso. Mas o neocórtex dela, confuso e cansado por causa do jetlag, foi mais longe do que o meu. Instantaneamente, formou uma teoria ("É por isso que você *deveria* ter medo!") e uma estratégia de controle ("Isso é o que você *deve* fazer para se manter segura!"). A teoria de Jennifer era a de que, como ela estava usando um pijama felpudo com estampa de leopardo, o animal a perceberia como um rival territorial. Sua estratégia de controle, que ela rápida e decisivamente colocou em prática, foi sentar-se ereta, envolver-se em um cobertor bege e posar como um cupinzeiro.

Quando Jennifer contou essa história no dia seguinte, durante o café da manhã, ela riu tanto que mal conseguia respirar. O sistema nervoso dela, assim como o meu, havia voltado ao modo "seguro" após a visita do leopardo. Mas, em muitas situações, o cérebro humano nervoso não relaxa mesmo depois que o perigo já passou. Em vez disso, ele continua criando mais cenários a respeito do que poderia dar errado. E aqui está um ponto-chave: os pensamentos lembrados e imaginados pelo neocórtex retroalimentam a amígdala esquerda como se estivessem *de fato acontecendo*.

O LOOP INFINITO DE FEEDBACK DA ESPIRAL DE ANSIEDADE

Ao ouvir agora ao meu redor a sinfonia de ruídos de animais na noite africana, eu poderia me meter em um turbilhão de ansiedade. O meu cérebro poderia gerar pensamentos e histórias que me manteriam acordada a noite toda. Poderia começar a gritar silenciosamente coisas como:

- *Este lugar está* infestado *de leopardos. Eles estão por toda parte!*

- *Aquele animal está apenas esperando que eu durma. Depois ele vai arrebentar a porta com tela de proteção e me atacar.*

- *Ouvi dizer que eles matam a pessoa mordendo o pescoço até ela sufocar. Como seria essa sensação?*

- *Ou... peraí... eles arrancam o intestino primeiro? Isso talvez seja ainda pior — eu ficaria sofrendo até morrer!*

- *Talvez ele só me prenda e comece a me comer viva. Ah, não! Por onde ele começaria?*

À medida que essas histórias assustadoras se desenrolavam, minha amígdala esquerda reagia a cada novo pensamento como se aquele cenário aterrorizante fosse de fato a realidade. Cada pensamento acarretaria um grito maior. E toda vez meu hemisfério esquerdo responderia ao novo grito pensando: *Ai, meu Deus, isso é ainda pior do que eu imaginava!* Em seguida, criaria histórias *ainda mais assustadoras* para justificar o novo nível de medo fortalecido pela imaginação, o que levaria minha amígdala esquerda a gritar cada vez mais alto, fazendo meu neocórtex criar histórias de terror *ainda piores*, e assim por diante.

E por aí vai.

Isso é o que os engenheiros chamam de "ciclo de feedback não regulamentado" — algo que se alimenta da própria energia para que ela só aumente e nunca diminua. Quando isso acontece na parte do nosso cérebro responsável pelo medo, eu chamo de "espiral de ansiedade".

A ESPIRAL DE ANSIEDADE POR DENTRO E POR FORA

Se você é do tipo preocupado, sabe como é estar acordado, são e salvo, e começar a ficar cada vez mais aterrorizado — não por fatos reais, mas por acontecimentos *possíveis*. (Como um autor desconhecido disse certa vez: "Eu sou um homem velho e tenho noção de muitos problemas, mas a maioria deles nunca aconteceu.") É provável que você também saiba como é se acalmar por meio de doses heroicas de autodisciplina, levantando-se depois de uma noite sem dormir o suficiente determinado a tornar aquele dia melhor — para logo depois se ver tomado pela ansiedade de novo ao ficar preso no trânsito, ou deparar com uma conta inesperada, ou receber gritos de um colega de trabalho estressado.

Há uma circularidade nauseante na espiral de ansiedade, como um carrossel que continua acelerando e criando mais força centrífuga. Para mim, o processo muitas vezes foi só um borrão: choques intensos seguidos por pensamentos aterrorizantes sobre um possível desastre, seguidos imediatamente por choques ainda mais intensos. Talvez não sejamos capazes de diminuir a ansiedade no início, mas sim ao estabelecermos a intenção de *observar* a ansiedade sem tentar mudá-la, começando a reconhecer o impulso agudo do medo e a perceber como ele aumenta o ímpeto de nossos pensamentos assustadores.

Por exemplo, certa vez uma cliente a quem vou chamar de Kayla entrou em um ambiente e pegou o marido digitando no celular. Ele imediatamente escondeu a tela e se virou para ela com um entusiasmo um pouco exagerado.

— Eu senti um choque horrível — relatou Kayla. — Pensei: *ele está mentindo. No que ele está metido? Jogos de azar? Pornografia? Ele está tendo um caso?* — A cada pensamento, o choque de pavor se repetia, piorando à medida que as histórias se multiplicavam. — Eu me senti tão traída que comecei uma discussão — disse Kayla. — Quando ele admitiu que estava planejando minha festa de aniversário, eu já estava meio convencida de que meu casamento tinha acabado.

Simon tinha um padrão parecido no trabalho, onde ocupava um cargo de gerente e liderava uma equipe de três homens mais velhos. Gênio da tecnologia, Simon tinha de fato mais habilidades do que seus subordinados. Mas ele se sentia muito ansioso por ser visto como imaturo, então tentou agir "com mais autoridade", esforçando-se para mostrar seu conhecimento. Isso o fazia parecer crítico e arrogante. Os colegas de Simon logo se sentiram tão ansiosos perto dele quanto Simon ao redor deles.

Jared e Sophie ficaram presos em uma espiral de ansiedade quando a filha Ruby nasceu. Cada tosse ou espirro da pequena Ruby desencadeava uma explosão de medo que mandava os pais para a internet em uma missão a fim de aprender (e controlar) tudo o que possivelmente poderia dar errado com a saúde da bebê. À medida que sua mente imaginativa ia compreendendo rótulos como "vírus sincicial respiratório" e "doença do refluxo gastroesofágico", Sophie e Jared ficavam tão tensos que Ruby percebia e começava a chorar, acelerando a espiral de ansiedade dos pais, o que levava toda a família a várias consultas médicas desnecessárias.

Kayla e o marido, Simon e seus colegas de trabalho e a pequena família de Ruby estão longe de ser incomuns. As espirais de ansiedade começam nos indivíduos, mas se espalham para os grupos em quase todas as situações sociais. Lembre-se de que a ansiedade é contagiosa. Toda vez que interagimos com alguém, corremos um alto risco de ficar presos em suas espirais de ansiedade, o que acentuará a nossa. E nós, humanos, construímos uma versão macro do mecanismo de ansiedade de nosso cérebro na sociedade que criamos. A cultura moderna é como uma grande espiral de ansiedade em que inúmeros cérebros inteligentes se ocupam em contar histórias aterrorizantes e estratégias de controle 24 horas por dia, sem parar. Nossa capacidade de nos comunicar instantaneamente com um grande número de pessoas nos permite espalhar o sofrimento com mais rapidez e amplitude do que nunca.

Aqui está um exemplo de uma grande espiral de ansiedade coletiva. Alguns dias atrás, quando embarquei no avião rumo à África do Sul, minha bagagem tinha — confesso — um curvador de cílios. Os agentes de segurança do aeroporto fizeram cara feia para esse pequeno objeto, disseram que era perigoso e o confiscaram. Eu sabia que era melhor não perguntar como eles achavam que eu o usaria como arma. (Seria curvando tanto meus cílios que eles fariam a tripulação perder o foco e abrir as portas da aeronave em pleno voo? Curvando os cílios do piloto até que ele se tornasse irreconhecível e tivesse um colapso existencial? Envergonhando de forma letal outros passageiros cujos cílios eram lamentavelmente retos?)

Se a minha brincadeira em relação a esse episódio ofende você, peço desculpas. E compreendo.

Os ataques terroristas de 2001 foram muito reais e absolutamente horríveis. Viagens aéreas fazem muitas pessoas se sentirem desconfortáveis até mesmo em momentos felizes e, desde o 11 de Setembro, esse mal-estar distorceu muito nossa espiral de ansiedade coletiva. A simples visão de um avião comercial pode desencadear um grito alto enquanto nossa mente repete as imagens daquele dia medonho. Em resposta a essas lembranças e outros casos de tentativa de terrorismo, nossa sociedade gerou muitas estratégias de controle — algumas lógicas, outras, não. Por exemplo: *se todos os viajantes armazenarem líquido em garrafas pequenas, estaremos seguros. Se todos tirarem os sapatos antes de embarcar, estaremos seguros. Se todos os curvadores de cílios forem confiscados, estaremos seguros. Se atacarmos algo ou alguém com quem não estamos acostumados, estaremos seguros.* E, acima de tudo: *se estivermos sempre preocupados com isso, estaremos seguros.*

Esta é a lógica autodestrutiva da ansiedade: ela nos faz realmente acreditar que a única maneira de se sentir seguro é nunca se sentir seguro. Por causa dos sistemas de feedback não regulamentados em nosso interior, é fácil ficar preso a esse raciocínio cíclico que permeia a sociedade.

As fantasias de ansiedade coletiva moldam a forma como interagimos com nossas famílias, instituições, religiões — em suma, todas as nossas estruturas e atividades sociais. Operando sob a ansiedade, os membros da família tentam microgerenciar a vida dos entes queridos; os teóricos da conspiração postam conjecturas obscuras na internet incitando uns aos outros a níveis cada vez mais altos de paranoia; as pessoas em uma extremidade de um espectro político tentam a todo custo controlar as do lado político oposto, tornando-se mais barulhentas, mais ofensivas e mais incisivas à medida que a ansiedade aumenta.

Às vezes, boatos assustadores ou perigos imaginados podem desencadear uma espiral de ansiedade coletiva que tem o tamanho e o poder de sucção de um tornado. É como se alguém tivesse acabado de gritar "FOGO!" em um teatro lotado com um bilhão de pessoas. Nações inteiras podem cair em fantasias compartilhadas de ameaça, e as pessoas podem ficar tão desconfiadas que mal conseguem se enxergar em meio às histórias de horror criadas por sua mente. As espirais de ansiedade coletiva já geraram violência, injustiça, discriminação, massacres, sofrimento e guerra incalculáveis.

Isso é *extremamente assustador*! De fato, temos que *controlar* isso! Certo?
Viu como funciona?

A má notícia é que, por mais assustados que nos tornemos e por mais que tentemos controlar outros indivíduos e situações, as ações baseadas na ansiedade tendem a aumentar o sentimento, levando a espirais crescentes de terror e violência. A boa notícia é que existe outra opção.

UM CÉREBRO, DOIS PONTOS DE VISTA

Durante todo esse tempo, falamos sobre o que acontece no hemisfério esquerdo do cérebro quando percebemos uma ameaça. Agora vamos examinar o hemisfério direito. Basta recorrer a ele para começarmos a nos libertar da ansiedade. É também o melhor jeito de resolver as dificuldades reais e válidas que enfrentamos como indivíduos e como espécie.

Neste livro, falarei muito sobre as diferenças entre os hemisférios esquerdo e direito do cérebro. Sei que se trata de uma simplificação; a todo momento, os dois hemisférios do cérebro estão em funcionamento, trocando informações, moldando o comportamento em uma harmonia complexa e múltipla. Os cientistas odeiam quando não cientistas generalizam sobre ser uma pessoa "que tem o lado esquerdo do cérebro dominante" ou "o lado direito do cérebro dominante". Mas, como afirma o psiquiatra de Oxford Iain McGilchrist: "Da mesma forma, seria insensato acreditar que não há diferenças importantes entre os hemisférios. Existem diferenças extremamente importantes, que estão no cerne do significado de ser humano."

Há muito tempo, os neurologistas sabem que o hemisfério esquerdo é responsável pelo pensamento analítico, lógico e verbal, enquanto o hemisfério direito está mais sintonizado com as percepções sensoriais, as emoções e a intuição. Isso fica óbvio quando funções são danificadas em partes específicas do cérebro em virtude de doença ou acidente. Os danos mostram aos neurocientistas o que acontecia nas várias partes do cérebro antes de ocorrer a tragédia.

Minha amiga Jill Bolte Taylor entende disso como ninguém. Primeiro porque ela é uma neuroanatomista altamente qualificada. Segundo porque, enquanto trabalhava como neurocientista em Harvard, Jill sofreu um AVC que incapacitou temporariamente grande parte de seu hemisfério esquerdo. Foi ela quem me disse pela primeira vez — tanto em seus textos quanto em conversas — que falar sobre "a amígdala" ou "o neocórtex" como uma estrutura singular é um equívoco. Tendo estudado e vivido a diferença entre os dois hemisférios, Jill está bem ciente de que as duas áreas do cérebro desempenham funções muito diferentes, de maneiras muito distintas.

A visão do lado direito

Certa manhã, enquanto Jill se preparava para mais um dia agitado em Harvard, uma veia se rompeu dentro de sua cabeça. A cada batimento cardíaco, o sangue pulsava para o hemisfério esquerdo de Jill. Aos poucos, partes do cérebro foram inundadas, "estalaram", depois "piscaram" e, por fim se apagaram. Em poucas horas, Jill perdeu a capacidade de usar a linguagem, seguir um raciocínio sequencial e acompanhar o tempo linear.

Ela também perdeu todos os vestígios de ansiedade.

Com o hemisfério esquerdo inativo, Jill se viu como um campo de energia do tamanho de todo o universo. Nessa consciência do hemisfério direito, não havia tempo, apenas um momento presente infinito. Jill não se lembrava do nome de objetos comuns, muito menos de pessoas, mas estava extraordinariamente sintonizada com a energia física e emocional de seus semelhantes humanos. Mais tarde, ela escreveu que sua consciência parecia "uma grande baleia deslizando por um mar de euforia silenciosa". Ela estava intensamente consciente, cheia de compaixão e gratidão inefáveis.

Felizmente, Jill também estava cercada de outros estudiosos do cérebro. Eles tinham fé em sua recuperação, porque sabiam que o cérebro é maleável; é possível mudar suas estruturas por dentro apenas pensando de forma diferente. Jill levou mais de oito anos para realizar a tarefa quase milagrosa de reconstruir o hemisfério esquerdo do cérebro. Ela recuperou a capacidade de usar a linguagem, a lógica e o tempo. Mas, de propósito, escolheu que seu hemisfério esquerdo fosse menos dominante do que antes. Em suas palavras, ela agora sabia como "entrar na consciência do hemisfério direito".

No início, fiquei confusa com a descrição de Jill de um hemisfério direito feliz, porque ia de encontro ao que ela mesma chamava de "uma montanha de pesquisas em neurociência que apoia a ideia de que o lado esquerdo de nosso cérebro é a fonte da nossa felicidade". Mas, como ela escreveu em seu livro *Whole Brain Living* [*A vida com o cérebro inteiro*, em tradução livre]: "Felicidade não é o mesmo que alegria. Embora felicidade e alegria sejam emoções positivas, elas são muito diferentes psicológica e neuroanatomicamente." A felicidade do hemisfério esquerdo vem de condições externas positivas, enquanto o hemisfério direito sente uma alegria que vem de dentro.

Essa diferença aparece em muitos livros que abordam como ser feliz. Por exemplo, aqui estão alguns conselhos do psicólogo John B. Arden:

> Digamos que você tenha ficado triste recentemente e tenha se afastado de seus amigos. Talvez você tenha dito a si mesmo: "Eu não quero fingir que estou feliz." Você deve se forçar a ligar para um amigo e sair para almoçar quando não estiver com vontade.

Esse conselho é baseado na convicção de Arden de que, se o hemisfério esquerdo receber controle total, pode bloquear o que ele vê como melancolia ou mau humor do cérebro direito. Arden afirma que as pessoas ficam deprimidas após sofrerem um AVC no hemisfério esquerdo, mas não após um AVC que afeta o hemisfério direito — exatamente o oposto da experiência de Jill Bolte Taylor.

Quando perguntei a Jill sobre isso, ela me disse que os médicos que querem relatos verbais de felicidade geralmente não podem obtê-los de pacientes cujos hemisférios esquerdos estão off-line, porque eles não são capazes de usar a linguagem. Quanto a ficar deprimida após o AVC, ela declarou: "As pessoas achavam que eu devia estar deprimida, porque eu chorava muito. Mas eu não estava. Eu estava maravilhada! Como cientista social, fui treinada a dar importância à palavra dos observadores, mas a dar credibilidade primeiro aos relatos de quem realmente havia passado por uma experiência. Por esse motivo, entre outros, sou a favor da perspectiva de Jill.

POR QUE O NOSSO CÉREBRO TENDE À ESQUERDA

É de se pensar que, como todos nós temos acesso ao estado de admiração e felicidade completa que Jill encontrou no hemisfério direito do cérebro, acessaríamos nesse estado o máximo que pudéssemos e ficaríamos assim pelo maior tempo possível. Mas a evolução nos proporcionou a tendência oposta — somos propensos a nos concentrar no que nos faz sentir pior, ou, pelo menos, mais desconfortáveis. Dois dos mecanismos responsáveis por isso são o "viés da negatividade" e algo que eu chamo de "salão dos espelhos". Reconhecer e entender essas peculiaridades neurológicas pode nos ajudar a nos afastar da influência delas.

O viés da negatividade

Em um feriado, minha família recebeu uma imagem de papelão em tamanho real de Lin-Manuel Miranda, o gênio que criou o musical *Hamilton*. A imagem se parece mesmo com o cara: a altura, a silhueta e o sorriso adorável com covinhas são idênticos. Depois de abrirmos a embalagem, fizemos um brinde à saúde de Lin-Manuel, nos abraçamos e tiramos algumas selfies.

O problema era que nosso cachorro da raça *cockapoo*, chamado Bilbo Baggins de Bag End, na Pensilvânia, não gostou dessa brincadeira hilária. Ele só achou que nossa casa havia sido invadida por um humano bidimensional estranhamente imóvel que exalava todos os cheiros errados. Bilbo não se abala com facilidade, mas quando isso acontece, o drama pode se tornar bem shakespeariano. VEJAM SÓ!, gritou ele, olhando para a imagem de papelão. Então ele corajosamente atacou o papelão, esbravejando: VÁ EMBORA, SEU DEMÔNIO DOS INFERNOS! VOLTE PARA O SEU COVIL ODIOSO E NÃO NOS ATORMENTE MAIS!

Por quase uma hora, tentamos ajudar Bilbo a parar de nos proteger de Lin-Manuel Miranda. Nada funcionava. Ele sustentou a luta com nobreza até que desistimos e escondemos o papelão em um armário. Foi aí que as coisas ficaram bem intensas.

Agora todos da família sabem o que tem naquele armário. Todos nós já vimos o papelão muitas vezes. No entanto, somos frequentemente presenteados com um acontecimento que nos dá um frisson revigorante de terror. Primeiro, há o rangido das dobradiças quando alguém abre aquela porta em específico. Em seguida, vem o grito descomunal, depois o estrondo de passos em fuga, e então o riso trêmulo do infeliz que mais uma vez se surpreendeu com Lin-Manuel Miranda à espreita na escuridão, apenas esperando Bilbo baixar a guarda.

A razão pela qual esse pedaço de papelão tem o poder de aterrorizar minha família repetidas vezes é que nós — e todos os humanos — compartilhamos a tendência de Bilbo de perceber o possível perigo em todas as situações. No segundo em que notamos algo estranho, nossa resposta de luta ou fuga entra em ação. Se você quiser ver com que intensidade e rapidez isso acontece, pesquise no Google "pegadinha do perigo invisível" e assista a alguns vídeos. (Alerta de gatilho: essa pegadinha envolve alguém fingindo medo, o que causa uma reação imediata de luta ou fuga em outra pessoa. Eu *nunca* faria essa brincadeira com ninguém. Nem quero que ninguém faça comigo. Mas, nossa, é sempre uma ilustração bastante nítida de como somos rápidos em entrar em pânico, mesmo sem evidências de perigo.)

O viés da negatividade é a nossa tendência de gatilho imediata ao ver perigo em tudo. É uma grande vantagem evolutiva, porque ter medo de tudo nos motiva a evitar as poucas coisas que realmente são perigosas. Se dermos de cara com uma cobra, por exemplo, podemos não saber se é uma espécie inofensiva ou venenosa. Supor que a cobra é perigosa quando ela não é pode nos privar de ter um belo relacionamento com uma serpente amigável. Mas presumir que ela é inofensiva, caso não seja, pode fazer com que recebamos uma picada letal. É melhor pecar pelo excesso de cautela, então é isso que nosso cérebro faz.

O viés da negatividade faz com que nos preocupemos com riscos sociais, emocionais e físicos. Se alguém lhe fizer três elogios e uma crítica dura, o seu cérebro vai se concentrar na crítica. Se o seu post no Instagram receber mil curtidas e um comentário que simplesmente diga "PÉSSIMO!", seu cérebro vai destacar a discordância. Em meio à aprovação quase universal, você pode se sentir devastado diante da única queixa feita por um desconhecido de que sua menção a "sopas encorpadas" trouxe à tona o medo que ele tem de se engasgar e deveria ter vindo com um alerta de gatilho.

Quando o viés da negatividade estimula a nossa espiral de ansiedade a entrar em ação, delírios podem surgir rapidamente. Em um estado de ansiedade, paramos de perceber qualquer informação que nos diga que não há nada a temer. Achamos que nossa visão de mundo ansiosa é completa e perfeita, porque *o hemisfério esquerdo não pode acreditar que qualquer coisa além das próprias percepções seja real*. Por isso, muitas vezes, ficamos presos em um salão neurológico de espelhos.

O salão de espelhos

Eu tinha uns 5 anos quando entrei pela primeira vez em um salão de espelhos em um parque de diversões. Não me diverti. Aos meus olhos, o "salão" (na verdade, apenas uma pequena sala) parecia um universo alienígena horrível. As paredes, o teto e o chão estavam todos cobertos com espelhos deformados para criar reflexos grotescos. Como cada espelho refletia os outros espelhos, a sala também parecia interminável. Aterrorizada com todas as imagens monstruosas, fiquei tão desorientada que não consegui encontrar a saída.

Por sorte, um amigo me tirou daquele cômodo horrível. Mas depois, em muitas ocasiões, fiquei presa em uma sala metafórica de espelhos que se materializou a partir dos reflexos ansiosos do hemisfério esquerdo de meu cérebro. Talvez você tenha experimentado a mesma sensação, porque a espiral de ansiedade, assim como uma sala de espelhos de um parque, está estruturada de uma forma que dificulta achar a saída. A parte do cérebro que gera ansiedade amplia o próprio pensamento distorcido, enquanto nega a existência de qualquer outra coisa.

É incrível ver como isso pode ser literal. Por exemplo, um dia o famoso neurologista e escritor Oliver Sacks, então residente em psiquiatria, foi até o hospital e viu um de seus pacientes se comportando de modo estranho. Após tirar uma soneca, esse jovem acordou gritando que alguém havia colocado uma *perna decepada* na cama dele. Ele insistia em apontar para a própria perna esquerda, acusando as enfermeiras de colocá-la ali como uma brincadeira horrível e doentia.

Sacks ouviu o paciente falar alto e de maneira descontrolada sobre a perna alheia. Então ele perguntou:

— Se isso, essa coisa, *não* é sua perna esquerda, então onde está a sua perna esquerda?

O paciente, boquiaberto e aterrorizado, olhou ao redor e disse: "Não faço ideia. Desapareceu. Sumiu." Então ele agarrou a perna esquerda — aquele objeto macabro e repulsivo — e jogou-a no chão. O restante dele acompanhou a perna. O paciente estava deitado, cada vez mais apavorado, quando percebeu que a tal perna estava de alguma forma *presa a ele.*

Essa condição bizarra, chamada de "negligência hemiespacial", só acontece com indivíduos que apresentam danos no hemisfério direito (oposto à área em que ocorreu o AVC de Jill). Esses pacientes podem se barbear ou se maquiar apenas do lado direito do rosto, ignorar qualquer pessoa que esteja à esquerda deles e fazer desenhos com um dos lados totalmente em branco. Não há nada de errado com a visão dessas pessoas. Mas elas perderam a capacidade de prestar atenção em tudo que não seja percebido e controlado pelo hemisfério esquerdo do cérebro, inclusive metade do próprio corpo.

Essa estranha cegueira perceptiva também se aplica à maneira como o hemisfério esquerdo *pensa.* Assim que criamos uma história baseada em ansiedade, o cérebro se agarra a ela como a única realidade, tornando-se resistente a qualquer outra forma de pensamento. Considere um grupo de pessoas ansiosas — digamos aquelas com crenças políticas extremas ou integrantes de uma seita que estão convencidos de que seu líder, um ex-vendedor de carpetes chamado Ralph, é um mago poderoso. Mostre a elas evidências irrefutáveis de que acreditam em algo que está factualmente incorreto. Sabe o que acontece? Segundo pesquisas, *a crença na ideia refutada, na verdade, se fortalece*. Quando confrontado com novas informações, o lado esquerdo do cérebro não se abre. Ele enxerga as evidências não como informações valiosas, mas como uma ameaça ao seu *status quo*, à sua verdade — não, *à Verdade*! A evidência lógica incorreta apenas alimenta mais a espiral de ansiedade. O hemisfério esquerdo gera ainda mais medo, ampliando suas histórias aterrorizantes.

Dentro do salão de espelhos do hemisfério esquerdo — isto é, nossa ansiedade —, tudo pode parecer monstruoso. Um simples ato de gentileza pode parecer uma mentira manipuladora. Descanso e relaxamento parecem fraqueza. O otimismo é algo estúpido. Tudo serve para nos atingir, exceto as coisas que queremos e que parecem estar em falta. Sob essa perspectiva mental, nunca há nada bom o bastante no mundo: nunca há dinheiro, *status*, poder, amor, privadas de ouro, cereais matinais, nada. Essa perspectiva faz o mundo parecer sombrio e sem alegria, mas, nossa, *muito real*.

Como o viés da negatividade e o salão dos espelhos afetam nossa forma de identificar o que é verdade, a ansiedade pode fazer com que não enxerguemos inconsistências ou erros em nosso próprio pensamento. Então como encontramos uma saída? Reconhecendo a sensação de sofrimento. Ver o mundo de dentro da espiral de ansiedade é horrível. Podemos usar esse sentimento terrível como um sinal: "OLÁ! O SEU VIÉS DE NEGATIVIDADE ESTÁ MENTINDO PARA VOCÊ! VOCÊ ESTÁ PERDIDO NO SALÃO DOS ESPELHOS!" Perceber isso é o primeiro passo para uma mentalidade melhor.

USANDO A BELA MENTE PARA EVITAR A ESPIRAL DE ANSIEDADE

No filme *Uma mente brilhante*, baseado em uma história real, o matemático John Nash enfrenta a esquizofrenia usando seu prodigioso cérebro racional para refutar os delírios psicóticos. Ele percebe que várias pessoas importantes em sua vida *nunca envelhecem*, mesmo que tenham convivido com ele por décadas. O verdadeiro Nash descreveu o próprio processo mental: "Aos poucos, comecei a rejeitar intelectualmente algumas das linhas de pensamento influenciadas pela ilusão."

É raro que as pessoas sejam tão escrupulosamente racionais a ponto de usar a lógica para perceber o ilógico nas próprias crenças. Mas se quisermos viver em paz, precisamos aprender essa habilidade. A ansiedade — sentir-se aterrorizado e em perigo o tempo todo, mesmo em situações em que estamos seguros — não é uma psicose igual a de John Nash, mas sim uma ilusão. É o desequilíbrio de pensamento que enfatiza em excesso as percepções do lado esquerdo do cérebro. Quando entendemos isso, somos capazes de restabelecer uma visão de mundo mais equilibrada ao ativar o nosso hemisfério direito. Na verdade, você pode fazer isso agora. Experimente o exercício abaixo.

Nova habilidade

SAIA DA SUA ESPIRAL DE ANSIEDADE

1. Primeiro, pense em algo que o deixe um pouco ansioso — não algo de fato terrível, mas uma situação que o deixe um pouco nervoso, como lembrar de comprar um presente para um parente ou declarar o imposto de renda dentro do prazo. Observe como essa ansiedade leve afeta o seu corpo e sua mente. Descreva abaixo:

   _____
   _____
   _____

2. Deixe esse pensamento de lado por apenas um minuto. Em vez disso, pense em três coisas que você gosta de saborear. Imagine-se saboreando-as. Liste-as abaixo:

   _____
   _____
   _____

3. Liste três coisas que você gosta de ouvir. Imagine-se ouvindo-as:
   _____
   _____
   _____

4. Liste três coisas que você gosta de ver. Imagine-as enquanto as escreve abaixo:
   _____
   _____
   _____

5. Liste três coisas de cujo cheiro você gosta. Lembre-se dos aromas:
   _____
   _____
   _____

6. Liste três coisas que você gosta de sentir tocar sua pele. Imagine-se tocando-as:
   _____
   _____
   _____

7. Em seguida, tente lembrar ou imaginar um cenário em que todos ou a maioria dos itens acima estavam/estão presentes. Como o cérebro de cada pessoa é único, alguns acham mais fácil relembrar uma experiência, enquanto outros podem facilmente evocar sensações por meio da imaginação. Se nem a imaginação nem a memória forem seu ponto forte, pense em um lugar onde você consiga reunir algumas coisas que ama com cada um dos sentidos. Em seguida, passe um tempo naquele lugar, concentrado em sentir cada objeto.
   _____
   _____
   _____
   _____
   _____

Agora (ou sempre que você puder trazer essas percepções sensoriais para sua mente), escreva uma breve descrição do cenário que combina algumas de suas percepções sensoriais favoritas. Ao fazer isso, use verbos no presente. Inclua pelo menos uma imagem de cada um dos cinco sentidos. Por exemplo: *Estou sentado na minha poltrona favorita, bebendo champanhe e comendo chocolate belga. O meu gato está ronronando no meu colo enquanto eu o acaricio. Lá fora, posso ver uma bela floresta e meus filhos brincando. Ouço as risadas deles, o vento nas árvores e o canto dos pássaros. Uma brisa fresca atravessa a janela aberta, trazendo o aroma dos pinheiros e do oceano. Além disso, estou recebendo nos pés a melhor massagem do mundo.*

8. Descreva brevemente as sensações físicas e emocionais que surgiram ao compor esse cenário hipotético:
   _____
   _____
   _____

9. Observe o que aconteceu com sua ansiedade durante o tempo em que você estava compondo, experimentando e escrevendo sobre esse cenário.

OBSERVE O QUE ACABOU DE ACONTECER

Se você fez o exercício acima — isto é, se de fato passou algum tempo imaginando, lembrando ou experimentando tantas adoráveis impressões sensoriais —, espero que tenha gostado das breves férias que tirou da ansiedade!

Dito isso, é mais provável que você leia as instruções e pense: *Tudo bem, certo, já entendi. Já sei onde isso vai dar.* Na verdade, você foi treinado para isso. Nossa cultura é dominada pelo pensamento verbal e abstrato mais proeminente no hemisfério esquerdo, então a socialização força a suposição de que ler sobre uma experiência, ou pensar em palavras relacionadas a ela, é o equivalente a vivê-la de fato. Fomos treinados, na verdade, para acreditar que pensar é uma ação *superior* a experimentar.

É provável que você não tenha levado o exercício apresentado a sério, considerando-o bobo, básico ou sem importância. Talvez tenha preenchido os espaços em branco, sentido a ansiedade diminuir por alguns segundos e, em seguida, invalidado mentalmente toda a experiência: *Bem, isso é legal, claro, mas esse cenário é apenas imaginário. Não é real.*

É bem verdade que você criou a cena tranquila concentrando-se seletivamente em certas lembranças, percepções e fantasias. *Mas isso é exatamente o que se faz quando se enxerga o mundo como assustador e não seguro.*

Quando o hemisfério esquerdo nos leva a lamentavelmente abraçar o viés da negatividade e o salão dos espelhos, estamos preparados para acreditar que nossas percepções estão de fato corretas. Por outro lado, ao usarmos o hemisfério direito para montar uma experiência interna, sabemos que é uma escolha. Se nos afastamos o suficiente da espiral de ansiedade, percebemos que nossos medos, assim como nossas fantasias positivas, são construídos a partir de informações selecionadas. E reconhecer isso pode nos levar a uma maneira totalmente nova de viver e pensar.

A VIDA EM UM CÉREBRO EQUILIBRADO

Conheci Jill Bolte Taylor quando ela me enviou um e-mail para marcar uma chamada de vídeo. Quando Jill surgiu na tela do meu computador, vi que ela não estava em uma casa. Atrás dela, havia uma floresta exuberante, com uma névoa crescente. Jill estava em sua casa de veraneio: um barco em um lago em algum lugar do Meio-Oeste dos Estados Unidos. Ela me contou que morar ali a ajudava a permanecer na maravilhosa paz que experimentou pela primeira vez quando seu hemisfério esquerdo ficou off-line.

Jill me disse que estruturou sua vida para acessar os melhores aspectos de seu cérebro. (Ela tinha acabado de publicar *Whole Brain Living*, um livro maravilhoso que eu recomendo muito.) Além de acionar o hemisfério esquerdo por meio de pesquisa científica e escrita, Jill moldou sua vida para iluminar o lado direito do cérebro. Quando não estava em comunhão com a natureza, ela ia de jetski até o continente para comprar itens de primeira necessidade, como mantimentos, peças de barco e materiais artísticos. Isso mesmo, materiais artísticos. Embora ainda seja cientista, Jill também é uma artista que produz belas peças: pinturas, vitrais, esculturas de calcário. Ela é um exemplo vivo da forma como um cérebro equilibrado cria. E cria. E cria.

A ESPIRAL DE CRIATIVIDADE

Quando nos afastamos da ansiedade e começamos a usar os dois hemisférios do cérebro para moldar nossos pensamentos e percepções, encontramos o que chamo de "espiral de criatividade". Assim como o hemisfério esquerdo, o hemisfério direito pode formar o próprio sistema de feedback em espiral, da amêndoa interna às camadas superiores do cérebro e vice-versa. Esse padrão é a imagem espelhada da espiral de ansiedade. No entanto, no hemisfério direito, os efeitos da espiral não poderiam estar mais distantes da ansiedade. Enquanto a espiral do lado esquerdo do cérebro desperta medo e nos faz querer controlar as coisas, a do lado direito desperta *curiosidade* e nos faz querer *criar*.

Diante do desconhecido, a amígdala direita grita com a gêmea ansiosa à esquerda. Mas como o hemisfério direito não tem noção de tempo, ele percebe apenas o que está ali no momento. Se o leopardo está se afastando ou a cobra na verdade é uma corda, o hemisfério direito abandona o medo e desperta a curiosidade. Nesse ponto, de acordo com Jill, as camadas profundas do hemisfério direito do cérebro são como crianças fascinadas, ansiosas por explorar, sentir e experimentar, despreocupadas com o passado ou o futuro.

As camadas superiores do lado direito do cérebro, ao contrário das contrapartes do lado esquerdo, não analisam, preveem ou se preocupam com o controle. Em vez disso, formam conexões entre ideias, ações e pessoas. Enquanto o lado esquerdo analisa (a palavra *analisar* significa "separar as coisas"), o lado direito *sintetiza*, ou junta tudo. Ao trabalhar com a matéria-prima do que nos cerca no momento presente, o lado direito do cérebro harmoniza, combina, relaciona e monta as coisas, muitas vezes de maneiras altamente originais.

A espiral de ansiedade bloqueia informações provenientes do hemisfério direito. Por outro lado, a espiral de criatividade acolhe tudo o que percebemos, inclusive os dados que vão para o hemisfério esquerdo. Ela pode usar os insights do hemisfério esquerdo para criar itens úteis (como uma máquina que reduz o tempo de trabalho), satisfatórios (como a solução de um mistério), emocionantes (como fazer uma nova amizade) ou expressivos (como cantar uma canção de amor). Essas experiências criam um feedback positivo — uma sensação de fascínio e "fluxo". Sentimos mais curiosidade e desejo por experiências, o que exige mais investigação, que por sua vez leva a uma conexão mais inventiva, e assim por diante.

Pesquisas sobre criatividade indicam que duas formas de pensar parecem alternar entre si — ou seja, quando uma entra em ação, a outra sai de cena. A ansiedade desliga a criatividade tão completamente que até mesmo ouvirmos que seremos pagos para resolver um quebra-cabeça nos deixa estressados e menos capazes de pensar de modo criativo. Contudo, entrar e avançar deliberadamente na espiral de criatividade pode nos tirar da espiral de ansiedade.

Você acabou de fazer isso se usou o exercício anterior para se concentrar em seus sentidos físicos e para imaginar, lembrar ou construir uma cena em que algumas de suas visões, cheiros, sabores, sensações táteis e sons favoritos se encaixaram. Agora, para praticar, vamos fazer outro exercício.

Primeiro, separe um momento em que você possa realmente estar em um lugar que pareça um santuário, mesmo que seja apenas o canto de uma sala. Vivemos em um mundo no qual as sensações são muito mais estimulantes do que a capacidade evolutiva de nosso corpo e cérebro em acompanhá-las, então luzes fortes, ruídos altos, multidões, ambientes movimentados e outros aspectos da vida "normal" podem de fato ser bastante estressantes. Tendo ciência ou não de que seja algo que funciona para você, passe um tempo em silêncio em um ambiente naturalmente iluminado sem muito barulho.

Quando estiver em seu santuário, usaremos a sua bela mente como um todo e um único objeto físico para ancorar seu sistema nervoso no aqui e agora. Ao concentrar todos os seus sentidos em algo que se pode segurar e mover com a mão esquerda, você ativa o que se chama de "propriocepção", o sentido que lhe diz como seu corpo está posicionado e como está se movendo e que faz todo o cérebro se voltar para a tarefa de perceber o aqui e o agora. Uma experiência física completa de algo que você aprecia no momento presente pode parar o percurso miserável da espiral de ansiedade.

Nova habilidade

APRECIAÇÃO DO OBJETO

1. Encontre um momento em que você não esteja em perigo imediato e em que não precise interagir com ninguém por alguns minutos.

2. Feche os olhos. Imagine uma paisagem vasta e bela ou lembre-se de olhar para uma. Veja se consegue sentir os olhos relaxarem, como se estivessem apreciando uma vista ampla. Permita-se respirar fundo e observe se seus olhos estão ainda mais relaxados. Se não estiverem, tudo bem.

3. Agora, enquanto ainda respira fundo, abra os olhos e olhe ao redor em busca de qualquer objeto pequeno que tenha associações positivas — algo que acenda uma faísca de prazer. Por exemplo, você pode observar sua xícara de café preferida, um livro ou a camiseta que mais usa. Qualquer coisa pequena e positiva serve.

4. Pegue o objeto. Levante-o, sinta o peso, a textura e a temperatura. Observe-o. Pressione-o contra as orelhas e arranhe-o para fazer barulho. Cheire o objeto. Se saboreá-lo parecer interessante e higiênico, vá em frente e faça isso também.

5. Agora comece a pensar em tudo o que teve que acontecer para que o objeto fosse criado e trazido para a sua vida. Imagine como ele foi feito — pela natureza, pelos humanos, por ambos. Contemple as formas pelas quais esse objeto o ajudou no passado e como ele proporciona prazer ou facilidade à sua vida.

6. Caso sinta que está sucumbindo à ansiedade, desacelere a respiração e se deixe voltar para pensamentos apreciativos relacionados ao objeto. Relembre algumas memórias positivas. Por exemplo:

- *Bebi café nesta xícara em tantas manhãs. Ela sempre me acompanha sem jamais reclamar. Adoro segurá-la nos dias frios e sentir o café me acordando. Esta é uma caneca de café fantástica!*

- *Eu me lembro de comprar este livro numa promoção. Valeu cada centavo. Este livro me serviu de conforto tantas vezes, me forneceu ensinamentos dos quais eu realmente precisava e me animou quando pensei que tudo estava perdido. Quem teria pensado que* Encanamento para leigos *poderia mudar tanto minha vida?*

- *Esta camiseta sobreviveu após mil lavagens. É macia, está desbotada e é extremamente confortável. Eu amo a inscrição na frente: RESPIRE. Adoro o fato de que quando eu uso uma jaqueta por cima, não dá para saber se é RESPIRE, INSPIRE ou PIRE. Que ótimo conselho!*

7. Se quiser, anote cinco pensamentos positivos sobre seu objeto a seguir.

_____
_____
_____
_____
_____

8. Repare que, enquanto você estava apreciando ativamente o objeto, a ansiedade recuou um ou dois passos.

9. Sempre que sentir um pouco de ansiedade, encontre um objeto para apreciar: uma placa de PARE que o mantenha mais seguro, uma nuvem que traga a chuva necessária, uma pedrinha lisa e redonda que proporcione uma sensação boa nas mãos. Observe quantos objetos estão presentes para ajudá-lo, sem nunca julgar ou exigir nada de você.

10. Se seus amigos acharem isso estranho, saiba que esse é um progresso e tanto.

RUMO A UM LUGAR MAIS CALMO

Enquanto tivermos cérebros dentro de um padrão, nosso alarme de perigo imediato sempre estará a postos, assim como o viés da negatividade e a tendência a ficarmos presos no salão de espelhos do hemisfério esquerdo do cérebro. Enquanto convivermos com outras pessoas, principalmente na sociedade moderna, continuaremos a conviver com informações assustadoras e pessoas ansiosas que estão ancoradas em seus próprios salões de espelhos. Podemos confiar que nossa biologia ancestral acionará seu sistema de alerta de emergência sempre que dermos de cara com um leopardo perto da porta com tela de proteção, com um homem de papelão no armário ou com alguém agitado. Mas também podemos aprender a parar por um instante e usar o cérebro *por completo* para que o medo saudável nunca saia dos trilhos e entre em uma espiral crescente de ansiedade.

Imagine como sua infância teria sido diferente se todos os dias, tanto na escola quanto em casa, você tivesse sido ensinado a desacelerar, respirar fundo e deixar de se preocupar. E se você tivesse aprendido com pessoas como Jill, que deliberadamente acessam o cérebro por completo e sabem como encontrar um lugar onde não há espaço para a ansiedade se manifestar? E se todos os adultos ao seu redor tivessem concordado que se afastar de percepções ansiosas, acessar a criatividade, sentir-se seguro no momento presente e se conectar com tudo o que você ama eram as habilidades mais importantes para uma vida bem-sucedida? Você teria sido capaz de fazer quase qualquer coisa. Poderia ter sido uma pessoa completamente diferente.

Mas não foi isso que aconteceu, não é?

Isso não é culpa de ninguém; quase todos nós ignoramos os inúmeros momentos em que estamos seguros. Em vez disso, passamos anos sofrendo com a ansiedade, gritando mentalmente e fugindo das várias versões de Lin-Manuel Miranda que enchem os armários em nossa mente. Somos ensinados que a ansiedade constante é lógica e prudente. Vemos que nossa sociedade como um todo está cada vez mais imersa na espiral de ansiedade, arrastando-nos com ela e reconectando nosso cérebro para que fique cada vez mais ansioso.

No próximo capítulo, vamos analisar com mais atenção a constante pressão social que tenta acelerar nossas espirais de ansiedade. Quando entendemos como ela funciona, podemos começar a separar nossa noção de realidade das histórias que foram incutidas em nossa mente. Então podemos começar a reprogramar nosso cérebro para nos movermos em direção ao que é maravilhoso e ao prazer.

Como escreveu o psicólogo James Hollis, a ansiedade "nos espreme em um corredor estreito da vasta mansão de possibilidades". Se formos capazes de traçar a espiral de ansiedade na nossa mente e na nossa vida, se pudermos nos afastar dela por apenas um ou dois segundos, já estaremos deixando para trás esse mundo encolhido e contorcido. Está na hora de explorar a mansão.

2

CRIATURAS ANSIOSAS EM UMA CULTURA ANSIOSA

Nicky apareceu prontamente para sua consulta on-line, formato em que ofereço a maior parte dos meus serviços de coaching atualmente. Pelo que pude perceber, Nicky estava: (1) em um apartamento, em Manhattan, mobiliado com muito bom gosto, (2) com um terninho Versace e (3) em um estado de ansiedade astronômica. Como sei que Nicky é uma estrela em ascensão em um escritório de advocacia de prestígio, fiquei surpresa com sua aparente tristeza. Depois de me cumprimentar, ela se inclinou para a frente como se estivesse carregando o mundo nos ombros, apertando as duas mãos contra o peito, tentando, em vão, conter as lágrimas.

Aguardei um minuto; depois, com delicadeza, perguntei o que havia de errado.

— Ah, nada — disse Nicky. — Ou, não sei, talvez tudo.— Ela esfregou a têmpora com a ponta dos dedos que exibiam unhas perfeitamente feitas. — Eu só não estou bem. Fico nervosa o tempo todo. Não consigo dormir. Estou chegando ao meu limite. Estou *muito* ansiosa!

— Tudo bem — falei. — O que te deixa mais ansiosa?

— Tudo.— Nicky riu sem graça. — Estou ansiosa diante da ideia de falhar. Tenho medo de minha carreira desmoronar. Tenho medo de decepcionar as pessoas: meu chefe, minha equipe, meus pais. Fico com medo de nunca formar uma família, porque, se eu namorar, minha carreira vai ruir.

Nicky me contou um pouco sobre sua vida pessoal: nascida em Porto Rico, ela se mudou com os pais para Nova York aos 10 anos, em busca de uma vida melhor. Nicky é a primeira da família a se formar na faculdade, ainda por cima fez direito, e suas conquistas dão orgulho a todos os familiares. Na escola e no trabalho, ela sempre foi um prodígio, assumia as tarefas mais árduas com um sorriso no rosto. Ninguém na empresa sabia o quanto ela estava cansada ou a batalha diária que era lidar com a atmosfera cruel, racista e sexista que permeia seu ambiente de trabalho.

Alguns meses atrás, Nicky foi ao médico na esperança de conseguir uma receita para um remédio para dormir. Ele a encaminhou ao psiquiatra, que a diagnosticou com transtorno de ansiedade e prescreveu medicação e terapia. Ajudou. Um pouco. Por um tempo. Mas a ansiedade de Nicky continuou aumentando lentamente. Agora, segundo ela, estava pior do que nunca.

Vamos deixar Nicky de lado (não literalmente) e ver se a história dela lhe parece familiar. Talvez você também tenha trabalhado com afinco e conquistado muitas coisas, tudo isso para ficar ansioso a ponto de não conseguir desfrutar dos louros do seu trabalho. Talvez, depois de se dedicar ao lar, ao amor e à criação dos filhos, você se sinta sobrecarregado pela rotina parental, que tem pouco prestígio e altas demandas. Talvez você tenha se rebelado e resolvido se tornar um artista, músico, ator ou escritor e acabado ansiosamente na luta por ganhar dinheiro à medida que sua criatividade ia definhando. Ou talvez você esteja tão assustado com as demandas de todos os dias que se sinta ansioso demais para de fato se comprometer com qualquer coisa.

Bem, pelo menos você não está sozinho.

Há um fator comum em todos esses cenários, mas a maioria de nós foi treinada para não ver. As pessoas com quem Nicky falou — membros da família, amigos, médicos e terapeuta — se concentraram na ansiedade dela como um problema, como um pneu furado ou uma gripe. Nenhum deles sugeriu que a ansiedade de Nicky é uma resposta perfeitamente saudável e normal ao estilo de vida dela, que é muito *anormal*.

— O quê?! — exclamou Nicky quando eu disse isso a ela. Ela parou de chorar e me encarou como se eu tivesse me transformado em um ET. — Minha vida é completamente normal! Não, *melhor* do que normal. Quer dizer, estou vivendo o "sonho americano"!

— Hum... bem, ele parece afetar você muito mais como um pesadelo — respondi.

À medida que nossa sessão avançava, Nicky e eu discutimos as três coisas que você vai aprender neste capítulo.

Primeiro: vivemos em uma cultura que tem forte tendência a um tipo muito específico de pensamento e comportamento — a maneira preferida do hemisfério esquerdo. Esse viés é tão forte que um especialista, o psiquiatra e estudioso de Oxford, Iain McGilchrist, diz que todos agimos como "pessoas com danos cerebrais no hemisfério direito". Como o hemisfério esquerdo também é a parte do cérebro que fica presa em espirais de ansiedade, isso nos torna alvos fáceis para o transtorno se manifestar.

Segundo: a maneira como nossa cultura tenta reduzir a ansiedade também tende a ser orientada pelo lado esquerdo do cérebro. Nós nos submetemos à análise psicológica (lembre-se, analisar significa dividir as coisas). Atacamos a ansiedade lutando contra ela como soldados em uma missão de busca e destruição. Isso, como veremos, acaba nos deixando mais ansiosos, e não menos.

Terceiro: há como lidar melhor com a ansiedade, de maneiras que nos afastem de nossos modelos culturais dominados pelo hemisfério esquerdo e permitam que nossa sabedoria inerente nos guie rumo a uma existência mais equilibrada. Essa abordagem nos ajuda a acalmar não apenas a nós mesmos, mas também aqueles ao nosso redor — mesmo em situações extremamente difíceis ou perigosas. No fim deste capítulo, você terá o conhecimento e dominará as habilidades para fazer isso.

OS COSTUMES ANTINATURAIS DA NOSSA SOCIEDADE

Se Nicky tivesse nascido há alguns milhares de anos — um piscar de olhos, em termos evolutivos —, a vida dela teria sido moldada pelos ritmos e ciclos da natureza. Durante a maior parte da história da humanidade, as pessoas iam se deitar quando escurecia, dormindo várias horas a mais por noite do que muitos hoje em dia, e acordavam ao som do vento, da água, dos pássaros, dos animais e das vozes uns dos outros. Viviam em ambientes permeados pela natureza que continham poucas linhas ou ângulos retos, envolvidas em tarefas diárias como caçar, forragear, jardinar, pescar, produzir panelas, tecer e cozinhar. Essas atividades certamente exigem esforço, mas o fato de que muitos humanos modernos ainda as praticam como hobby, por diversão, é um forte indício de que evoluímos a ponto de apreciá-las.

O corpo de Nicky, como o seu e o meu, sabe que evoluiu para viver assim. Bastaria Nicky ir para uma floresta, e em apenas algumas horas haveria uma redução dos hormônios do estresse, da tensão muscular e da pressão arterial. Sua resistência à infecção aumentaria, assim como o combate às células cancerígenas. Ela também melhoraria suas habilidades para resolução de problemas, reduziria o risco de ter depressão e dormiria melhor. Os cientistas podem medir essas respostas em pessoas que têm um contato maior com a natureza, mesmo que brevemente — e evoluímos para viver lá o tempo todo.

Por outro lado, Nicky passa a vida em ambientes cheios de linhas retas, ângulos rígidos e artificialidades: desde lanches, passando por tecidos, à iluminação. O lado esquerdo do nosso cérebro aprova isso com entusiasmo. Segundo McGilchrist: "O hemisfério esquerdo gosta de coisas feitas pela mão humana (...) porque as reunimos. Elas não estão, como os seres vivos, constantemente mudando e se movendo, não fogem do nosso alcance." Também são mais fáceis de manusear com as ferramentas preferidas do hemisfério esquerdo: força, lógica e controle.

Para funcionar nos mundos artificiais que criamos, forçamos nosso corpo a operar de acordo com o tempo no relógio, em vez de conforme as estações, nosso estado de saúde ou sensações físicas como fome, sede e fadiga. Juntamos nossos filhos em grupos de crianças da mesma idade e os fazemos sentar por horas, prestando muita atenção a coisas que nunca encontrariam na natureza —, embora os cientistas tenham mostrado que as crianças aprendem mais quando estão ao ar livre, se movimentando, usando um foco de atenção aberto e todos os seus sentidos para resolver problemas que são imediatamente úteis para elas.

Mas, é claro, nosso sistema escolar não foi desenvolvido para ensinar as crianças qualquer coisa de que gostem. Foi concebido não muito depois da revolução industrial para prepará-las para trabalhos em linhas de montagem ou em mesas iluminadas por lâmpadas fluorescentes, realizando tarefas mecânicas ou processando informações, fingindo gostar daquilo.

Aqueles que conseguem empregos realmente cobiçados e de alto prestígio como o de Nicky podem passar a maior parte da vida inteiramente concentrados em coisas que apenas o hemisfério esquerdo pode entender: prazos estabelecidos pelo calendário, textos, planilhas, apresentações em PowerPoint, de modo que a plateia entediada possa sentir ativamente a cabeça fritando. A maioria desses empregos — a maioria dos empregos e ponto-final — exigirá que se deixe a família e outros entes queridos para passar a maior parte das horas de vigília com desconhecidos que foram designados a realizar trabalhos semelhantes.

Para o psicólogo de Princeton Les Fehmi, essa cultura profundamente desequilibrada "nasce no hemisfério esquerdo" do cérebro. Nos últimos séculos, a cultura tem avançado cada vez mais em direção ao pensamento voltado para o lado esquerdo do cérebro, recompensando aqueles que valorizam a definição de produtividade dele em detrimento de características como empatia e significado. Concentra-se predominantemente em um único objetivo: maximizar a riqueza material. Ou, nas palavras de McGilchrist, "em obter coisas". Para o hemisfério esquerdo, essa parece ser a única tarefa que vale a pena. "Seu propósito é a utilidade, e sua adaptação evolutiva está a serviço de pegar e acumular 'coisas'", diz McGilchrist.

Esse é o modo de vida que nos enclausurou em ambientes artificiais, destruiu inúmeros ecossistemas naturais, ajudou centenas de milhões a se massacrarem e alterou o clima do planeta com efeitos potencialmente apocalípticos. O que levou muitos, incluindo Nicky, à exaustão, à depressão e à ansiedade intensa.

COMO AS COISAS FICARAM TÃO RUINS

Tudo isso nos afastou radicalmente da maneira como nosso corpo e nossa mente deve funcionar. E nosso cérebro está se esforçando para acompanhar. Em 2000, o antropólogo e professor de biologia evolutiva Joseph Henrich cunhou a sigla em inglês WEIRD para descrever países ocidentais, escolarizados, industrializados, ricos e democráticos [do inglês Western, Educated, Industrialized, Rich, and Democratic]. Henrich acredita que nós, cidadãos do mundo WEIRD, temos psiques drasticamente diferentes de nossos ancestrais: somos mais obcecados por objetos, mais motivados e — adivinhe só — mais ansiosos.

O modelo para o pensamento WEIRD surgiu há algumas centenas de anos na Europa Ocidental. Rejeitando a regra da religião, os líderes de pensamento daquela época se propuseram a compreender o mundo sob uma perspectiva estritamente materialista, medindo, analisando, calculando e rotulando as coisas. Em outras palavras, eles acordaram com o lado esquerdo do cérebro dominante e assim permaneceram.

Não se esqueça de que o efeito de salão de espelhos do hemisfério esquerdo oferece toda a convicção de que as percepções oferecidas por ele são fundamentalmente corretas, de que nenhuma outra forma de pensar é a *certa*. Essa atitude inspirou os pensadores do Iluminismo europeu a espalhar a nova mentalidade mundo afora.

Pelos padrões do hemisfério esquerdo, esse esforço foi um sucesso empolgante. Quando os exploradores europeus encontraram pessoas com diferentes valores e estilos de vida, começaram a escravizar, explorar ou simplesmente matar o maior número possível delas, pegando tudo o que podiam, inclusive corpos e crianças. Qualquer uma das culturas conquistadas que sobrevivesse tinha que adotar valores ocidentais para se manter nesse novo mundo. Para o hemisfério esquerdo, isso fazia sentido. Tudo era Progresso! Direito divino! Destino Manifesto!

E continua assim.

COMO A NOSSA ECONOMIA SE TORNOU UMA FÁBRICA DE MEDO

À medida que a cultura do hemisfério esquerdo nos afasta do ritmo da natureza, a neuroplasticidade do nosso cérebro faz com que nos adaptemos às condições que enfrentamos. Em outras palavras, todos nós somos socializados para nos tornarmos cada vez mais dominados pelo hemisfério esquerdo. O que significa que também funcionamos preferencialmente a partir das partes do cérebro que criam espirais de ansiedade. Não é de admirar que pessoas como Nicky, que ficam sentadas em escritórios em formato de caixa, focadas no processamento de informações e competindo com colegas de trabalho que mal conhecem, tendam a se tornar ansiosas.

Na verdade, nossa cultura *incentiva* a ansiedade como um meio de aumentar cada vez mais a produtividade. Apesar das muitas evidências que mostram que somos mais criativos e engenhosos quando estamos calmos, muitas vezes dizemos a nós mesmos (e aos outros) que o medo é o grande motivador, que é um componente necessário para grandes realizações. Para nos mantermos produtivos, acreditamos que *devemos* permanecer ansiosos.

É por isso que o fundador da Amazon, Jeff Bezos, um dos seres humanos mais ricos da história, escreveu aos seus acionistas: "Eu constantemente lembro aos nossos funcionários que eles devem ter medo, que devem acordar todos os dias aterrorizados." Segundo ele, viver com medo é o caminho para se manter à frente. Com certeza essa filosofia ajudou Bezos a adquirir sua fortuna impressionantemente gigantesca. Mas será que é "normal" que mais de um milhão de funcionários da Amazon fiquem aterrorizados quando acordam todos os dias para que algumas das pessoas mais ricas do mundo fiquem ainda mais ricas?

Com certeza!, grita o hemisfério esquerdo.

A sabedoria convencional presente em nossa cultura nos diz que para ter uma vida boa é preciso *ser* um Jeff Bezos, alguém posicionado no topo da pirâmide social e financeira. Como fomos ensinados a sonhar e ter esperanças a esse respeito, ajudamos a criar e cooperamos com sistemas nos quais a opressão contínua de muitas pessoas comuns, que estão apenas passando por dificuldades financeiras, fomenta a riqueza extrema para uma pequena minoria. E para sustentar essa situação — para torná-la ainda mais extrema, com maior riqueza concentrada no topo da pirâmide —, todos vivemos em um estado de pavor perpétuo que torna quase impossível aproveitar a vida. Ainda mais irônico, quem ocupa o topo da pirâmide em geral também vive em um estado de ansiedade. Nas palavras de Shakespeare: "A cabeça que usa uma coroa repousa inquieta."

A maioria das pessoas que conheço aceita a pirâmide da ansiedade com a alegação de que "é assim que as coisas funcionam", sucumbindo à mesma resignação com que toleram as realidades da gravidade ou do tempo. Mas aterrorizar quase todo o mundo para produzir riqueza extrema para apenas algumas pessoas não se trata de uma lei natural. Somos responsáveis por isso ao seguir as tendências mais materialistas, assustadoras e controladoras do nosso hemisfério esquerdo.

Vamos voltar para Nicky, encolhida e emocionada em seu lindo apartamento. Ela passou a vida obedecendo fielmente a cultura WEIRD. Ninguém que tenha tentado ajudá-la a reduzir a ansiedade parece ter notado que esse esforço a desconectou de tudo o que sustentou os humanos por milhares de anos: o próprio corpo, os entes queridos, as plantas e os animais, os ambientes naturais e nosso estado de espírito.

Lembra-se de Jill Bolte Taylor, que mora em um lago na floresta, estuda ciência e faz arte? Muitas pessoas podem achar o estilo de vida dela estranho, até mesmo excêntrico. Mas biológica e psicologicamente, o cotidiano de Jill é muito mais típico do que o de Nicky. Depois de experimentar a "euforia silenciosa" da vida com o hemisfério esquerdo do cérebro incapacitado, Jill escolheu de propósito viver com as funções dos dois hemisférios em equilíbrio. Ela optou por não voltar ao estilo de vida de prestígio que ela chama de "subir a escada de Harvard". Em vez disso, criou uma vida em que pode prosperar de verdade, com corpo, mente e alma.

Então, como podemos nos afastar de nossa maneira "normal" de pensar, o mindset que rege nossa cultura e nos faz girar em ciclos de ansiedade? A maioria dos meus clientes acredita que a melhor estratégia é revidar. Eles estão prontos para lutar contra a ansiedade com todas as forças. Isso é corajoso e admirável. E não funciona.

COMO PIORAMOS A NOSSA ANSIEDADE AO LUTAR PARA AMENIZÁ-LA

O hemisfério esquerdo adora uma batalha. Ele se dá bem na competição e na conquista. Entre os traços culturais característicos do hemisfério esquerdo está nossa reverência pelo modo de ser do guerreiro. Embora muita gente não perca tempo atacando fisicamente outras pessoas, pedimos a nós mesmos e uns aos outros que lutemos por qualquer coisa que valha a pena ter. Lute para se manter saudável! Lute para conquistar seu verdadeiro amor! Lute pela autoestima! Lute pela paz, porque isso não é de forma alguma contraditório! Lute, lute, lute!

Até mesmo muitos estilos de psicoterapia se propõem explicitamente a "lutar" contra a doença mental. Os primeiros psicoterapeutas começaram sob título de "analistas", aqueles que dissecam a psique. Desde Freud, especialistas em saúde mental tentam isolar e examinar cada pedacinho de uma mente perturbada, como patologistas cortando o tecido tumoral ou relojoeiros desmontando um relógio para ver por que não funciona mais.

A terapeuta de Nicky, por exemplo, dedicava-se à análise detalhada. Em todas as sessões, Nicky articulava cada vez mais objetivamente todos os traumas iniciais que podem ter contribuído para seu transtorno de ansiedade. Depois de um ano nesse processo, Nicky relatou: "Tenho uma compreensão muito melhor da minha ansiedade agora. Por que ela não desaparece?"

A razão pela qual ela e a terapeuta não encontraram a peça solta da engrenagem na mente de Nicky é que a mente não é uma máquina. Seres humanos ansiosos não são mecanismos quebrados. Somos criaturas assustadas.

Quando nos sentimos ansiosos, a criatura primitiva no núcleo do cérebro está funcionando exatamente como a natureza pretendia. Está tentando encontrar o ambiente natural e formas de se comportar e, quando não consegue, surge a preocupação. Sujeitar esse comportamento à análise ou ao ataque não ajuda. Muitas vezes ouço pessoas fazerem afirmações como:

- "Estou me esforçando muito para vencer essa idiotice que é a ansiedade!"

- "Eu preciso me controlar e *acabar* com a ansiedade."

- "Estou inteiramente comprometido em superar a ansiedade."

- "Estou lutando contra a ansiedade o máximo que posso, mas ela sempre vence."

Essas são as afirmações corajosas de um guerreiro e soam perfeitamente normais para quase todos inseridos em nossa cultura. Agora considere algumas falas que eu *nunca* ouvi um cliente dizer:

- "Eu planejo dar bastante espaço à minha ansiedade para que ela faça o que quiser."

- "Eu adoraria ajudar minha ansiedade a prosperar."

- "Eu realmente gostaria de ter uma conexão mais próxima com a ansiedade."

- "Eu valorizo muito a ansiedade."

Essas declarações podem parecer bizarras, porque contradizem o pensamento que fomos ensinados a ter. Mas considere como você responde naturalmente a essas diferentes abordagens. Digamos que você tenha se inscrito para uma sessão minha de coaching a fim de mudar de vida. Eu entro, olho nos seus olhos e solto frases "normais" que as pessoas dizem sobre a ansiedade. Como:

- "Vou me esforçar muito para vencer você."

- "Eu quero controlar sua vida e *acabar* com você."

- "Estou totalmente comprometida em superar você."

- "Vou lutar contra você o máximo que puder até que eu vença."

Como você se sente em relação a isso? Relaxado e cooperativo? Impressionado e animado? Ou muito, *muito* desconfortável? Você está mais interessado em seguir minhas instruções ou em ficar procurando um problema?

Bem, a sua parte ansiosa responde da mesma forma sempre que você se propõe a "vencer", "superar", "acabar" com ela ou mesmo "analisá-la". Diante de tal antagonismo, ela fica cada vez mais amedrontada — como não ficaria? Então ela se intensifica, se aprofunda e se prepara para sobreviver aos seus ataques mais bélicos. A ansiedade líquida aumenta.

Em seguida, imagine que, durante uma sessão de coach comigo, eu comece com minha lista das declarações "bizarras" que ninguém faz sobre a ansiedade:

- "Planejo lhe dar bastante espaço para fazer o que quiser."

- "Eu adoraria ajudar você a prosperar."

- "Eu realmente gostaria que tivéssemos uma relação próxima."

- "Eu valorizo muito você."

Talvez você levante a sobrancelha com um ar de desconfiança — mal nos conhecemos, e esse definitivamente é assunto para terceiros encontros —, mas duvido que você fuja da sala. Talvez até fique curioso sobre o que eu faria em seguida.

Essa não é uma linha da psicologia muito sofisticada, pessoal. Todos sabemos que nenhuma parte de nós — nenhuma criatura que já viveu — quer ser atacada, controlada ou quebrada em pedacinhos. Sabemos que é mais provável relaxarmos quando nos sentimos respeitados e compreendidos. Então, durante o restante deste capítulo — talvez pelo resto da sua vida —, eu gostaria de ajudar você a imaginar outra abordagem para a ansiedade, que comece com o respeito à maneira como evoluímos para pensar e nos comportar.

COMO SE TORNAR UM DOMADOR DA ANSIEDADE

Acalmar a ansiedade é um pouco como aprender a usar "a doma gentil" em cavalos, em vez de seguir a tradição consagrada de "doma". Durante séculos, as pessoas domavam cavalos ao estilo de um guerreiro: atacar, oprimir, ferir, dominar. Alguns domadores de cavalos ainda trabalham assim. Os métodos populares incluem fazer o cavalo mancar para que ele não possa correr, depois bater nele, chutá-lo, chicoteá-lo, causar-lhe medo e dor, até que o animal "seja domado" e pare de revidar.

Felizmente, os domadores modernos estão começando a usar técnicas popularmente conhecidas como "doma gentil" ou "racional". Especialistas nesse método começam observando como os cavalos interagem uns com os outros. Em seguida, eles imitam a "linguagem" equina, que é composta principalmente de movimentos, gestos e energia. (Por exemplo, andar por um caminho sinuoso enquanto mantém os olhos em foco suave é a linguagem do cavalo para "Eu não estou aqui para caçar ou machucar você; só quero fazer parte de sua manada").

Certa vez, observei domadores de cavalos trabalhando com alguns mustangues selvagens que tinham acabado de ser deslocados de terras públicas. Os animais eram tão selvagens quanto os veados. Eles raramente viam humanos e nunca haviam sido tocados, apenas reunidos — aterrorizados, é óbvio — em caminhões de transporte. Antes que os domadores entrassem no pasto com eles, cada um pôs um capacete e assinou um documento reconhecendo que os cavalos poderiam matá-los. Fui assistir à doma, à espera de um grande drama.

Na verdade, foi meio chato.

Durante cerca de quatro dias, os humanos passaram horas parados perto dos mustangues. Às vezes, alguém caminhava em direção a um deles e depois se afastava aos poucos. Os domadores usaram táticas como mudar o apoio corporal ou relaxar os olhos para comunicar segurança aos cavalos na própria "linguagem" do animal. Muitas táticas eram tão sutis que eu sequer percebi. Mas, em um intervalo de alguns dias — em comparação com as semanas que se poderia levar para "domar" um cavalo —, esses mustangues permitiam com alegria que os novos amigos humanos os acariciassem e escovassem. Todo o processo era o extremo oposto do combate violento.

Cavalos e humanos têm amígdalas muito semelhantes — assim como a maioria das criaturas, na verdade. É por isso que se acalmar (e a outras pessoas) utilizando habilidades gentis e sutis tem resultados melhores, assim como as táticas usadas na doma de cavalos. Isso vale até mesmo em situações bélicas, quando ser gentil e sutil faz parecer que a maioria de nós é simplesmente idiota.

Domando a ansiedade quando há muito em jogo

Em meados do ano 2000, um norte-americano de 24 anos chamado Jeffrey Schilling foi sequestrado por rebeldes nas Filipinas. O líder rebelde era um infame terrorista chamado Abu Sabaya, que exigiu dos pais de Schilling um resgate no valor de 10 milhões de dólares. A família, por sua vez, verificou minuciosamente suas contas e pediu ajuda ao governo dos Estados Unidos. O FBI enviou uma equipe de agentes liderada pelo melhor negociador de reféns da agência, Chris Voss.

Acho que é desnecessário dizer que casos envolvendo reféns geram muita ansiedade — sequestradores são hostis, estão armados e prontos para literalmente apertar o gatilho. Mas quando Voss chegou às Filipinas, ele não fez ameaças, não jogou granadas, não deu um chute na cara de ninguém. Ele estava trabalhando com um colega filipino chamado Benjie, um soldado condecorado que estava se comunicando com Sabaya por telefone em sua língua nativa, o tagalo. Aqui estão alguns dos métodos que Voss pediu que Benjie usasse com o sequestrador em conversas subsequentes:

- voz suave, baixa e gentil;

- silêncio contemplativo;

- perguntas curiosas;

- escuta atenta;

- resumo em voz alta da opinião de Sabaya;

- demonstração de empatia.

Benjie não gostou de *nada daquilo*. Ele odiava Sabaya com todas as forças. O cara tinha matado um de seus homens, estuprado e assassinado inocentes sem o menor remorso. Então, quando Voss sugeriu ouvir Sabaya com atenção, até mesmo ter *empatia* por ele, Benjie ficou furioso. E como Voss reagiu quando Benjie gritou e xingou? Com:

- voz suave, baixa e gentil;

- silêncio contemplativo;

- perguntas curiosas;

- escuta atenta;

- resumo em voz alta da opinião de Benjie;

- demonstração de empatia.

Ao deparar com essa reação estranhamente calma, Benjie reclamou por um tempo, mas depois, pouco a pouco, perdeu o ímpeto. Ele logo começou a cooperar com Voss, praticando as técnicas contraintuitivas do negociador enquanto os dias de tensão se estendiam para semanas. Aos poucos, Benjie se tornou um negociador habilidoso ali mesmo em campo.

Depois de muitas conversas, Sabaya pareceu ficar entediado com o tom contemplativo e silencioso de Benjie. Ele também parecia entediado com o refém, porque baixou a guarda, dando a Schilling a oportunidade de escapar para a selva, onde foi resgatado por uma equipe de militares.

Sabaya ligou para Benjie uma última vez para dizer que ele deveria ter sido promovido.

— Eu ia machucar Jeffrey — disse ele. — Não sei o que você fez para me impedir, mas o que quer que tenha sido, funcionou.

Isso resultaria em um péssimo filme. Não dá para ficar comendo pipoca enquanto se assiste a homens fortes terem empatia uns pelos outros em vozes suaves e arrastadas. No entanto, a história de Benjie e Sabaya me emocionou mais do que todos os filmes de Rambo juntos, porque me mostrou uma verdade radicalmente simples: em qualquer situação marcada pela ansiedade, de briga doméstica a casos envolvendo reféns, estamos lidando com algo básico: a amígdala humana que foi acionada.

Toda amígdala, em todas as criaturas, responde a condições semelhantes; ela toca o alarme sempre que algo perigoso ou desconhecido surge repentinamente e se acalma quando recebe silêncio, tranquilidade e espaço para relaxar. Isso quer dizer que as estratégias utilizadas pelos domadores de cavalos para acalmá-los também podem ser usadas conosco e uns com os outros. As habilidades que Voss transmitiu a Benjie podem substituir nosso hábito de transformar cada discordância em guerra. Aprender essas habilidades começa quando acalmamos nossas criaturas internas da ansiedade. Assim que fizermos isso, descobriremos que as pessoas ao nosso redor também ficarão mais calmas. Mesmo em situações assustadoras, podemos nos afastar — e muitas vezes uns dos outros — das espirais de ansiedade praticamente garantidas pela nossa cultura.

As habilidades básicas

A abordagem que Voss "ensinou" a Benjie já estava presente nos instintos dele. Naturalmente, acessamos táticas semelhantes quando estamos lidando com criaturas assustadas. Se já cuidou de um bebê, de um filhote de cachorro ou gato ou de qualquer outro ser vulnerável, é possível que já tenha usado as técnicas de silenciamento da amígdala. Você automaticamente sabia que ajudaria se movimentar devagar, respirar fundo, fazer sons suaves e evitar assustar a criatura na tentativa de imobilizá-la e controlá-la.

Como Benjie usou essa abordagem em vez de ameaças de força ou argumentos analíticos, ele foi capaz de acalmar Sabaya *sem que o sequestrador soubesse o que estava acontecendo*. Os métodos de Benjie pareceram neutralizar a energia antagônica do conflito como em um passe de mágica. (Como diz Iain McGilchrist: "O hemisfério esquerdo considera como mágica poderes sobre os quais não tem controle.")

A ansiedade e o estresse na mente e no corpo podem ser igualmente dissipados se você estiver disposto a direcionar algumas habilidades de doma da amígdala para se proteger. O exercício a seguir vai ajudá-lo a dar o primeiro passo. Abordar a ansiedade dessa maneira pode parecer estranho ou contraintuitivo a princípio (lembre-se: Benjie demorou um pouco antes de concordar em adotar os métodos de Voss). Mas à medida que você repetir o processo e perceber como ele o afeta, ficará cada vez melhor em domar seu cérebro ansioso.

Para começar, reserve alguns minutos quando não estiver interagindo com outras pessoas. Observe se há sensação de desconforto ou ansiedade em qualquer parte do corpo. Concentre-se nesse sentimento inquietante. Imagine-o como um animal jovem: um leitão, um cordeiro ou um patinho. Essa é a sua "criatura ansiosa". Na caixa abaixo, anote qual é a sua criatura e como você vai chamá-la. Desenhe-a se quiser.

Minha criatura ansiosa

Agora, feche os olhos e observe essa criatura ansiosa encolhida dentro de você, atenta, vacilante e preocupada. Se não conseguir visualizar, *sinta*. Veja se é capaz de encontrar a parte tênue e flutuante em seu âmago que fica tensa quando você está ansioso. Prometa a essa criatura que você tem toda a intenção de mantê-la segura. Observe-a. Repare que ela não consegue se *forçar* a relaxar, mesmo quando quer fazer isso. Em seguida, aplique suavemente as seguintes técnicas de doma da amígdala.

HABILIDADE Nº 1 DE DOMA DA AMÍGDALA: EXPIRAR.
Toda vez que expiramos, o batimento cardíaco desacelera um pouco. Ao expirar, a resposta de luta ou fuga é freada para que a frequência cardíaca não fique perigosamente alta. É por isso que — em centenas de sociedades e até mesmo em outras espécies — uma expiração longa e lenta é uma maneira universal de começar a reduzir qualquer reação ao estresse.

Agora, respire fundo e solte o ar devagar. Tente apertar os lábios e empurrar o ar para fora através de uma pequena abertura, faça o diafragma trabalhar um pouco mais do que o habitual e faça com que a expiração dure mais tempo. Repita quantas vezes quiser. (Respire normalmente entre as expirações para evitar sentir tontura.) Observe que, ao fazer isso, o corpo fica um pouco mais relaxado.

HABILIDADE Nº 2 DE DOMA DA AMÍGDALA: SUAVIZAR O FOCO DOS OLHOS.

Na infância, você deve ter escutado uma ladainha de ordens como: "Concentre-se!", "Ouça!", "Olhe para mim!" ou "Preste atenção!". Essas instruções na realidade significavam que você deveria voltar a atenção do hemisfério esquerdo para qualquer coisa que o falante considerasse importante. Esse foco de atenção afiado, considerado tão produtivo em nossa cultura, é, na verdade, parte da reação de luta ou fuga, que pode nos perturbar ou paralisar quando queremos fazer algo construtivo.

Suavizar o foco de atenção, especialmente o dos olhos, envia às nossas criaturas ansiosas a poderosa mensagem de que não há problema em relaxar. Experimente isto agora: se você estiver lendo um exemplar físico ou digital deste livro, pare por um instante e olhe para *o espaço entre* você e a superfície de leitura. Se estiver ouvindo um audiolivro, faça uma pausa e, em seguida, ouça o silêncio presente em qualquer som que você ouvir.

Às vezes, convido as pessoas a fazerem isso durante uma chamada de vídeo com dezenas ou centenas de participantes. Primeiro, peço que avaliem o respectivo grau de ansiedade em uma escala de um a dez e digitem o número no chat. A maioria tem grau de ansiedade superior a cinco. Então peço a todos que olhem para o espaço vazio entre os olhos e os respectivos computadores enquanto ouvem o silêncio presente em qualquer som que possam ouvir. Depois de alguns segundos fazendo isso, peço que avaliem a ansiedade outra vez. Quase todos relatam uma queda drástica, e a maioria digita um zero bem grande.

Experimente fazer isso. E depois siga em frente e se movimente. E é para "se movimentar" mesmo.

HABILIDADE Nº 3 DE DOMA DA AMÍGDALA: DEIXAR A SUA CRIATURA ANSIOSA SE MOVIMENTAR.

Quando lidamos com crianças assustadas, muitas vezes tentamos prendê-las, abraçá-las e fazê-las ficar quietas. Para uma criatura ansiosa, isso pode parecer um cativeiro. Voss não tentou impedir Benjie de reclamar e espernear; ele apenas esperou que o soldado descarregasse sua adrenalina. Mais tarde, Benjie usou a mesma estratégia com Sabaya.

Tentar impedir que o corpo se movimente quando estamos ansiosos é semelhante a pisar no acelerador e no freio ao mesmo tempo. A criatura ansiosa pode sentir vontade de andar, socar um travesseiro ou apenas tremer. Deixe-a fazer isso. Movimentar-se, em especial tremer, é uma forma altamente eficaz de lidar com o estresse atual ou pós-traumático. Muitas vezes, vemos o tremor como sinal de fraqueza, mas, na verdade, é uma forma poderosa de o sistema nervoso se regular e atingir um estado de calma. Portanto, na medida em que as circunstâncias permitirem, deixe a sua criatura ansiosa movimentar o corpo como quiser.

HABILIDADE Nº 4 DE DOMA DA AMÍGDALA: ACEITAR A SUA CRIATURA ANSIOSA. SE VOCÊ NÃO CONSEGUIR SE OBRIGAR A FAZER ISSO, ACEITE A PARTE DE VOCÊ QUE SE RECUSA A ACEITÁ-LA.
Uma criatura ansiosa e assustada é como um bebê que não para de chorar: é inocente, mas também leva à exaustão. Se tentamos forçá-la a parar de sentir o que sente, ela se torna cada vez mais ansiosa. Quando *aceitamos* a ansiedade de qualquer criatura, tudo começa a se acalmar.

Então, mais uma vez, imagine sua criaturinha ansiosa, sua chinchila ou marmota ou o que quer que seja, agachada e trêmula no centro de sua psique. Imagine dizer a ela: "Quer saber? Você pode seguir em frente e ficar com medo. Não vou tentar mudar você. Eu aceito você exatamente como é."

Muitas pessoas ficam indignadas quando peço que façam isso. Elas dizem algo como: "Isso é mentira. Eu *odeio* a minha criatura ansiosa! Eu só quero que ela se acalme e cale a boca!"

Se isso acontecer, desvie a atenção da própria raiva e volte-se para a criatura ansiosa. Imagine dizer a essa parte irritada: "Pode ficar chateada. Não vou tentar mudar você. Eu aceito você exatamente como é."

Com isso, você pode começar a ter preocupações como: "Mas aprendi na igreja que a raiva é perigosa e errada! Eu tenho que acalmar esse sentimento!" (Isso pode ser especialmente convincente se você foi criado de acordo com as normas tradicionais do gênero feminino, assim como "Pare de ser tão covarde!" provavelmente impactará quem foi criado de acordo com as normas tradicionais do gênero masculino.) Apenas observe a parte que está protestando.

Imagine-se dizendo: "Pode se assustar. Não vou tentar mudar você. Eu aceito você exatamente como é."

Você está compreendendo o cenário aqui? *Aceite o que estiver sentindo, inclusive qualquer parte de você que se recuse a aceitar os seus sentimentos.* Continue assim por tempo suficiente e começará a se conectar com sua capacidade genuína de aceitação. A essa altura, a sua criatura ansiosa (que não consegue entender palavras, mas é extremamente sensível à sua energia) começará a se acalmar.

Não importa o quanto a nossa psique proteste, ainda assim podemos sempre superá-la com gentileza aceitando o que quer que ela sinta. É por isso que Voss ensinou Benjie a ouvir atentamente Sabaya e depois a resumir a opinião dele. É como nas artes marciais, quando ao se enfrentar um movimento de muita força, como um soco ou um chute, não se usa força alguma — simplesmente o tiramos do caminho. Sem encontrar resistência, quem ataca vai tombar em meio à própria aceleração.

Tudo isso pode acontecer na sua imaginação, em silêncio. Agora é hora de usar a sua voz. Não palavras, apenas a voz.

HABILIDADE Nº 5 DE DOMA DA AMÍGDALA: MURMURAR, CANTAROLAR, ENTOAR OU CANTAR.

Quando estamos ansiosos, sentimos um nó na garganta. O tom e o volume da voz aumentam. Relaxar os músculos da respiração ao falar devagar e em voz baixa tem um efeito calmante porque faz a tensão se esvair e porque a vibração física de uma voz humana calma ajuda a regular nosso sistema nervoso.

Voss treina negociadores de reféns para desenvolverem o que ele chama de "a voz do DJ da madrugada". Este é o tom calmo e agradável que ouvimos no rádio ou no nosso programa de conselhos favorito, transmitido ao vivo pela internet às três da manhã. Voss recomenda imitar a voz profunda, ponderada e pensativa usada pela apresentadora Oprah enquanto entrevistava incontáveis convidados no seu programa de TV. Se você não a viu fazer isso, pesquise no Google. Em seguida, passe algum tempo tentando encontrar sua voz baixa e lenta.

A amígdala está sempre rastreando os tons e as vibrações das vozes humanas. Ela fica mais ansiosa quando alguém grita ou sibila e menos ansiosa quando ouve alguém cantarolar ou cantar. Na verdade, pesquisas mostram que cantar é uma das maneiras mais poderosas de regular um sistema nervoso alarmado. Depois de quase ter a perna arrancada por um crocodilo, meu amigo

Boyd Varty se acalmou e sobreviveu ao trajeto até um hospital distante, repetindo o cântico iogue: "Amaram hum madhuram hum" (Eu sou eterno, eu sou feliz). A amígdala não se importa com as palavras que usamos, mas vai ser tranquilizada pelo som e pela vibração.

HABILIDADE Nº 6 DE DOMA DA AMÍGDALA: ESTABELECER UM DIÁLOGO INTERNO GENTIL.

Lembra-se do monge tibetano que mencionei na Introdução? Aquele que teve um terrível transtorno de ansiedade na infância e depois se tornou tão calmo e feliz que os pesquisadores pensaram que o equipamento de exame do cérebro estava quebrado? Bom, ele praticamente transformou o próprio cérebro usando algo chamado "meditação da bondade amorosa". Anos antes de aprender esse termo eu deparei com algo semelhante.

Chamo esse processo de diálogo interno gentil, ou KIST, o acrônimo em inglês para *kind internal self-talk*. Eu o usei comigo mesma por anos antes de falar sobre isso. Sinceramente, eu estava envergonhada. Tinha certeza de que meus colegas intelectuais zombariam da sugestão de que todos nós deveríamos cair de amores por nossas amígdalas. Mas aí conheci uma cliente cuja ansiedade era tão terrível que ensinei a ela meu método secreto e em poucos minutos percebi que ela começava a se sentir melhor. Agora falo sobre o processo o tempo todo. Isso me ajudou a parar de me importar com o que meus colegas intelectuais pensam. Veja como fazer:

- Em silêncio ou usando sua voz calma e suave de DJ da madrugada, lembre à sua criatura ansiosa de que você sabe que ela está lá. Mais uma vez, ela não vai entender as palavras, mas vai sentir a sua intenção. Ao se concentrar na gentileza, você acordará a parte do cérebro que vive em compaixão e nunca fica presa à ansiedade. Para obter o efeito, é fundamental estruturar as frases *como se você estivesse se dirigindo a outro ser*. Não chame sua criatura assustada de "eu" e não fale *sobre* ela, mas *para* ela. Diga coisas como:

  - "Você está bem."

  - "Eu vejo você."

- "Estou aqui com você."

- "Eu posso ver que você está realmente assustada."

- "Está tudo certo."

- "Está tudo bem neste momento."

Essas frases podem parecer bobas. Mas, ao repeti-las, observe que algumas delas ajudam a criatura ansiosa a se acalmar, mesmo que apenas um pouco. Repita as frases que surtirem mais efeito.

- Quando você sentir até mesmo uma ligeira redução na ansiedade, mude a postura e ofereça a si mesmo votos gentis, como estes da meditação tibetana da bondade amorosa:

    - "Que você se sinta seguro."

    - "Que você se sinta em paz."

    - "Que você esteja protegido de todo o mal."

    - "Que você seja feliz."

    - "Que você se sinta livre."

- Você pode usar qualquer desejo de compaixão do tipo "Que você (...)" e quantos quiser. Quanto mais tempo continuar oferecendo-os à sua criatura ansiosa, maior a probabilidade de recuperar um equilíbrio interior calmo.

- Antes de voltar à vida normal, imagine-se colocando sua criatura em uma caixa acolchoada confortável e, em seguida, carregando-a em uma pequena bolsa imaginária pendurada em seu ombro. Prometa à criatura que você vai perceber quando ela estiver preocupada e que vai ajudá-la a se acalmar sempre que precisar.

- Mantenha a sua promessa.

SENTINDO-SE BEM POR PARECER ESQUISITO

Você pode estar pensando que domar a amígdala parece um processo complicado. Mas, na verdade, por ser instintivo, o processo é muito mais simples do que detalhar tudo o que deu errado na sua infância ou listar todos os votos religiosos que você talvez tenha quebrado. Aqui está um resumo de todo o processo que descrevi anteriormente:

- Observe a sua criatura ansiosa.

- Expire.

- Suavize o foco dos olhos.

- Movimente-se um pouco.

- Aceite como você se sente.

- Produza sons suaves.

- Ofereça a si mesmo votos gentis.

Nicky levou cerca de cinco minutos para dominar essa técnica durante nossa primeira sessão. Depois de passar pelas etapas algumas vezes, elas surgiram com naturalidade, como é provável que aconteça com você. Isso é bom, porque você vai recorrer a esse processo com frequência — seu cérebro e sua cultura provavelmente terão um viés de negatividade, então acalmar sua criatura é algo que você repetirá muitas vezes até que se torne automático. Pedi a Nicky que todas as manhãs fizesse a rotina para se acalmar e depois repetisse sempre que estivesse se sentindo ansiosa. Paramos ali até a sessão seguinte.

O que aconteceu em seguida é totalmente lógico do ponto de vista da natureza de Nicky e totalmente ilógico do nosso ponto de vista cultural. Ela começou a fazer jardinagem.

— Eu não planejei — contou Nicky na sessão seguinte. — Simplesmente aconteceu.

Certo dia, depois de acalmar sua criatura ansiosa enquanto voltava do trabalho, Nicky se viu entrando em uma floricultura. Ao comprar uma pequena caixa de madeira para hortas, um pouco de terra, um pé de tomate-cereja e sementes de várias ervas, ela teve a estranha mas agradável impressão de que estava comprando presentes para sua criatura ansiosa. De volta ao apartamento no décimo andar, ela montou uma pequena horta perto de uma janela da cozinha.

— Não sei por que estou fazendo isso — disse ela depois de levar o computador até as novas plantas para mostrá-las. — Será que é normal?

Culturalmente, nem tanto. Poucos apartamentos caros de Manhattan têm hortas na cozinha. Mas fisiológica e psicologicamente, a jardinagem era uma das coisas mais normais que Nicky poderia fazer; algumas de suas memórias mais felizes incluíam ajudar a avó a cultivar legumes, verduras e ervas. Cuidar da pequena horta e cozinhar o que "colhia" conectava Nicky à natureza, à avó, à sua cultura porto-riquenha e a seu corpo. Os aromas, as texturas, os sabores e as ações simples ajudavam a acalmar todo o sistema nervoso dela.

Nicky não comentou sobre sua horta no trabalho. Outros advogados — em especial os chefes — provavelmente considerariam uma perda de tempo contraproducente. Mas com menos ansiedade e mais paz interior, Nicky encontrou um novo senso de equilíbrio. À medida que praticava habilidades para domar a ansiedade e se permitia desfrutar da horta, ela foi ficando mais calma em relação a estabelecer limites no trabalho, assumir menos projetos e criar prazos mais realistas. A qualidade do trabalho de Nicky de fato melhorou — e a qualidade de vida dela está progredindo a passos largos. Quando aprendemos a domar a criatura ansiosa, também podemos começar a fazer coisas que são estranhas do ponto de vista cultural, mas naturais e curativas para nós. Um dos meus entes queridos chama isso de "sentir-se bem por parecer esquisito". E, quando tomar um pouco de distância da socialização, estará pronto para acalmar sua criatura ansiosa, mesmo em áreas em que experiências traumáticas o deixaram mais vulnerável. Como acalmar essa criatura de alta octanagem é o que veremos no próximo capítulo.

3

QUANDO CRIATURAS ANSIOSAS SÃO ENCURRALADAS

Há muito tempo, quando eu circulava pelos corredores da universidade, consegui um emprego sob a gerência de um professor exigente, hostil e agressivo, a quem chamarei de Ervil Pondwater. Ninguém gostava de Pondwater — eu com certeza não gostava —, mas ele gostava de mim porque eu me humilhava diante dele como um maldito golden retriever.

Pondwater costumava me mandar fazer tarefas enfadonhas com prazos curtos. Quando eu tentava dizer não ou mesmo "agora não", de repente, eu me sentia paralisada. Ficava lá, querendo recusar, mas em vez disso acabava me sentindo sugada pelo temido vórtice do consentimento para não desagradar. "Bem, *claro*", eu dizia. "Eu *adoraria* inserir os dados de 4 mil questionários em um conjunto de dados de computador enorme e cheio de bugs! É *óbvio* que consigo terminar no fim de semana!"

Eu dava grandes sorrisos para Pondwater, querendo atingi-lo com um abajur. Assim que ele me dispensava, eu corria de volta para o meu apartamento, sussurrando: "Fuja! Fuja!" (Quem dera eu estivesse exagerando.) Então eu tentava começar logo a minha nova tarefa e percebia que minha mente e corpo estavam tão moles quanto uma porção de macarrão que cozinhou demais. Eu trabalhava arduamente, odiando a mim mesma e a Pondwater, me perguntando por quê, por quê, *por quê* sempre me colocava nesse tipo de situação.

Uma palavra explica isso: *ansiedade*.

A minha relação com Pondwater — e com muitas outras pessoas — era marcada por um conjunto de reações tecnicamente conhecidas como "cascata de defesa". Sob diretrizes que evoluíram muito antes do pensamento cognitivo, partes do meu sistema nervoso estavam assumindo o controle de meus pensamentos, percepções e comportamentos. Como eu não entendia o que estava acontecendo, nem mesmo as melhores intenções do mundo me ajudavam a romper com o padrão. A minha mente consciente já estava sobrecarregada antes que eu tivesse a chance de dar conta da minha criatura ansiosa interior.

Neste capítulo, falaremos sobre como a *nossa* criatura ansiosa sequestra pensamentos, humores e comportamentos. Então vou ensinar alguns passos a serem seguidos para que seu "eu" ansioso seja treinado. Antes de começar a seguir esses passos, eu me sentia como um animal assustado, frequentemente dominado por reações que não conseguia controlar. Agora me sinto como alguém que domesticou o animal nervoso. Consegui devolver uma capacidade de ficar calma e relaxada, mesmo diante de circunstâncias que antes desencadeavam reações intensas.

A CASCATA DE DEFESA

Uma das características intrigantes sobre os padrões de ansiedade é que eles desencadeiam muitas reações diferentes, dando a ilusão de ter causas distintas quando, na verdade, a ansiedade está na raiz de todas elas. É provável que você já tenha experimentado todas as partes da cascata de defesa, mas pode favorecer um tipo de resposta em detrimento de outros. Veja se alguma destas histórias lhe soa familiar:

- Jim está bebendo com o amigo Leonard no bar preferido dos dois quando, de repente, Jim sente uma onda de raiva. Ele não tem certeza do motivo; só quer dar um soco em Leonard. Em vez disso, ele termina sua cerveja e se afasta do amigo, perplexo, sem dar explicação.

- Fred e Brita estão tendo um ótimo segundo encontro. Fred acha Brita ótima, brilhante, inteligente e engraçada. Mas então ele começa a se sentir julgado. Ele não consegue identificar o motivo; é apenas uma sensação. Infelizmente, ele percebe que Brita é tão crítica quanto qualquer outra mulher que ele já conheceu. Nunca houve um terceiro encontro.

- Em um jantar, Lindsay está sentada ao lado de Chris, extrovertido, carismático e cheio de opiniões. Lindsay se inclina em direção a ele, fazendo perguntas, assentindo, rindo das piadas dele. O tempo todo ela sente muita repulsa — primeiro por Chris, que ela acha arrogante e desagradável, e depois, cada vez mais, por sua bajulação, que ela não consegue frear.

- Recém-saída da faculdade, Emma consegue um estágio cobiçado em um canal de TV de notícias para trabalhar para uma âncora famosa. Emma quer desesperadamente impressionar sua mentora, mas sempre que a mulher lhe faz uma pergunta, dá um branco nela. Ela fica paralisada, ofegante. As chances de conseguir um emprego remunerado não parecem boas.

- Kirby tem desfrutado de seu novo emprego em uma loja de bricolagem. Na verdade, ela acabou de ser promovida a gerente de departamento. Mas em vez de ficar feliz com o novo cargo, Kirby acaba ficando doente e entra de licença por uma semana. Ela passa esses dias deitada no sofá, revendo aproximadamente quarenta episódios de *Survivor*.

Se essas experiências fossem únicas, ou se acontecessem uma ou duas vezes na vida, elas nem seriam dignas de nota. Mas não é esse o caso. Jim costuma ter ondas inexplicáveis de raiva. Fred acaba fazendo *ghosting* com todas as mulheres com quem sai. Lindsay sempre finge empolgação na companhia de indivíduos prepotentes. Emma com frequência fica paralisada quando está sob pressão. E Kirby nunca foi capaz de passar mais do que alguns meses sem voltar para sua fortaleza da solidão, o sofá.

Cada um deles vive nas garras da cascata de defesa. Embora os comportamentos deles pareçam bem diferentes, todos estão reagindo a uma sensação programada de ameaça. Já mencionei a famosa resposta de luta ou fuga, cunhada em 1915 por Walter Bradford Cannon, que descobriu que muitos animais secretam os mesmos hormônios do estresse quando estão em perigo. Desde então, outros cientistas acrescentaram novas palavras ao complexo de respostas ao medo, incluindo *bajulação*, *paralisação* e *colapso*.

Por exemplo, Jim tinha questões de raiva há muito tempo e entrava no modo de "luta" sem avisar. Quando Fred deu um *ghost* em Brita, ele estava inconscientemente ativando uma resposta de "fuga". A compulsão de Lindsay por adular Chris veio de um instinto de "bajulação". Essa é uma resposta de autoproteção frequentemente vista em predadores sociais — isto é, criaturas que poderiam facilmente matar umas às outras, mas que também precisam se dar bem. O ser humano é uma dessas espécies, assim como cães (procure no Google "cães culpados" para ver alguns adoráveis bajuladores).

A tendência de Emma de "paralisar" foi uma evolução dos animais que os auxiliou a se esconderem dos predadores. O objetivo é a invisibilidade, e funciona — mesmo em situações em que alguém não quer ser invisível. A hora do sofá de Kirby pode não parecer autodefesa, mas é. "Colapsar" é a última tentativa do sistema nervoso de sobreviver ao perigo inescapável. O corpo se desliga na esperança de sobreviver à crise e se curar de quaisquer ferimentos. Se você já perdeu de repente toda a força de vontade, motivação e energia, provavelmente estava passando por um colapso involuntário.

Todas essas reações são brilhantemente eficazes para nos proteger em certas situações. A raiva é uma resposta saudável à injustiça ou ao ataque. Fugir nos ajuda a sobreviver para lutar no dia seguinte. Um pouco de bajulação recíproca — oferecer elogios ou ajuda — facilita muito a vida em sociedade. Quando não sabemos o que fazer, paralisar pode nos impedir de cometer erros fatais. E quando estamos doentes ou presos, o colapso pode ser a melhor maneira de conservar energia, descansar e se curar.

O problema é que essas reações podem aparecer involuntariamente quando não são necessárias. Pior ainda, qualquer parte de uma cascata de defesa pode se transformar em uma espiral de ansiedade. Podemos perceber que estamos entrando em modo de luta, fuga, bajulação, paralisação ou colapso e depois contar para nós mesmos histórias que justifiquem a reação, preparando o terreno para que as coisas aconteçam com mais facilidade da próxima vez que nos sentirmos ameaçados.

Por exemplo, a minha relação com o professor Pondwater escancarou todas as partes da cascata de defesa. Expliquei minhas reações de luta, fuga, bajulação, paralisação e colapso como resposta à minha situação: obviamente, Pondwater era um verdadeiro idiota, mas eu precisava do trabalho, e era politicamente inteligente fazer o homem feliz. Esses argumentos de explicação e controle alimentaram minha amígdala esquerda assustada, intensificando minha crença de que eu *precisava* me comportar daquele jeito. Como qualquer pessoa presa em uma espiral de ansiedade, aceitei essas alegações sem questionamentos.

Isso é típico de pessoas que desenvolvem padrões repetitivos de ansiedade. Jim diz a si mesmo que suas explosões de raiva são inevitáveis porque as pessoas são idiotas, e é provável que todo mundo queira socar alguém na maior parte do tempo. Fred acredita com veemência que as mulheres são inerentemente críticas e se vê como um cavalheiro solitário em busca de uma donzela acolhedora. Lindsay dirá que é apenas uma boa garota sulista criada para oferecer elogios educados. Emma se culpa por "paralisar" no trabalho, achando que precisa ser mais educada e bem preparada. E Kirby costuma dizer que por dentro é apenas uma hippie: independentemente do trabalho que arranje, ela acabará se empolgando, se acomodando e desistindo.

Essas explicações são todas muito plausíveis. Mas como elas não rastreiam com precisão o que de fato está acontecendo, reforçam padrões disfuncionais e pioram ainda mais a situação. O que realmente está acontecendo em cada caso é que a criatura ansiosa de alguém captou um sinal de perigo, assumiu o controle físico do corpo e lançou uma cascata de defesa. As coisas começam a fazer mais sentido quando identificamos os gatilhos reais que estão desencadeando nossos padrões de reação.

TROPEÇANDO NOS GATILHOS

O conceito de "gatilho" psicológico se tornou muito popular nos últimos tempos, em especial devido a discussões on-line, que às vezes apresentam uma versão difusa do termo. Conheço uma mulher que, ao iniciar uma chamada de vídeo com vários colegas, apertou o botão "Ative meu áudio" e começou a falar mal de outras pessoas na reunião, para o deleite de alguns amigos que estavam presentes na sala. Ela estava falando mal de todos os presentes na chamada de vídeo enquanto eles tentavam avisar que ela tinha *desativado o mudo* acidentalmente e que todos estavam ouvindo cada palavra dita por ela. Para se defender, ela disse que a aparência hostil de todos na reunião desencadeou gatilhos e que tinha que honrar sua verdade insultando a todos da maneira mais divertida possível.

Na verdade, não é assim que os "gatilhos" funcionam. Os cientistas usam o termo para identificar momentos em que realmente não podemos controlar nossas respostas. Por exemplo, a psicóloga Catherine Pittman descreve um veterano do exército que começou a ter ataques de pânico no chuveiro cerca de dez anos após voltar da Guerra do Vietnã. Ele acabou descobrindo que sua esposa havia começado a comprar a mesma marca de sabonete que ele usava durante a guerra. O cheiro do sabonete desencadeava uma reação traumática, sem que sua mente consciente soubesse o motivo.

DECODIFICANDO GATILHOS

O cérebro humano cria gatilhos com maestria. Ele faz isso associando memórias sensoriais a experiências dolorosas. O antigo sistema de alarme do cérebro escolherá qualquer coisa que tenha acontecido nos instantes anteriores a um evento traumático e a sinalizará como parte do que causou o problema. Por exemplo, se você sofreu um acidente de carro — mesmo que não tenha sido muito grave — e estava usando uma camisa vermelha e ouvindo determinada música, aquele tom de vermelho ou aquela canção em particular pode ocasionar uma cascata de defesa sem que você sequer saiba o motivo.

As pessoas que vivem em perigo a longo prazo acabam por afastar sua consciência do trauma dia após dia, ano após ano. Se você é membro de um grupo marginalizado — uma pessoa não branca, uma pessoa trans ou uma pessoa neurodivergente, por exemplo —, tem consciência de que enfrenta ameaças constantes de danos físicos e psicológicos. Talvez você viva sob uma chuva constante de ofensas e insultos, mais ou menos graves, que podem acontecer a qualquer hora, em qualquer lugar. Isso por vezes leva à repressão a longo prazo dos instintos normais de defesa e autoproteção. Essa supressão constante das respostas ao trauma em geral causa muitos gatilhos de ansiedade — e à exaustão completa.

Não importa a situação, desacelerar e falar a respeito de momentos em que ficamos ansiosos pode ajudar nossa mente consciente a "decodificar" nossos gatilhos psicológicos. Isso geralmente não acontece até que estejamos em lugares seguros, com pessoas que nos transmitem segurança, que podem nos ajudar a articular nossas experiências. Uma cliente chamada Angela me disse que não tinha ideia do quanto estava zangada e assustada por ser negra e crescer em uma comunidade majoritariamente branca em Montana. Ela simplesmente nunca questionou a maneira como ela e outros negros eram tratados. Também acreditava que muitos dos seus problemas de saúde — dificuldade para dormir, problemas digestivos, alergia na pele, crises de depressão — eram sintomas não relacionados.

Depois que George Floyd foi morto por um policial de Mineápolis durante a pandemia de covid-19, Angela começou a falar abertamente sobre a dinâmica racial com a qual lidava todos os dias. Ela logo percebeu que seus problemas "não relacionados" eram evidências da tentativa de um sistema nervoso saudável responder a um ambiente no qual tinha que esconder seus sentimentos.

Como coach, muitas vezes vi pessoas que conseguiam decodificar seus gatilhos de ansiedade só de falar sobre momentos em que se sentiam fora de controle. Foi o que aconteceu com cada um dos clientes que descrevi anteriormente neste capítulo:

- Jim se lembrou de que, pouco antes de sentir vontade de dar um soco em Leonard, o amigo ergueu o copo de uísque e o girou — a mesma coisa que o padrasto de Jim costumava fazer quando estava bêbado e começava a ficar violento.

- Fred foi criado dentro de uma religião puritana. Ele não era religioso na vida adulta, mas anos de condicionamento o tinham deixado inconscientemente reprimido quando se tratava de sentimentos sexuais. Relembrando seu encontro com Brita, Fred percebeu que a sensação de ser julgado o atingiu quando ele estava começando a se sentir particularmente atraído por ela.

- Lindsay foi criada por dois pais narcisistas que só ofereciam aprovação quando ela os tratava com adoração. "Tudo o que eles realmente queriam ouvir de mim era 'Uau!' e 'Aah!'", disse-me ela. Com o tempo, quando Lindsay deparava com o comportamento narcisista em alguém, seu sistema nervoso ativava a resposta de bajulação.

- Quando criança, Emma estava se preparando para ser um prodígio do violino — até que seus pais contrataram um professor famoso e caro, que a repreendia violentamente por qualquer erro. Emma começou a "paralisar" durante as aulas de música, depois em qualquer situação em que se sentisse avaliada.

- Os gatilhos de Kirby se constituíram durante os anos que passou sofrendo com uma dislexia não diagnosticada. Caso se esforçasse muito, Kirby conseguia acompanhar o ritmo das aulas, mas com *bastante dificuldade*. O esforço a esgotava. Constantemente pressionada a dominar coisas que seu cérebro não foi desenvolvido para fazer, Kirby começou a colapsar, mesmo quando pretendia se esforçar mais. Qualquer desafio podia desencadear um colapso involuntário.

Reconhecer os próprios gatilhos ajudou cada uma dessas pessoas a se sentir menos descontrolada, com menos medo das próprias cascatas de defesa. A reação delas fez sentido à luz das experiências dolorosas a que sobreviveram. Mas como as espirais de ansiedade são muito persistentes e nosso hemisfério esquerdo é muito propenso a ficar preso em seus sistemas de crenças, apenas ter consciência do acontecimento que originalmente causou um padrão baseado na ansiedade pode não ser suficiente para superá-lo.

Na verdade, às vezes nossos gatilhos são criados e lançados para onde podemos vê-los, mas *ainda* não somos capazes de impedir que nossa ansiedade se torne ardilosa, nos controle e nos jogue contra nosso bom senso. As partes do sistema nervoso que criam essas reações não respondem à lógica e não desistem de seus padrões habituais só porque os achamos vergonhosos. Essas criaturas ansiosas não são apenas bebês assustados. Estão mais para poderosos animais selvagens que derrotam sem esforço nossas melhores intenções.

Por exemplo, uma amiga minha — vou chamá-la de Cassie — nasceu com uma personalidade autoritária e, mais tarde, desenvolveu medo de viajar de avião. Essa combinação tornava-se problemática quando Cassie viajava. Ela costumava me ligar de vários aeroportos depois de desembarcar de diversos aviões e relatar melancolicamente:

— Eu fiz aquilo de novo.

"Aquilo" significava que Cassie tinha tomado um alprazolam com uma taça de vinho antes mesmo de o avião decolar. Já no ar, Cassie dava uma olhada pela janela e segurava o braço de quem quer que estivesse sentado ao seu lado. Quando passava o efeito do alprazolam e a ansiedade voltava, Cassie arrancava o cinto de segurança, levantava-se no corredor e gritava:

— POUSE ESTE AVIÃO *AGORA*! ESTAMOS PRESTES A *CAIR*!

Os comissários de bordo não tinham que lutar fisicamente com Cassie para fazê-la se sentar de novo — bem, não precisavam usar muita força. E é evidente que os companheiros de viagem de Cassie não faziam coro a seu pânico — bem, nem todos eles. Saiba que Cassie tinha consciência de que o comportamento dela era irracional. Antes de cada viagem, ela jurava que não ia fazer um escândalo. Mas assim que o gatilho disparava, sua criatura ansiosa seguia seu protocolo com uma implacabilidade impiedosa.

Eu costumava ter um problema semelhante com exames médicos. Tudo começou quando meu filho foi diagnosticado com síndrome de Down no pré-natal e piorou nos anos seguintes, à medida que uma série de condições autoimunes me deixaram incapacitada e atormentada pela dor. Fiz inúmeros exames médicos, muitos dos quais eram fisicamente incômodos e levavam a diagnósticos desanimadores. Não se preocupe! Estou bem agora! Mas mesmo depois que meus sintomas diminuíram, eu permaneci com um medo épico de exames médicos.

Essa fobia geralmente ficava encolhida no fundo da minha mente, mas saía do esconderijo toda vez que eu precisava fazer um exame de rotina, como uma mamografia. Se você ou alguém próximo já passou por esse procedimento, sabe que envolve ficar quase nua, literalmente abraçar uma enorme máquina de metal frio e deixar que partes muitos sensíveis do seu corpo sejam esmagadas. Esse processo dá um novo sentido à palavra *prensado*. E, quando termina, há ainda a possibilidade de vir um diagnóstico de câncer!

Durante anos, não consegui fazer uma simples mamografia sem transformá-la em uma grande produção. Em primeiro lugar, alguém tinha que me conduzir para o exame, porque eu me assustava e gritava com qualquer coisa que visse do lado de fora do carro, inclusive o céu. Eu conseguia me forçar a vestir o pedaço de guardanapo que as enfermeiras chamavam de "avental". Mas, quando a máquina de mamografia e eu estávamos abraçadas em nossa dança íntima, meu corpo começava a tremer sem parar. Quando a máquina apertava os seios, eu desmaiava bem ao estilo do século XIX. O único consolo era que eu nunca atingia o chão. Em vez disso, acabava presa no aparelho por uma única teta angustiada.

Eu estava desesperada para encontrar um jeito de interromper esse padrão. E acabei conseguindo. Mas primeiro tive que aprender um pouco sobre como meu sistema nervoso estava criando cascatas de defesa.

COMO AS REAÇÕES DE GATILHO ASSUMEM O CONTROLE

Lembre-se de que, ao lidar com qualquer tipo de ansiedade, nossa tarefa não é lutar contra o nosso sistema nervoso, mas ajudá-lo a relaxar e apreciar a cooperação com nossas intenções conscientes, como animais sensíveis que aprenderam a confiar gentilmente nos humanos. Quando somos sequestrados por padrões de ansiedade, estamos lidando com elementos selvagens literais: seções de nosso sistema nervoso que evoluíram muito antes do pensamento cognitivo aparecer. Entender como nosso sistema nervoso ativa várias reações de defesa pode nos ajudar a domar até mesmo os aspectos mais preocupados de nossas criaturas ansiosas.

Alguns psicólogos acreditam que a cascata de defesa é controlada por algo chamado "circuito polivagal", uma grande coleção de nervos que conectam o cérebro a outras partes do corpo (*poli* significa "muitos" e vagal vem de "vagar", então o circuito polivagal é um conjunto de nervos que vagam por todo o *Self*). Parte desse sistema evoluiu há eras em organismos que você nunca pensaria em convidar para reuniões familiares. Outras partes do sistema polivagal apareceram inicialmente nos primeiros mamíferos. E há as partes que são exclusivas dos humanos.

Esses ramos nervosos recentemente evoluídos são essenciais para nos permitir transmitir sinais de perigo ou segurança uns aos outros. Eles conectam o cérebro com os músculos da face e da cabeça, criando expressões faciais e movimentos de cabeça que enviam sinais emocionais sem que tenhamos que pensar sobre isso. Esse é o motivo pelo qual bebês de todas as culturas sorriem quando estão contentes, e por que a maioria dos adultos automaticamente sorri de volta. Quando não estamos tão satisfeitos, mesmo que tentemos agir como se estivéssemos, exibimos "microexpressões" involuntárias que duram cerca de um quinto de segundo e revelam nossos verdadeiros sentimentos. Nossa mente consciente pode não ver uma microexpressão de raiva ou medo no rosto de alguém, mas a rastreamos inconscientemente e podemos nos sentir desconfortáveis sem saber por quê.

Pouco abaixo da cabeça, chegamos à parte do sistema nervoso que conecta o cérebro aos pulmões, ao coração e ao diafragma. Essa parte do sistema nervoso acelera os batimentos cardíacos e a respiração diante do perigo. Ela evoluiu em mamíferos pré-humanos e desencadeia as respostas de luta, fuga e bajulação que acabamos de discutir. Uma resposta ativada de luta/fuga/bajulação vem com manifestações físicas como um rosto corado, um sorriso puxa-saco, rompantes de raiva ou terror e um desejo desesperador de se sentir conectado a alguém e validado.

Se uma situação perigosa se mantiver por tempo suficiente, ou se acreditarmos que não podemos de jeito algum escapar da catástrofe, a seção mais antiga do circuito polivagal pode assumir o controle. Aqui encontramos nervos que se conectam à parte inferior do abdômen e ao intestino. Nos bons momentos, eles nos ajudam a descansar e digerir, duas funções básicas fundamentais para a vida. Mas, quando estamos em apuros, essa parte do sistema nervoso provoca as reações de paralisação e colapso que deram branco em Emma e fizeram Kirby se afundar no sofá. O chamado desligamento vagal dorsal nos dá aquela sensação de levar um soco no estômago e cair para trás. Pode até nos fazer desmaiar, como se de fato estivéssemos nas garras de uma máquina de mamografia.

Todo esse sistema de alarme não está apenas executando nossas reações internas, mas também examinando constantemente os arredores para ver se estamos seguros ou sob ameaça. Possui percepções tão sutis que muitas vezes não temos consciência delas. Os defensores da teoria polivagal as chamam de "neurocepções". Eu as chamo de "sentidos de aranha". São perceptores sensíveis que aceleram a cascata de defesa quando notam qualquer coisa que possa representar perigo de algum modo (mesmo quando não há de fato perigo). Então, quando a segurança é restabelecida, eles diminuem nossas defesas e nos devolvem a paz.

Essa desaceleração envolve algo chamado "freio vagal", que, como os freios de um carro, diminui a frequência cardíaca e outras reações desencadeadas pelo medo. Esse sistema de freio da ansiedade depende do hemisfério direito do cérebro, que envia para o coração um sinal claro pelo lado direito do circuito polivagal. No entanto, se ficarmos presos em uma espiral de ansiedade, girando no salão de espelhos do hemisfério esquerdo, esse sistema calmante não será ativado. Os freios da ansiedade literalmente falham, e você pode entrar com tudo em padrões autodestrutivos.

SINAL VERDE, SINAL AMARELO, SINAL VERMELHO

Alguns especialistas em circuito polivagal comparam toda essa configuração a situações de sinal verde, amarelo e vermelho. Quando nosso sistema nervoso se sente seguro, ele nos dá o "sinal verde" para prosseguir com calma e cooperação. Quando sentimos perigo — mesmo inconscientemente — o "sinal amarelo" acende, gritando "Cuidado! Lute, fuja, bajule!" E há os horrores *inescapáveis*, ou pelo menos o que *percebemos* como horrores inescapáveis. (Algumas pessoas podem se sentir tão encurraladas por uma reunião com o Ed da contabilidade quanto por um acidente em uma mina de carvão — o cérebro e o corpo reagem mais às crenças do que às circunstâncias reais.) Quando pensamos que não há como sair de uma situação ruim, nosso sistema nervoso nos envia o "sinal vermelho". É como se tivéssemos dado de cara em uma porta de vidro. Ficamos atordoados. Não temos energia para nada, nem para dar a mínima. Claro, o sistema nervoso de todos foi condicionado sob circunstâncias únicas, então o que liga seu estado de sinal verde, amarelo ou vermelho pode ser diferente do que altera os sinais para outra pessoa.

Esses três estados determinam não apenas como nos sentimos e nos comportamos, mas também como enxergamos o mundo. Quando estamos em um estado de sinal verde, tudo parece agradável e bom como a Cidade das Esmeraldas de Oz. Do ponto de vista do sinal amarelo, o mesmo ambiente de repente se torna ameaçador: todos os cachorros estão prontos para morder, todas as empresas estão tentando nos roubar e cada tapinha nas costas parece uma manobra abusiva. Quando atingimos o território do sinal vermelho, todas as linhas de energia positiva desaparecem. Podemos ter pensamentos obsessivos a respeito de grandes problemas, como guerras ou mudanças climáticas, a ponto de nos sentirmos tão sem energia que colocar o lixo para fora se assemelha a escalar o Everest. Se estivermos em um estado de sinal vermelho, receber flores é apenas uma exposição forçada a alergênicos. Vídeos de gatinhos adoráveis? Meros lembretes de que todos os seres vivos morrem. Nossa vida — e nós mesmos — se torna insuportável.

Às vezes, assumimos um controle rudimentar sobre essas manifestações de ansiedade usando um tipo de resposta do sistema nervoso para apagar outra. Quando a mãe de Kirsten estava morrendo devido a um câncer, ela evitou o desespero e atacou todos os médicos e enfermeiros do hospital. Marcus tem pavor de conflito, então, quando a esposa diz a ele que está chateada, ele fica obcecado pelos prazos no trabalho, preocupando-se com as tarefas que ele pode controlar, em vez de transitar pela dinâmica do relacionamento. Daniel tem vergonha da própria raiva, então, quando está um pouco chateado, muitas vezes fuma maconha e cai em um colapso da luz vermelha, em que pode confiar que vai permanecer passivo.

Quando entendemos que podemos estar presos em um estado de sinal amarelo ou vermelho, ou quando usamos uma resposta para evitar outra, também podemos começar a ver que nossas versões aterrorizadas ou sem esperança na realidade, por mais convincentes que sejam, não são verdadeiras, mas sim provenientes do acionamento de nossas criaturas, e podemos fazer algo a respeito disso. Em vez de nos sentirmos sobrecarregados pelas partes mais antigas e poderosas do nosso sistema nervoso, podemos estabelecer uma parceria com elas. Podemos depender dos instintos delas para nos manter seguros quando o perigo é real, então certifique-se de que elas nos coloquem de volta em um estado de presença alegre assim que estivermos fora de perigo. O restante deste capítulo ajudará você a criar essa parceria inestimável.

ESTABELECENDO UMA PARCERIA COM A SUA ANSIEDADE MAIS SELVAGEM: ESPERAR ATÉ QUE NADA ACONTEÇA

Aprendi com um veterinário que trabalhava em um zoológico que os treinadores de animais costumam usar um processo de quatro etapas. Ele recomendou que esse processo fosse usado para ensinar qualquer criatura a relaxar quando algo desencadeia uma cascata de defesa. Funcionou para acalmar minha ansiedade, então comecei a ensiná-lo aos meus clientes. Chamo minha versão desse processo de "Esperar até que nada aconteça". Veja como segui-lo:

1. Estabeleça uma situação em que a criatura em questão (um animal ou sua criatura ansiosa) se sinta segura.

2. Aos poucos, exponha a criatura a algo que desencadeie ansiedade. Quando a criatura começar a ficar nervosa, mas antes de atingir uma verdadeira cascata de defesa, pare e permaneça ali. Apenas pare ali.

3. Permaneça bem na fronteira da zona de conforto da criatura, sem fazer nada até que ela fique entediada e relaxe. Em seguida, avance um pouco.

4. Repita conforme necessário.

Usei essa estratégia para acalmar meus padrões de ansiedade em muitas situações. Por exemplo, embora não seja capaz de dizer que gosto de exames médicos, esperar por vontade própria até que nada aconteça me acalmou consideravelmente. Sentada em casa, comecei a pensar em uma mamografia que eu teria que fazer, lembrando-me de que eu estava bem naquele momento, até sentir minha ansiedade recuar um pouco. Então fui cedo para o consultório médico e permaneci sentada no meu carro até que estivesse entediada e parasse de me sentir ansiosa. Em seguida, como cheguei cedo, usei o tempo na sala de espera para que meu sistema nervoso relaxasse.

Hoje posso ir sozinha fazer a mamografia, ter conversas amigáveis com as enfermeiras e caminhar até a máquina quase sem tremer. Nesse momento, ainda fico um pouco tensa — meu recondicionamento não está completo —, mas não é nada com que eu não possa lidar. Sim, tenho que me concentrar na respiração. Sim, começo a morder a parte interna do meu lábio. Mas depois que a máquina termina o serviço, posso dizer com sinceridade estas três palavrinhas que podem fazer toda a diferença: *eu estava consciente*.

Então, agora vamos ajudar você a se conectar muuuiiitooooo graaaadualmente com as partes de seu sistema que provocam *em você* um grau de ansiedade mais intenso. Essa é a única maneira de ajudar seu sistema nervoso a desarmar os gatilhos de trauma que desencadeiam a cascata de defesa indesejada. Ao seguir as instruções a seguir, lembre-se de não se apressar. Talvez sejam necessárias muitas repetições para desarmar o gatilho de ansiedade. Está tudo bem. Persistência, não velocidade, é a chave para o sucesso. Quando se está treinando um animal assustado, devagar já é rápido. E prometo que o esforço compensa.

PRIMEIRO PASSO: Escolha um santuário

Suas sessões de treinamento começam com a identificação de um lugar específico onde a sua criatura ansiosa já se sinta relativamente calma: seu quarto, seu escritório, sua cadeira confortável no canto perto da janela. Vamos chamar esse lugar de seu santuário. Se *nunca* se sentir calmo em lugar *algum*, escolha um local onde ninguém o incomode por alguns minutos. Sente-se ou deite-se em seu santuário por pelo menos dez minutos todos os dias, praticando as habilidades calmantes dos dois capítulos anteriores e deixando sua respiração fluir naturalmente.

SEGUNDO PASSO: Encha o seu santuário com vislumbres

Após organizar o lugar seguro, deixe-o mais relaxante, enchendo-o com objetos que ajudem a acalmar o sistema nervoso. A autora e assistente social voltada para a área de saúde Deb Dana, especialista em teoria polivagal, tem uma palavra para essas coisas, a que chama de "vislumbres".

Um vislumbre é o oposto de um gatilho; é qualquer objeto ou experiência que cria um momento de facilidade ou alegria não forçada. Funciona da mesma forma que um gatilho negativo: nossos "sentidos de aranha" o detectam e, em seguida, alertam imediatamente todo o nosso sistema polivagal — mas, em vez de soar um alarme, eles liberam o sinal verde. A visão, o som, o cheiro, o sabor, a sensação ou a memória de um vislumbre criam automaticamente uma pequena bolha de gratidão e apreço.

Os vislumbres podem ser qualquer coisa que nossos instintos primitivos associem ao conforto ou ao deleite: o aroma das flores, um raio de sol que passa por entre as folhas, um abraço. Lembra da "voz do DJ da madrugada" de Chris Voss? Funciona porque uma voz humana calma é um poderoso sinal de segurança para o circuito polivagal. Essa voz pode nos acalmar, mesmo que não saibamos por quê. Tudo o que aprendemos a associar à segurança pode ter esse efeito. Por exemplo, tenho uma amiga cujos pais costumavam se acalmar fumando. Racionalmente, ela sabe que fumar mata e não faz. Mas o cheiro do cigarro a faz se sentir instantânea e drasticamente mais segura.

Por causa do viés de negatividade do cérebro, nosso sistema nervoso geralmente passa pelo mundo evidenciando cada gatilho enquanto negligencia os vislumbres. Quando estamos presos em um estado de sinal amarelo ou vermelho, essa tendência piora. O mundo inteiro pode parecer um mar de gatilhos vermelhos e amarelos sem um único vislumbre verde. *Trata-se de uma ilusão*. Para sair dela, busque intencionalmente pelos vislumbres. Cace-os, ativa e insistentemente. No início, talvez sejam escassos. Mas assim que você começar a encontrá-los, eles aparecerão em sua esfera de atenção com mais facilidade. À medida que seu estado polivagal muda para o sinal verde, você vai perceber que eles estão em todos os lugares.

Onde quer que você esteja, olhe em volta agora para dez coisas que lhe causam "vislumbre". Vou listar alguns dos meus objetos para mostrar como funciona. Ao meu redor, enquanto escrevo, vejo os seguintes objetos, cada um dos quais me deixa alegre e me ajuda a me sentir segura (é claro que isso pode não funcionar para você; os vislumbres de todos, assim como gatilhos, são singulares):

- um cobertor quente e felpudo que parece um abraço;

- uma xícara de chá com limão;

- uma cartela de ibuprofeno que acabou de me livrar da dor de cabeça;

- um belo geodo de ametista, que eu originalmente vi na casa de uma amiga querida, e com o qual ela me presenteou depois;

- um vídeo do TikTok enviado por outro amigo que mostra um buldogue que faz ruídos bizarros enquanto um beagle o olha com um pavor óbvio.

Meu Deus, estou começando a me sentir *muito melhor*! Agora estou percebendo automaticamente coisas como o cheiro de folhas caindo do lado de fora da janela, uma música que adoro tocar no fundo da minha mente e "amigos de papel" maravilhosos (livros que me confortam e me inspiram há anos).

Ok, agora é a sua vez!

Dez vislumbres que estão perto de mim aqui e agora:

1. _____
   _____

2. _____
   _____

3. _____
   _____

4. _____
   _____

5. _____
   _____

6. _____
   _____

7. _____
   _____

8. _____
   _____

9. _____
   _____

10. _____
    _____

Depois de identificar os vislumbres, é possível começar a reuni-los à medida que avança em sua rotina diária e trazê-los para casa para decorar o seu santuário. Se um vislumbre for intangível ou grande demais para carregar, encontre um pequeno objeto que faça você se lembrar dele (gosto de encontrar pedrinhas de quartzito na África do Sul que me lembrem de toda a savana selvagem); ou tire uma foto dele — uma árvore florescendo, o sorriso de um amigo, seu restaurante favorito — e imprima-a e cole-a na parede do seu santuário. Continue adicionando vislumbres indefinidamente.

TERCEIRO PASSO: Aproveite o seu estado de sinal verde
Sempre que estiver no seu santuário, concentre-se nos vislumbres ao seu redor e desfrute das sensações positivas associadas a cada um. Se você se sentir ansioso, use o diálogo interno gentil (KIST): diga gentilmente à sua criatura ansiosa que ela pode sentir o que quiser, mas mostre a ela que agora está tudo bem.

Quando for capaz de sentir ao menos alguns minutos de relativa calma, comece a observar de perto como é o estado de sinal verde do seu sistema nervoso. Escaneie lentamente cada pedacinho do seu corpo. Talvez você sinta um leve zumbido de energia nas extremidades, sobressalto no peito, um calor no abdômen ou uma sonolência confortável que faz você querer semicerrar os olhos. Mesmo que as sensações sejam sutis, sintonize-as e permita que elas se expandam, preenchendo a sua atenção. Descreva esses sentimentos abaixo:

O meu estado de sinal verde é assim:

_____
_____
_____
_____

QUARTO PASSO: Pense em algo que o leva até o território do sinal amarelo
Agora é hora de começar a se conectar com as partes defensivas do sistema nervoso. Comece pensando em algo que faça você sentir o *início* do seu estado de sinal amarelo. Estamos trabalhando o mais lenta e progressivamente possível aqui, então não mergulhe em um enorme show de horror mental. Pense em um pequeno estresse cotidiano, algo que cause um pouco de preocupação, como o fato de você precisar renovar sua licença de pesca, limpar a pia, aparar as costeletas ou qualquer outra coisa.

O objetivo é se ancorar no estado de sinal verde enquanto começa a explorar as sensações físicas da sua condição no sinal amarelo. (Deb Dana oferece muitas maneiras de fazer isso em seu livro maravilhoso *Anchored: How to Befriend Your Nervous System Using Polyvagal Theory*.) Observe tudo o que acontece no seu corpo enquanto você começa a se aproximar de uma reação de estresse. Sinta os batimentos cardíacos acelerarem. Observe quais músculos ficam tensos. Não tente controlar sua expressão facial; apenas observe o que ela faz naturalmente. Considere seu humor também. Você quer atacar, escapar, explicar, desaparecer ou todas as opções anteriores? Mais uma vez, descreva o que está sentindo:

O meu estado de sinal amarelo é da seguinte maneira:

_____
_____
_____
_____
_____

Se isso levar você a uma reação de ansiedade mais intensa, tudo bem. Você não está acostumado a pisar no freio vagal, então ir devagar pode não ser natural no início. Você pode ser sugado para uma espiral de ansiedade e se ver em meio a um surto completo. Mais uma vez, tudo bem. Use suas habilidades de doma da ansiedade e, em breve, você voltará ao estado normal. Caso consiga manter sua ansiedade baixa ou perca o controle e a veja disparar, passe para a próxima etapa assim que se sentir capaz de agir deliberadamente.

QUINTO PASSO: Retorne ao seu estado de sinal verde
No território do sinal amarelo, pode ser difícil não seguir o padrão de luta do sistema nervoso (ficar irritado, pensar nos inimigos), de fuga (lembrar que tem que sair correndo e comprar um novo aparelho massageador de pés!), ou de bajulação (encontrar alguém que tem desejos e ambições e oferecer a ele o que quer que deseje, não importando o que isso lhe custe). Não há nada de errado com essas reações, mas agora estamos nos concentrando no recondicionamento de volta à calma, sem que você se deixe levar por elas.

Para retornar do sinal amarelo para um estado de sinal verde, fique em seu santuário e use a seguinte sequência de etapas internas, que chamo de SPACE, o acrônimo para "*surrender, peace, appreciation, connection and enjoyment*", isto é "entrega, paz, valorização, conexão e deleite". Aqui estão os passos:

Entrega

O que quer que esteja sentindo, entregue-se ao fato de que essas sensações estão presentes. Não lute contra elas. Em vez disso, ofereça ao seu *Self* do sinal amarelo aceitação e diálogo interno gentil: *Vá em frente e aceite o que está sentindo. Vou cuidar de você. Você vai ser reconfortada. Você vai ficar bem.*

Paz

Se continuar oferecendo bondade e observando seu estado interno, acabará se sentindo relaxado. Concentre-se nessa paz, mesmo que seja pequena. Respire.

Valorização

Ao saborear a sensação de paz, por menor que seja, olhe ao redor do seu santuário e encare os seus vislumbres. Toque em um objeto amado. Cheire os livros, as flores ou o café. Aprecie a pequena beleza de cada item. Ofereça a eles um agradecimento silencioso.

Conexão

Escolha um vislumbre que o faça se lembrar de uma conexão com outro ser, pode ser uma pessoa, mas também um animal de estimação ou até mesmo uma planta. O que importa é que você aproveite a presença desse ser amado e que ele goste de você.

Deleite

Ao segurar ou contemplar o objeto, concentre-se apenas no belo item por cerca de dez segundos. Veja se você pode deixar o deleite se infiltrar por todo o corpo.

SEXTO PASSO: Mova-se entre seus estados de sinal verde e amarelo

A ideia de treinar a criatura não é eliminar suas reações de autoproteção, mas impedir que o seu gatilho seja acionado e caia uma cascata de defesa quando nem há um perigo real presente e que você fique *preso* em um estado de sinal amarelo ou vermelho após uma experiência difícil. Então, após passar do verde para o amarelo e vice-versa, repita o processo. Revisite mentalmente o tópico que o preocupa, observando com atenção as sensações que ocorrem à medida que você entra em alerta de sinal amarelo. Em seguida, retorne ao estado de luz verde seguindo as etapas de entrega, paz, apreciação, conexão e deleite ou apenas aproveitando seus vislumbres.

Depois de certo tempo, é possível notar que, embora as respostas de luta/fuga/bajulação não sejam confortáveis, não são letais. Ou seja, *você não precisa ter medo dessas sensações.* Uma onda de preocupação ou raiva não é necessariamente um sinal de que você está possuído por demônios ou que deve largar o casamento e começar a enterrar ouro no quintal. As reações ao sinal amarelo não são divertidas, mas também não são intoleráveis. Permaneça no estado de sinal amarelo, observando-o de perto, até ficar entediado.

Espere até que nada aconteça.

Depois de se acalmar, pegue um vislumbre e volte ao estado verde, repleto de paz e gratidão.

SÉTIMO PASSO: Mergulhe na zona vermelha

Após conquistar alguma habilidade em se mover entre os estados de sinal verde e amarelo, você pode começar a usar seu tempo de treinamento no santuário para pensar sobre o que realmente assusta você. Comece com algo que não afeta diretamente a sua vida — algo que pode deixar você preso no modo do colapso. Se precisar de um tópico de sinal vermelho, dê uma olhada nas notícias. Relatos de crianças morrendo em zonas de guerra e calotas polares derretendo são suficientes para enviar qualquer um para um estado de sinal vermelho.

O estado de sinal vermelho às vezes é chamado de "colapso do tônus". Ao contemplar algo distante, porém terrível, observe como esse estado colapsado se apresenta. O tônus muscular é perdido e há a sensação de moleza no corpo. A pressão arterial pode cair até que a cabeça pareça estar vazia. Talvez sinta náuseas. As reações emocionais podem incluir desespero, dormência e indiferença. Como você as definiria?

O meu estado de sinal vermelho é assim:
_____
_____
_____
_____
_____

Talvez você sinta tudo o que acabou de escrever sem estar destruído. Assim como as reações de luta, fuga e bajulação, um colapso físico e emocional pode ser tolerado. Só fica de fato insuportável se lutarmos contra ele.

Na verdade, se você estiver em um estado de alerta vermelho e disser a si mesmo "Eu não devo me sentir assim", é provável que invoque uma energia maníaca disfuncional ou recorra a substâncias que alteram o humor para criar uma espécie de sobreposição. Já dependi de atitudes como falar em público e trabalhar com urgência a noite toda para jorrar adrenalina no meu sistema. Usar sistemas de alarme de sinal amarelo era a única maneira de me arrastar para fora da zona vermelha. (Usar um tipo de ansiedade para bloquear o outro é comum, como vimos com Kirsten, que usou a raiva para bloquear o luto de quando a mãe estava doente; com Marcus, que se distrai do conflito ao ficar obcecado com os prazos de trabalho; e com Daniel, que usa maconha para entrar em colapso e não ficar com raiva.)

Acredito que foi assim que acabei ficando de cama por causa de todas as doenças que mencionei antes (e a razão pela qual não tenho mais sintomas é que aprendi a voltar ao meu estado de sinal verde). Se resistirmos desenfreadamente a um colapso no curto prazo, podemos ficar presos em outro por muito, muito tempo.

Por outro lado, se pudermos permitir com amor que as partes antigas de nosso sistema nervoso tenham suas reações de desmaio e colapso, perceberemos que elas não precisam destruir nossa vida. Ofereça entrega, paz, valorização, conexão e deleite à sua criatura do sinal vermelho e não a force a mudar muito rápido. Espere na zona vermelha até que nada aconteça.

OITAVO PASSO: Volte para a zona verde, não importa o que aconteça

Algumas pessoas acham que é errado se sentir em paz enquanto terríveis catástrofes globais acontecem. A lógica (hemisfério esquerdo) delas diz que ficar deprimido, zangado e com medo motiva a ação positiva. Mas todos os horrores que os humanos têm perpetrado são provenientes de pessoas que estão em pânico ou com raiva, em busca de poder, status e outras coisas. Quem estava ao redor muitas vezes também estavam imersos no medo ou no horror para descobrir soluções.

Por outro lado, quando estamos em um estado de sinal verde, nosso sistema nervoso automaticamente se move em direção à conexão positiva e à solução engenhosa de problemas. A paz interior não é passiva; ela responde à mágoa ou ao dano com calma e inteligência. E atos de amor são a única saída para os problemas criados por pessoas ansiosas.

Tendo isso em mente, respire fundo, sacuda a paralisia da zona vermelha e volte a este momento. Apenas descanse em seu santuário aqui e agora. Proporcione a si mesmo entrega, paz, valorização, conexão e deleite. Surpreenda-se com coisas pequenas e perfeitas; celebre experiências de alegria e beleza. Encontre o caminho de volta para a zona verde, sempre que for necessário.

DESENVOLVENDO UM SANTUÁRIO DE VIDA SELVAGEM INTEGRADO

Se um animal selvagem aprende a confiar em você, e você confia nele, a natureza selvagem se torna um lugar mais seguro para vocês dois. Então, em vez de ser pego de surpresa por ataques das partes mais antigas e selvagens do seu sistema nervoso, você pode permitir que elas o avisem e protejam com os respectivos sentidos de aranha.

Se você é privilegiado o suficiente para viver em relativa segurança, pode parar de reagir exageradamente a situações em que nada está de fato o ameaçando. Caso faça parte de um grupo marginalizado ou viva em uma região problemática do mundo — isto é, se enfrenta ameaças reais todos os dias —, pode usar sua cascata de defesa com sabedoria. Você vai se tornar mais exigente em relação a quais pessoas e situações são de fato perigosas, quais são um gatilho porque lembram o seu sistema de perigo e quais são realmente seguras. Aos poucos se torna cada vez mais fácil trazer seu sistema nervoso para o estado de sinal verde para que você possa descansar, se conectar e se curar.

Presenciei diversas pessoas se tornarem parceiras de sua criatura ansiosa. Jim fez terapia para lidar com as memórias de abuso e recuperou sua personalidade naturalmente relaxada e amigável. Fred parou de se sentir sexualmente reprimido e de culpar as mulheres com quem saía. Lindsay, que agora pode ver as próprias reações de bajulação dando as caras quando ela conhece um narcisista, aprendeu que não precisa ceder. As reações de paralisação de Emma estão arrefecendo aos poucos, tornando-a mais assertiva e confiante. Kirby passou a lidar com a raiva que tinha do sistema que a atacou por causa de sua dislexia. Ela passou a se relacionar com pessoas que compartilham a mesma experiência e está começando a sentir uma autoestima genuína.

Lidar com nosso lado selvagem, com nossas respostas de ansiedade aparentemente intratáveis, pode nos libertar e nos fazer sentir calmos e confiantes em searas da vida que antes eram campos minados emocionais. Agora que você aprendeu a acalmar as partes selvagens de seu sistema nervoso, está pronto para enfrentar as criaturas mais complicadas de todas: os aspectos divididos de sua psique *exclusivamente humana* que podem estar presos em espirais de ansiedade.

4

A CRIATURA, UNIDA

A escrita é viciante para mim; se eu não estou lendo ou escrevendo, parece que meu cérebro está morrendo de sede. No entanto, também gostaria de poder desenhar ou pintar o dia todo, todos os dias, sem que um único pensamento verbal cruzasse a minha mente. Fico emocionada ao explorar lugares desconhecidos pelo mundo. Por outro lado, tenho medo de viajar e tento evitar fazer isso. E, embora eu queira dedicar cada momento da vida a servir à humanidade, preciso ser sincera: eu não gosto de pessoas.

Tudo no parágrafo anterior é verdade. Sou basicamente uma mistura ambulante de paradoxos. Isso uma vez complicou muito qualquer tentativa de controlar a minha ansiedade. Eu me sentia ansiosa por me sentir sozinha, depois ansiosa por ver pessoas. Eu me preocupava por trabalhar e não aproveitar um tempo com os meus filhos, depois me preocupava em tirar uma folga do trabalho para cuidar das crianças. Eu me sentia ansiosa por não dormir o suficiente, depois ansiosa por achar que deveria trabalhar a noite toda.

"Contradigo a mim mesmo?", escreveu Whitman. "Muito bem, então contradigo a mim mesmo, (sou vasto, contenho multidões.)"

Obrigada, Walt, por reivindicar suas contradições internas, dando ao resto de nós permissão implícita para fazer o mesmo. Finalmente, consegui fazer isso quando encontrei algo chamado "psicologia das partes". A ideia básica é que todos somos compostos de muitos *Selves* [muitos "eus"], cada um dos quais pode ser visto como uma pessoa inteira com as próprias opiniões, história e preocupações. A terapia baseada nesse conceito se provou extremamente benéfica para pessoas com alto grau de ansiedade, como eu. Neste capítulo, darei algumas dicas úteis que acho que também vão ajudar você.

OS MUITOS *SELVES* ANSIOSOS

Talvez você saiba identificar várias partes discordantes de sua própria psique. Talvez tenha um *Self* ambicioso que faria qualquer coisa para manter o emprego e um *Self* sonhador que está cansado de trabalhar. Talvez exista uma parte nostálgica que vê a avó como fonte de sabedoria e uma parte politicamente progressista que discorda de cada palavra desatualizada que ela diz. Há o pai amoroso que adora os filhos e há o adulto tão sedento por conversas inteligentes que teria o cérebro fisicamente destruído por passar mais uma hora com as crianças.

Eu não sei qual de suas *partes* está lendo este livro, mas sei que há outras. "Olá" para a parte que está lendo! Quem mais está aí? Talvez alguns *Selves* que não gostam de livros de autoajuda — ou de nenhum livro? Talvez algumas partes arqueiem a sobrancelha toda vez que ouvem o termo "coach de vida"? É evidente que não estou falando com *você*, caro leitor. Eu sei que *você está* acompanhando até aqui. Talvez até tenha feito os exercícios nos capítulos anteriores e tenha sentido a ansiedade diminuir. Na verdade, talvez você não tenha mais uma ansiedade perceptível!

Mas, é claro, você ainda pode ter muita ansiedade.

Quer dizer, os outros "vocês", que também são você. Todos vocês.

O que eu quero dizer é que, mesmo que algumas partes de sua psique estejam perfeitamente calmas, é possível que outras ainda estejam ansiosas. E não dá para você ficar totalmente relaxado até que todos os membros da sua comunidade interna tenham acesso ao conforto e à paz. Para tanto, este capítulo lhe mostrará como se conectar com seus muitos *Selves* e vai ajudá-los a cooperar uns com os outros. Não queremos que toda a sua comunidade interna cante no mesmo ritmo e tom — isso tiraria grande parte da bela complexidade que é você. Mas queremos que vocês se misturem, criem a harmonia deslumbrante que ocorre apenas em uma mente humana integrada.

A ABORDAGEM DAS PARTES: UMA NOVA MANEIRA DE OLHAR PARA OS SEUS *SELVES*

Quase todas as vertentes terapêuticas reconhecem que temos diferentes partes internas. Conforme Freud descreveu, nossa psique tem o *id*, o *ego* e o *superego*. Jung imaginou os humanos como aglomerados de arquétipos. Mas meu tipo favorito de psicologia das partes foi criado na década de 1980 pelo Dr. Richard Schwartz. Quando conheci Schwartz, em 2021, sua abordagem, conhecida como terapia de Sistemas Familiares Internos, ou IFS na sigla em inglês, estava invadindo o mundo da psicologia. Schwartz, originalmente um terapeuta de família que trabalhava com grupos, notou que, muitas vezes, um cliente único parecia ter *Selves* separados que funcionavam como diferentes membros de uma família. Ao usar uma abordagem de sistemas, ele foi capaz de ajudar essas partes a começarem a se comunicar e cooperar umas com as outras.

— Eu conseguia colocar as diferentes partes para conversar — disse Schwartz. — Enquanto ouviam uma à outra, elas se tornavam menos contenciosas. As pessoas começaram a sentir compaixão e aceitação pelas diferentes partes de si mesmas, e isso muitas vezes as curava.

Quando conheci Schwartz, ouvi tantos terapeutas e pacientes elogiarem seu método que entrei em contato com uma terapeuta de IFS. E recomendo muitíssimo. Também adoro o fato de que os profissionais de IFS, incluindo Schwartz, são muito generosos com suas ideias. Eles adorariam se todos aprendessem e usassem a lógica da abordagem das partes. Então tente encontrar os recursos disponíveis (terapeutas, informações on-line, outros livros) que o informe sobre os ricos detalhes da psicologia das partes. Enquanto isso, aqui está uma breve cartilha que pode ajudá-lo a se conectar com seus *Selves* ansiosos e curá-los.

COMO E POR QUE HÁ TANTOS DE VOCÊ

Se você crescesse em um ambiente perfeito onde nada desse errado, adorado por cuidadores que estavam absolutamente felizes consigo mesmos, uns com os outros e com o mundo, provavelmente não notaria que há partes diferentes de si mesmo, porque todas elas funcionariam sem problemas e em harmonia. Você teria pouca ou nenhuma ansiedade; seu sistema nervoso entraria em cascatas de defesa quando necessário, depois retornaria de imediato a um estado de sinal verde, equilibrado e feliz, quando você estivesse seguro.

Resumindo, você seria igual a... quase ninguém.

Nossa psique começa a se separar quando deparamos com situações avassaladoras, e existem inúmeras maneiras pelas quais elas podem acontecer conosco, seres humanos, em especial quando somos pequenos e indefesos. Talvez em algum momento você tenha sofrido violência física, sexual ou verbal, bullying, tenha passado por um luto, tenha sido humilhado, ridicularizado, criticado, ignorado, abandonado ou condenado ao ostracismo. Talvez você tenha sido repetidamente atacado por causa de raça, etnia, religião, classe socioeconômica, neurodivergência, sexualidade, identidade de gênero, corpo ou deficiência. Talvez tivesse a ver com seu jeito de se vestir, andar, rir, chorar, dançar ou por se recusar a dançar. Talvez fosse porque você não tinha pai, tinha dois pais, três mães, irmãos irritados, uma patela estranha ou...

Eu poderia continuar listando pelas próximas mil páginas sem jamais chegar perto de finalizar. Mas o que quer que tenha acontecido com você, doeu muito. Não tenho nenhuma dúvida disso.

Quando você enfrentou uma situação dolorosa, deve ter tido uma resposta normal de sinal amarelo ou vermelho: você entrou em modo de luta, fuga, bajulação, paralisação ou colapso. Se você tivesse alguém a quem recorrer, alguém que amorosamente o ajudasse a articular e integrar sua experiência emocional, talvez tivesse retornado de forma rápida a um estado calmo de sinal verde. Esse padrão — uma experiência traumática seguida por um rápido retorno ao bem-estar — pode mesmo ser uma coisa boa; é o que torna as pessoas resilientes. Mas se ninguém entendeu ou se importou com o que você estava sentindo, é provável que sua psique tenha tentado protegê-lo dividindo-se em partes que ainda não estavam totalmente curadas. E a longo prazo isso pode causar muita ansiedade.

TRÊS TIPOS DE PARTES SEPARADAS: OS EXILADOS, OS GERENTES E OS BOMBEIROS

A psique humana é incrivelmente engenhosa. É sensível e fácil de ferir, mas também tem a capacidade de lidar com o trauma, separando uma parte de si para suportar a dor psicológica avassaladora. Ela esconde essa parte de sua consciência para que você se mantenha ativo. Em IFS, esses recipientes de dor banidos são chamados de "exilados".

A capacidade de exilar partes de nós mesmos é um dom precioso, mas tem um custo elevado. À medida que cuidamos de nossas questões, nossos exilados internos ficam presos em momentos do passado, nos quais experimentam *continuamente* a dor dos acontecimentos traumáticos. Eles precisam emergir para que possam ser ajudados, curados e reintegrados. Estão sempre balançando suas gaiolas, enviando um fragmento de dor que nos deixa muito ansiosos. Podemos sentir como se estivéssemos carregando uma caixa de Pandora capaz de destruir o mundo se a abrirmos, mesmo que apenas uma brecha.

Para manter os exilados fora da consciência, nossa psique se divide em ainda mais partes, cuja função é impedir que eles venham à tona. São duas variedades que Schwartz chama de "gerentes" e "bombeiros". Cada indivíduo pode ter muitos exilados e, quanto mais exilados carregamos, maior é a probabilidade de termos grupos inteiros de gerentes e bombeiros. Descreverei cada tipo aqui e garanto que *exilados*, *gerentes* e *bombeiros* são os únicos termos específicos de IFS de que você precisa se lembrar. Além disso, ter esses rótulos pode ser extremamente útil para acalmar todo o sistema psicológico.

Os gerentes são as partes de nós que tentam manter a vida seguindo em frente e de maneira virtuosa. Eles obedecem às regras culturais, lembrando-nos de ser boas pessoas, trabalhadores, ou legais, ou pessoas habilidosas nos esportes, ou de ter quaisquer outras qualidades que a socialização favoreça. Os gerentes nos lembram de cuidar da saúde e das finanças. Eles gostam de acompanhar e listar coisas, como qualquer bom pensador do hemisfério esquerdo. Embora tenham boas intenções, podem ser brutais, exigindo perfeição contínua e nos criticando ou envergonhando se não conseguirmos atingir os altos padrões.

Os bombeiros, por outro lado, estão desesperados para interromper a dor dos exilados. Eles romperão todos os tipos de limites na tentativa. Podem tentar evitar sentir o sofrimento dos exilados nos jogando em qualquer situação intensa e perturbadora: gastos excessivos, vício, birras, casos amorosos ilícitos. Os bombeiros estão sempre procurando alguém para ajudá-los a resgatar os exilados, para que possam se juntar a seitas ou se tornar adeptos fanáticos dessa ou daquela filosofia. Eles farão qualquer coisa para abafar os sinais dos exilados e nos impedir de sentir o que não queremos.

Os gerentes podem se enfurecer com os bombeiros, jogando críticas contundentes em cima deles e fazendo julgamentos terríveis. Suas partes de gerente podem lançar insultos que você nunca proferiria a outra pessoa. Eles podem gritar silenciosamente *qual é o seu problema?* depois que você alivia sua ansiedade fumando um maço de cigarros ou assistindo à TV por nove horas seguidas. *Por que você é um [porco/sem-vergonha/idiota/fracote/perdedor] sem força de vontade?*

As partes do bombeiro sentem a força contundente dessas palavras e podem interromper brevemente seu comportamento para se basear em uma mistura pungente de autoaversão. Mas, em breve, os gerentes internos vão ficar exaustos e o estresse psicológico vai se agravar, então os bombeiros voltarão a fazer você roubar artigos de papelaria ou fuxicar no armário de remédios em busca de qualquer coisa capaz de trazer algumas horas de esquecimento.

Uma vez que os bombeiros entram em ação sempre que nossa energia está baixa (isso impede que nossos exilados enterrados fiquem à tona na consciência), os gerentes nunca são capazes de alcançar o comportamento perfeito que exigem. À medida que bombeiros e gerentes se opõem, criam uma guerra civil ininterrupta dentro de nós, enquanto nossos exilados permanecem em seus esconderijos, sofrendo sozinhos.

Isso parece divertido?

Você tem razão. Não parece.

Junto a outros efeitos dolorosos, a dinâmica de um sistema como esse leva a um nível altíssimo de ansiedade. Os exilados estão ansiosos porque vivem com uma dor isolada. Os gerentes se preocupam constantemente em manter o controle. Os bombeiros têm pavor de que os gerentes tirem as ferramentas de que precisam para fazer seu trabalho, como fazer pegadinhas de mau gosto e gritar com desconhecidos que não aderem à religião deles. Todos nós somos compostos de multidões, e se as multidões não estão unidas, elas estão incrivelmente ansiosas.

VOCÊ PODE SER SEU PRÓPRIO OPOSTO

Um objetivo dos terapeutas de IFS é ajudar gerentes e bombeiros a relaxarem para que os exilados que eles estão escondendo venham à consciência em busca de conforto e integração. Mas gerentes e bombeiros relutam em fazer isso. Por quê? Porque ambos estão presos em espirais de ansiedade. Eles inventam todo tipo de argumento para defender e reforçar suas tentativas de controle. Ao esconder muita dor, gerentes e bombeiros muitas vezes giram em espirais de ansiedade distintas, criando narrativas para justificar seus comportamentos. Para manter o equilíbrio, essas partes tendem a se polarizar, indo para extremos opostos.

Isso faz com que algumas pessoas (e aspectos de toda a nossa cultura) fiquem desconcertadas. Mary, uma doce octogenária que já quis ser freira, é uma das pessoas mais idealistas que conheço. Quando digo que ela tenta ser perfeita, quero dizer *perfeita* mesmo. Mas, às vezes, Mary fica tão zangada com certos políticos que sua mente, que escapa de seu controle, evoca imagens vívidas de como ela poderia matá-los. É óbvio que Mary nunca agiria de modo a concretizar esses pensamentos. Ela raramente admite que os tem. Mas eles são tão explícitos e persistentes que algumas noites, em vez de dormir, Mary apenas fica lá tramando um assassinato fictício. Quase ninguém sabe como sua atenção é consumida pela constante luta de seus gerentes internos para parar de entreter fantasias homicidas.

Roland tem uma forma muito menos violenta de combater incêndios: ele sonha acordado com o fato de ficar rico e famoso. A maioria das pessoas faz isso de vez em quando, mas Roland está tão envolvido em suas fantasias que muitas vezes fica dissociado de seu entorno. Ele nunca foi capaz de manter um emprego ou terminar os muitos projetos que acredita que lhe trarão glória (um site, um roteiro, um aplicativo motivacional). Toda vez que Roland começa a fazer algo que pode colocá-lo no rumo que deseja, seus gerentes internos gritam para ele, dizendo que é um idiota burro e sem cultura que está fadado ao fracasso. Inevitavelmente, Roland para de tentar e retoma sua fantasia viciante.

Quando estamos carregando muitos exilados terrivelmente feridos, a discrepância entre gerentes e bombeiros pode ser incompreensível. Jack cresceu em uma casa cheia de raiva e violência física. Ele morava com a mãe, o pai e a avó que o agrediam e muitas vezes brigavam entre si a ponto de se machucarem com gravidade.

Jack lutou para sair daquele inferno e se tornou uma luz de esperança: um professor de ioga e palestrante motivacional que passava o tempo viajando de cidade em cidade, ajudando as pessoas a limpar seus chacras e alcançar a paz interior. Jack sempre consumia alimentos orgânicos e cada gota de água que bebia passava por um filtro de ultrapurificação caro. Infelizmente, também cheirava quantidades consideráveis de cocaína, o que, com a comida e a água ultrapuras, de fato o ajudou a ter energia para todas aquelas viagens, exercícios e conversas.

O estilo de vida incompatível de Jack tinha um custo muito elevado. Ele gastava a maior parte do que ganhava com drogas, depois usava vários cartões de crédito para pagar as contas. Seus argumentos internos devem ter se tornado cada vez mais irracionais. Então, um dia, Jack estava pesquisando na internet quando deparou com uma seita apocalíptica, que alegava que a civilização humana estava prestes a ser destruída; no entanto, havia um lado bom e um ruim nessa situação. O lado negativo seria que bilhões de pessoas morreriam. Mas o lado positivo seria que todas as dívidas evaporariam e os membros do grupo — os únicos que provavelmente sobreviveriam ao apocalipse — teriam acesso a quase tudo que quisessem.

Não muito tempo depois de se associar ao grupo, Jack desapareceu. A namorada, que morava longe, viajou para procurá-lo e encontrou o apartamento dele vazio, com exceção de uma papelada abandonada, que incluíam registros financeiros indicando que Jack tinha acabado de comprar um veículo off-road, um rifle de assalto e muita munição. Tudo no crédito.

Mesmo que eu saiba que esse tipo de contradição existe, foi difícil acreditar que o Jack que conhecia, o sereno instrutor de ioga que pregava a cura, era também um teórico da conspiração que andava armado. Mas isso é o que acontece quando um bombeiro e um gerente ficam presos ao mesmo tempo em espirais de ansiedade, fazendo com que um cérebro contador de histórias gire em direções opostas. As histórias não precisam ser coerentes ou lógicas, porque não se baseiam na lógica — mas sim na ansiedade. E mesmo as histórias de horror mais estranhas e contraditórias do hemisfério esquerdo parecem absolutamente verdadeiras para a parte do cérebro que as conta.

COLOCANDO PARA FORA

Até agora, neste livro, não recomendei muita *conversa* como solução para a ansiedade. Análise e argumento, ferramentas favoritas do hemisfério esquerdo, tendem a fazer a ansiedade aumentar, não diminuir. Mas quando mantemos contato com os gerentes e bombeiros que impulsionam grande parte do nosso comportamento, pode ser útil trabalhar com palavras.

Os exilados são como os elementos selvagens que discutimos no capítulo anterior, presos em situações e sensações agoniantes. É necessário *mostrar* a eles que as suas circunstâncias não são mais perigosas — trabalhamos nisso no capítulo anterior. No entanto, como acabamos de ver, gerentes e bombeiros não ficam presos a sensações, mas sim a narrativas. As narrativas internas de Mary sobre os políticos que ela odeia ajudam a impulsionar seu conflito interno. As fantasias de ficar famoso de Roland não estão fisicamente presentes; são projeções de sua mente contadora de histórias. E Jack conta todo tipo de história estranha para sustentar sua vida dupla e suas teorias da conspiração. Para sair do cativeiro, nossas partes internas precisam aprender narrativas mais precisas, versões da realidade que parecem verdadeiras no nível mais profundo de nosso ser. Dizer a verdade é o que permite que nossas comunidades internas se reintegrem e se curem.

Em outras palavras, enfim chegamos à parte de "contar" na atividade de mostrar e contar.

DIZENDO A VERDADE AOS NOSSOS *SELVES* SEPARADOS

Como já aprendemos, nossas partes ansiosas nunca se enraizam no momento presente. Elas estão sempre focadas em acontecimentos ruins do passado e em horrores que podemos enfrentar no futuro. As histórias que elas contam são estressantes por várias razões, mas sobretudo por serem, na verdade, uma trama de mentiras; e nós, em algum nível, sabemos disso. Nossos pensamentos assustadores, vergonhosos ou desesperados vêm de um lugar inocente — são apenas erros bem-intencionados —, mas não deixam de ser mentiras.

Os humanos são os melhores mentirosos da natureza, mas isso não quer dizer muita coisa. Toda vez que alguém mente, todo o sistema nervoso fica descontrolado. A maioria das pessoas atinge de imediato um estado de sinal amarelo: nossos batimentos cardíacos, o ato de piscar e a transpiração aumentam; nossas funções imunológicas enfraquecem. Até para um psicopata, que pode ser capaz de vencer um detector de mentiras, a quantidade de energia neurológica necessária para manter histórias falsas causa um enorme estresse. É muito mais simples para o cérebro se ater à realidade.

Dito isso, é fácil ver por que nossas partes podem contar histórias falsas e confundi-las com a verdade. Os exilados, aterrorizados pelo trauma, vivem em uma mentira inocente e sem palavras que diz: *A coisa terrível que aconteceu está sempre acontecendo. Ainda estou vivendo nela.* Gerentes e bombeiros vivem histórias opostas, mas fazem a mesma afirmação falsa: *Não há absolutamente nada de errado aqui, exceto que não tenho rédea livre para ordenar que meu ser humano faça o que quero o tempo todo. Eu preciso ter controle absoluto. Literalmente, esse é o único problema.*

Em outras palavras: *Não tem nada de errado aqui! Estou 100% bem! Passe a minha Bíblia e meu cachimbo de crack!*

AS CONVERSAS ENTRE AS PARTES INTERNAS

O genial da teoria de IFS é que ela pode fazer com que todas as partes contraditórias de um ser humano que passa por dificuldades se comuniquem e cooperem. Como? Ao tratar cada parte como uma pessoa completa e bem-intencionada, pedindo-lhe para contar sua história e deixando cada parte ouvir a história das outras. Quando ouvi isso, achei tudo muito simplista. Ao embarcar na minha própria terapia de IFS, pensei *que jamais funcionaria*.

Mas acabou dando certo.

Depois de começar a trabalhar com meu terapeuta de IFS e conhecer Richard Schwartz, fiquei sabendo como ele descobriu essa técnica surpreendentemente simples. Quando trabalhava como terapeuta de família, Schwartz às vezes pedia que uma pessoa saísse da sala para que um membro da família se sentisse mais à vontade para falar. Então ele notou que os padrões disfuncionais observados nas famílias eram frequentemente espelhados nos indivíduos.

— Uma parte da psique da pessoa, por exemplo, uma parte altamente crítica, pode ser muito dominante — disse Schwartz. — Então eu pensei: *Talvez eu possa apenas pedir a essas partes dominadoras que se afastem por um tempo e me deixem falar com as outras partes do sistema interno da pessoa.*

Ao fazer essa tentativa, Schwartz ficou surpreso ao descobrir que as partes dominadoras geralmente concordavam em se afastar por alguns minutos. Schwartz pedia ao paciente para imaginar essas partes se afastando alguns metros para a direita ou para a esquerda. Nesse momento, ele começava a falar com outras partes da psique, que passavam a se sentir mais livres para expressar as próprias perspectivas.

Assim que comecei a usar a abordagem de Schwartz, tanto na terapia quanto por conta própria, fiquei atordoada com a rapidez com que isso me deixou mais livre, mais feliz e, acima de tudo, muito menos ansiosa. Descobri que ela era especialmente poderosa quando escrevi meu "trabalho das partes".

UMA CARTA PARA MEUS OUTROS *SELVES*: ESCREVENDO DE E PARA PARTES ANSIOSAS

A essa altura, não posso deixar de mencionar outra linha de pesquisa que se encaixa perfeitamente com IFS. Em 1986, um psicólogo chamado James Pennebaker realizou um experimento no qual pediu a um grupo de estudantes universitários que escrevesse sobre tópicos superficiais durante quinze minutos. Outro grupo escreveria pelo mesmo período de tempo, mas Pennebaker pediu que eles se concentrassem em suas experiências mais dolorosas. Não se tratava de escrita analítica; ele pediu especificamente aos alunos que escrevessem de forma *expressiva*.

— Muitos alunos saíam da sala chorando, mas voltavam — relatou Pennebaker.

Mais tarde, o grupo de alunos que escreveu sobre assuntos complicados percebeu o surgimento de enormes benefícios. Centenas de estudos subsequentes confirmaram que os que usaram a escrita expressiva para processar experiências dolorosas viram diminuir a ansiedade, a pressão arterial, a depressão, a tensão muscular, a dor e o estresse. Os efeitos positivos foram que a função pulmonar aumentou, a imunidade se fortaleceu, a memória ficou mais afiada, a vida social mais feliz, a qualidade do sono melhorou e o desempenho no trabalho ou nos estudos se aperfeiçoou.

Na atualidade, os estudos de Pennebaker podem vir com um aviso de gatilho — embora os alunos tenham se beneficiado da escrita a longo prazo, muitos experimentaram um surto de dor emocional a curto prazo. Então, aqui e agora, deixo o meu aviso: estou prestes a recomendar um exercício que pode agitar o seu sistema interno e fazer com que você sinta dor emocional. É verdade que essa é a dor que os seus exilados estão carregando, mas há uma razão pela qual você a manteve guardada, e precisamos respeitar isso.

Portanto, antes de iniciar o exercício a seguir, certifique-se de ter praticado todas as habilidades que aprendeu nos capítulos anteriores. Tente tirar seu sistema nervoso das zonas de sinal amarelo e vermelho e voltar para o território do sinal verde. Também recomendo que identifique pelo menos uma pessoa amorosa e emocionalmente estável que possa ajudar se o exercício mexer muito com você. Se essa pessoa for um terapeuta, melhor ainda.

Dito isso, este exercício contém um dispositivo de segurança. Você simplesmente pedirá a todas as suas partes internas para não sobrecarregar você emocionalmente se não tiver tempo livre ou uma pessoa segura para ajudá-lo a processar os sentimentos. É surpreendente como a maioria de nossas partes é cooperativa e como podemos sentir a resposta delas com clareza.

Aqui está o resumo do exercício: você perguntará por escrito para diferentes partes do seu sistema interno por que eles fazem o que fazem. Vai ouvir as histórias que seus gerentes e bombeiros usam para justificar as respectivas ações. Talvez você também detecte uma parte exilada que deseja comunicar a própria dor. E enquanto você conversa com cada parte, você vai *dizer a elas a verdade sobre sua situação atual.*

Cada exilado está preso a uma experiência terrível. Os gerentes e os bombeiros estão presos em espirais de ansiedade, desconectados da verdade a respeito de *presença*, *poder* e *pessoas*: a sua situação aqui e agora, a sua liberdade e a capacidade que você tem de escolher suas ações e a sua conexão com indivíduos que podem ajudá-lo a regular e integrar suas partes internas conflitantes.

Nova habilidade

MOSTRE A VERDADE PARA TODAS AS SUAS PARTES

Reserve vinte minutos para ir ao santuário que você criou ou a outro lugar onde se sinta seguro. Pegue papel e caneta ou lápis. Descobri que escrever à mão é mais poderoso do que digitar pensamentos em um computador.

Use todas as habilidades que acalmem você para alcançar um estado de relaxamento.

Quando estiver calmo, comece a escrever no papel.

Vou pedir que direcione as perguntas para suas partes internas. Para deixá-las responder, escreva o que vier à cabeça. Não se preocupe com ortografia ou pontuação e não revise. Se algo não parece fazer sentido, escreva mesmo assim. Só você vai ler o que está escrito.

Comece escrevendo algo assim:

"Olá, todas as minhas partes. Estou aqui para conversar com vocês. Antes de começarmos, peço que me ajudem a aliviar um pouco da minha dor interior, mas não tanto a ponto de eu me sentir sobrecarregado ou inundado. Vocês topam?"

Anote qualquer resposta que surgir:

_____
_____

Se a resposta disser que seu sistema interno está disposto a mantê-lo seguro, encontre uma parte do gerente.

Feche os olhos, volte sua atenção para o seu interior e localize uma parte de si mesmo que seja perfeccionista e queira que você alcance todos os seus maiores ideais. Onde essa parte parece estar localizada no corpo? Como isso faz você se sentir?

_____
_____

Faça as seguintes perguntas à parte do gerente:

"O que você está tentando fazer por mim? Por que é tão exigente?"

Anote o que a parte parece dizer:

_____
_____
_____
_____
_____

Agora faça a seguinte pergunta a essa parte do gerente:
"Se parar de fazer tudo o que faz, o que você teme que aconteça?"
_____
_____
_____
_____
_____
_____

Volte para o sinal verde.
Se a conexão com a parte o puxar para um estado vagal de sinal amarelo ou vermelho, pare, respire e use todas as suas habilidades para retornar ao estado de sinal verde. Volte para as instruções no Capítulo 3 se necessário.

Agradeça ao gerente por falar com você.
Você pode não amar essa sua parte, mas ela está batalhando muito para manter você funcionando. Reconheça as boas intenções dela. Agradeça. As partes gostam de ser tratadas com respeito.

Agora encontre uma parte do bombeiro.
Feche os olhos e conecte-se com uma parte de você que não queira manter as regras do gerente. Essa parte pode fazer coisas que você acredita serem ruins ou erradas, mas você não está aqui para julgar; você está aqui para ouvir. Em que parte do corpo você sente essa parte do bombeiro? Qual é a reação dele quando ela assume o controle?
_____
_____
_____

Pergunte a essa parte uma variação das mesmas perguntas que você fez ao gerente:
"O que você está tentando fazer por mim? Por que quebra as regras?"
_____
_____
_____

Agora faça a seguinte pergunta à parte do bombeiro:

"O que você teme que aconteça se nunca conseguir o que quer ou se parar de fazer tudo o que faz?

_____
_____
_____
_____

Volte para o sinal verde.

Se a conexão com a parte o puxar para um estado vagal de sinal amarelo ou vermelho, pare, respire e use todas as suas habilidades para retornar ao estado de sinal verde.

Agradeça ao bombeiro por falar com você.

Pode ser difícil de acreditar, mas o bombeiro também tem as melhores das intenções. Seja grato pelas vezes em que ele impediu você de sentir uma dor insuportável, distraindo-o ou entorpecendo seus sentimentos. Agradeça.

Veja se o gerente e/ou o bombeiro podem lhe dar alguma informação sobre os exilados que podem estar presos dentro de sua psique.

Diga a eles: "Sei que você tem medo de perder o controle e acho que é porque você está protegendo partes de mim que passaram por situações muito ruins e têm muita dor. Não me encha com mais informações ou emoções do que posso lidar agora, mas me conte um pouco sobre os exilados."

Escreva o que vier à mente:

_____
_____
_____
_____
_____
_____

A essa altura, você consegue ter uma visão geral ou uma pista sensorial que lhe mostre uma parte exilada.

O exilado pode não ser verbal. Mas você pode sentir sua presença e possivelmente "vê-lo" na mente. Pode parecer uma criança, um animal ou até mesmo um objeto inanimado como uma rocha.

Descreva o que você sente:
_____
_____
_____
_____
_____

Se o exilado quiser expressar dor ou mostrar o que aconteceu com ele, autorize-o (depois de pedir novamente para não sobrecarregar você emocionalmente).

Escreva o que vier à mente:

Para confortar o exilado, use todas as ferramentas que você aprendeu para acalmar a ansiedade.

Um lembrete:

- suspire, se sacuda e se movimente;

- suavize o foco;

- ofereça o diálogo interno gentil em voz baixa, lenta e suave;

- dê um tempo para o silêncio;

- articule o que o exilado está sentindo;

- conecte-se com seus vislumbres;

- fique em um espaço onde seu *Self* calmo e com sinal verde pode segurar o exilado em uma piscina aquecida de energia.

Se o gerente e o bombeiro ficarem ansiosos, querendo voltar para proteger o exilado, permita.

Muitas vezes, as partes protetoras se sentem muito ansiosas quando o exilado faz contato com a nossa consciência. Elas provavelmente não estarão prontas para simplesmente abandonar todo o comportamento protetor. Permita que elas retomem seus papéis, mas informe que pode haver menos energia exilada para conter, de modo que não precisarão trabalhar tão arduamente ou ser tão intensas.

Agora, diga a todas essas partes a verdade a respeito de sua presença, seu poder e pessoas: as atuais circunstâncias da vida, a capacidade de fazer escolhas e o acesso àqueles que podem ajudar você.

Escreva algo assim:

"Aqui está a verdade sobre **o presente** (o que está acontecendo neste exato momento). Agora tenho_____ anos. Eu moro em/no/na_____. Não sou tão pequeno(a), indefeso(a) ou confuso(a) quanto costumava ser. Há vislumbres ao meu redor. Vou te contar sobre eles."

Escreva algum ponto positivo sobre seu santuário, os vislumbres ao seu redor e na sua vida atual.

_____
_____
_____
_____

"Aqui está a verdade sobre o **meu poder de fazer escolhas**. Sei muito mais do que eu sabia antes. Não tenho que ignorar minhas partes exiladas; posso ouvi-las e oferecer amor a elas. Posso reconhecer que sofrem e que merecem a cura."

Acrescente qualquer coisa que pareça verdadeira e útil:

_____
_____
_____
_____

"Aqui está a verdade sobre as pessoas **que podem ajudar.**" (OBSERVAÇÃO: Algumas delas podem ser pessoas que você conhece. Outras podem ser escritores de épocas passadas, especialistas on-line ou compositores que ajudam você a se sentir compreendido. Se você acredita em um poder superior, coloque-o na lista. E animais de estimação com certeza contam.)

Acrescente quem você quiser:
_____
_____
_____
_____

Volte para o sinal verde.
Neste momento você pode realmente aplicar as habilidades de regulação do sinal verde. Use tudo o que aprendeu neste livro até agora para trazer seu sistema nervoso de volta a um momento de calma em seu santuário.

Ofereça gratidão e termine a sessão.
Agradeça a todas as partes por falar com você e escreva:
"Há algo que eu possa fazer para ajudar todas vocês a se sentirem seguras e apoiadas?" (Isso pode incluir atos imaginários, como trazer o exilado para viver em seu coração, ou atos de autocuidado, como se enrolar em um cobertor quentinho ou ouvir um podcast que sempre ajuda você a se sentir melhor.)

Deixe todas as suas partes responderem:
_____
_____
_____

Se você prometeu às suas partes cuidado ou gentileza, siga em frente.
Seja extremamente gentil consigo mesmo depois de fazer o exercício. Se você ficar agitado, ligue para uma pessoa de confiança. Mas também saiba que, quando a poeira baixar, você deve se sentir consideravelmente melhor e menos ansioso.

DA DISSONÂNCIA À HARMONIA

Usei este processo repetidas vezes. Tem pouco em comum com a psicologia das partes, mas senti que consegui transitar para a calmaria mais rápido e de modo mais drástico do que a maioria dos outros métodos que tentei. Já presenciei ter o mesmo efeito em outras pessoas.

Por exemplo, Penelope é uma empreendedora de sucesso, tem por volta de 70 anos e ganhou uma grande fortuna por ser inteligente, motivada e terrível como uma cobra. Quando a conheci, ela vivia em perpétuo alerta amarelo, entrincheirada em uma ansiedade que parecia raiva. Penelope aterrorizava os funcionários e nunca foi capaz de manter um relacionamento íntimo por muito tempo. Ela agora estava com medo de morrer logo e, olhando para trás, achava que sua vida tinha sido solitária e sem sentido.

— Eu só gostaria de ter um pouco de paz — disse ela concisamente durante nossa primeira sessão por vídeo. — E vou fazer o que você disser. Pode vir com tudo. Sou dura na queda. Consigo aguentar o rojão.

Eu tinha certeza de que parte dela conseguiria. Mas suspeitava que havia outras partes de Penelope que se sentiam vulneráveis e feridas. Usando as minhas melhores táticas à la Chris Voss, eu a orientei em uma versão do exercício anterior. O gerente que Penelope recrutou era seu *Self* mulher de negócios disciplinada e ambiciosa. Seu bombeiro era a parte que tendia a ser cruel, atacando as pessoas e mantendo-as assustadas como forma de controlar as situações.

Enquanto Penelope conversava com ambas as partes, perguntando por que agiam daquela maneira e quais outras partes elas estariam protegendo, uma cena vívida surgiu em sua mente. Ela se viu como um bebê que tentava acordar a mãe que caíra no sono após beber demais. A cena partiu meu coração, e Penelope, muito constrangida, começou a chorar. Perguntei como ela se sentia em relação ao seu *Self* bebê.

— Bem, sinceramente, eu gostaria de pegá-la no colo — disse Penelope, tentando soar rude. — Nenhuma criança deveria ter que passar por isso.

— Vá em frente — disse eu. — Pegue-a e veja se ela pode lhe dizer do que mais precisa.

Penelope ficou em silêncio, um fluxo constante de lágrimas escorria dos olhos fechados. Depois de alguns longos e silenciosos minutos, ela disse com evidente surpresa:

— Na maioria das vezes, a criança só quer ficar comigo.

— Você consegue pensar em uma forma de mantê-la com você? — perguntei. — Talvez só na sua imaginação...

Penelope assentiu e teve outra conversa silenciosa com seu *Self* bebê. Em seguida encerramos a sessão.

Algumas semanas depois, a Penelope que apareceu na minha tela era outra pessoa. Ela parecia dez anos mais jovem, estava com o rosto relaxado, diferente da expressão tensa que tinha quando nos conhecemos. Fiel às próprias palavras, Penelope estava dando atenção diária ao seu *Self* infantil, junto a outras "crianças internas" que apareceram desde a última vez que havíamos nos falado. Ela estava mostrando e dizendo a elas o quanto a vida tinha mudado desde sua infância dolorosa. Então Penelope se viu cumprimentando pessoas espontaneamente e até mesmo distribuindo elogios, algo que nunca havia feito antes. Os funcionários estavam começando a se sentir mais seguros e a empresa dela estava operando melhor.

— Estou surpresa por você ter conseguido enxergar essas partes em mim — disse Penelope. — E como sabia o que fazer por elas.

Mas eu não tinha visto os *Selves* internos de Penelope. Nem dei ideia alguma sobre como cuidar deles. Tudo isso aconteceu dentro de Penelope, com apenas um pouco de provocação da minha parte. Ela continuou a mudar incrivelmente depressa, enquanto permanecia cuidando de seus *Selves*. A vida "vazia e sem sentido" ficou rica em conexão e bondade.

Desde que encontrei a psicologia das partes, tenho gastado cada vez menos energia em sessões de coaching, sabendo que os sistemas internos das pessoas são os especialistas quando o assunto é curar e prosperar. A minha terapeuta de IFS, que tem habilidades de alto nível em uma variedade de campos teóricos, fala menos do que qualquer outro terapeuta que conheci. Ela provoca: "Como é a parte? Pergunte o que ela gostaria que você soubesse." E então intervém: "Isso faz sentido para você?" Ela deixa o restante das tarefas por conta das minhas partes.

Como Penelope, descobri que isso muda a vida. Agora sempre que minha ansiedade mostra as garras afiadas, passo imediatamente pelo processo que descrevi. Pergunto: "O que está acontecendo aí?" Então me conecto com gerentes ou bombeiros e verifico se há exilados ansiosos. A essa altura, costumo usar a escrita expressiva para expressar com palavras a experiência dos exilados, invocando meu hemisfério esquerdo apenas o suficiente para dar voz às impressões sensoriais e às emoções deles. Então escrevo algumas verdades sobre minha vida atual, meu poder de escolha e as pessoas a quem posso recorrer para obter ajuda.

Sempre acho reconfortante falar assim com os meus *Selves*. Porque ao fazer isso, encontro um ser interior mais sábio e mais calmo do que todo o resto. E se você persistir em acalmar seus *Selves*, encontrará a mesma energia. Os terapeutas de IFS o chamam de *Self*, com *S* maiúsculo.

CONHECENDO O SEU VERDADEIRO *SELF*

Ao longo deste livro, tenho pedido que você tome algumas atitudes que levam à cura: imaginar a sua criatura ansiosa, evocar memórias de suas melhores experiências, usar uma voz calma para ter um diálogo interno gentil consigo mesmo, reunir alguns vislumbres e fazer e manter promessas à sua criatura ansiosa. Supondo que você tenha sido capaz de fazer pelo menos algumas dessas coisas, tenho duas perguntas: quem está fazendo tudo isso? Quem você é, *na verdade*, na sua essência?

Se está visualizando, reconfortando suas partes ansiosas e cuidando delas, você não está completamente preso a nenhuma delas. Você incorpora e transcende todos esses fragmentos psicológicos. De acordo com a teoria de IFS, essa parte central de você é o *Self*.

Richard Schwartz ficou surpreso com o surgimento de um *Self* quase idêntico em muitos de seus pacientes. À medida que ele ajudava pessoas a revelar cada vez mais aspectos de sua personalidade, começou a acontecer a mesma coisa "do nada", nas palavras de Schwartz. Cada paciente se conectava com uma identidade central sábia e pacífica que não era igual a nenhuma outra. Em seu livro *Não há partes ruins*, Schwartz diz:

> Quando estavam nesse estado, eu perguntava aos pacientes: "Que parte de você é essa agora?", e eles respondiam: "Essa não é uma parte como as outras, é mais como eu sou", ou "É mais o meu âmago" ou "É quem eu realmente sou".

Com o tempo, Schwartz observou que esse *Self* acabava aparecendo em todas as pessoas tratadas por ele:

Depois de milhares de horas dedicadas a esse trabalho, posso dizer com certeza que o *Self* está presente em todos nós. Além disso, o *Self* não pode ser prejudicado, não precisa se desenvolver e possui sua própria sabedoria sobre como curar relações internas e externas.

O objetivo da terapia de IFS, como Schwartz me disse, não é "consertar" habilmente os pacientes, mas ajudá-los a se conectar com esse *Self* central, que faz o trabalho de reparo mais profundo. Seu *Self* está disponível para você a qualquer momento. E ele, mais do que qualquer outra pessoa na Terra, sabe como acalmar sua ansiedade e ter acesso a uma vida alegre e pacífica.

RUMO À ENERGIA DO *SELF*

Como acabei de sugerir, todos os exercícios deste livro foram elaborados para alinhar você ao seu *Self* central. Depois que aprendi a localizar e acessar o meu *Self*, a minha terapeuta de IFS passou a falar menos ainda. Muitas vezes, eu aparecia com um problema que tinha pouco a ver com questões pessoais e muito mais com as notícias.

— A Austrália está pegando fogo! — falava. Ou: — Pandemia! Aterrorizante! — Ou: — Como vamos acabar com a porcaria do racismo?

A minha terapeuta simplesmente respondia:

— Bem, entre e se conecte com a energia do *Self*.

Isso não era o que as minhas partes ansiosas de gerente e bombeiro queriam. Elas estavam atrás de alguma ação pra valer, alguns argumentos fortes, algum maldito *controle*! Em vez disso, a minha terapeuta me lembrava dos oito "Cs" que Schwartz identificou como as características de cada *Self* humano. São oito palavras que começam com a letra *c*, porque como ocorre com as siglas, a aliteração é uma ferramenta fabulosa para facilitar a memorização. Você pode se alinhar ao seu *Self* nomeando esses valores em sua mente ou em voz alta. São eles:

- calma;

- clareza;

- confiança;

- curiosidade;

- coragem;

- compaixão;

- conexão;

- criatividade.

Talvez você consiga encontrar a própria energia do *Self* apenas lendo esta lista, parando após cada palavra para buscar a característica em questão em você.

Aqui está outro método que dá muito certo para meus clientes. É bem simples: basta lembrar e escrever sobre situações em que você demonstrou cada uma das qualidades "C" e se permitir lembrar delas. Lembrar ou imaginar essas situações ajudará você a se conectar com a energia do *Self*. Então você pode imaginar esse estado de humor crescendo como um feixe de luz aquecida que segura você e permeia o seu corpo. A partir daqui, você pode acessar todas as suas partes, oferecendo a elas amor e libertação da ansiedade.

Ao praticar essa habilidade, lembre-se de que você não precisa atingir o potencial máximo de todos os oito valores "C"; na verdade, alguns deles podem ficar em branco. Está tudo bem. Você só precisa tocar uma "massa crítica" de energia do *Self* para se sentir mais calmo e mais conectado ao seu estado de sinal verde.

Nova habilidade

MOVA-SE RUMO AO *SELF*

1. Pense em uma situação em que você costuma sentir ou já sentiu calma (por exemplo: "quando estou na natureza", "quando estou tricotando" etc.):

2. Pense em uma situação em que você costuma sentir ou já sentiu clareza (por exemplo: "quando larguei o meu primeiro emprego", "quando estou brincando com meu cachorro" etc.):

___

3. Pense em uma situação em que você costuma sentir ou já sentiu confiança (por exemplo: "dirigindo", "amarrando os sapatos" etc.):

___

4. Pense em uma situação em que você costuma sentir ou já sentiu curiosidade (por exemplo: "olhando para as estrelas", "jogando Dungeons & Dragons" etc.):

___

5. Pense em uma situação em que você costuma ter ou já teve coragem (por exemplo: "quando participei da marcha em defesa da igualdade de direitos", "quando defendi meu amigo na escola" etc.):

___

6. Pense em uma situação em que você costuma sentir ou já sentiu compaixão (por exemplo: "quando meu gato está confuso", "quando meu amigo está de luto" etc.):

___

7. Pense em uma situação em que você costuma sentir ou já sentiu conexão (por exemplo: "quando ouvi aquela música de término de relacionamento que descrevia exatamente como me sentia", "quando um novo membro fala no meu grupo de apoio" etc.):

___

8. Pense em uma situação em que você costuma ter ou já teve criatividade (por exemplo: "quando estou montando um quebra-cabeças", "quando planejei a festa de aniversário do meu filho" etc.):

___

PERMITINDO-SE LIDAR COM TODAS AS SUAS PREOCUPAÇÕES

A psicóloga infantil Becky Kennedy afirma que a melhor maneira de confortar uma criança não é tentando "corrigi-la", o que muitas vezes parece forçado e invasivo.

Em vez disso, ela sugere que pais e mães imaginem um campo cheio de bancos, cada um rotulado com uma emoção: ansiedade, tristeza, raiva, desespero e esperança. Sente-se com a criança no banco que ela escolher. Fique em silêncio, seja paciente e diga à criança que os sentimentos dela são válidos.

Depois de acessar o seu *Self*, deixe-o se sentar em qualquer banco em que uma de suas partes pareça estar presa. Não force a barra para encontrar soluções. Basta ficar lá, ligado a qualquer energia calma, clara, confiante, curiosa, corajosa, compassiva, criativa ou conectada que você possa acessar. Permita que a parte conte suas histórias para o *Self*. Como o *Self*, gentilmente ofereça histórias mais verdadeiras para substituir as ficções da parte ferida.

Essa abordagem pode funcionar rápido e persistir de modo indefinido. Pode fazer parte do nosso modo de viver interno permanentemente. Nosso cérebro pode estar sempre propenso à ansiedade, mas o acesso ao *Self* também pode se tornar um processo quase automático. Ele gentilmente nos afasta da ansiedade repetidas vezes, como um pai amoroso que afasta o filho de uma rua movimentada. É possível relaxar todos os nossos gerentes e bombeiros assustados e controladores, um por um, bem como confortar e integrar cada um dos nossos exilados. As polaridades frustrantes e desconcertantes que antes nos controlavam vão começar a se dissolver. Em vez disso, nossas partes exclusivas vão oferecer suas perspectivas e ideias para ajudar toda a comunidade.

Essa mudança rumo à harmonia interna, sob a orientação do *Self*, ocorre quando deixamos de fazer parte dos problemas do mundo e nos tornamos parte da solução. Em uma sociedade cada vez mais ansiosa e polarizada, a energia do *Self* flui como a água de uma nascente após uma terrível seca. E como é inerentemente criativa, pode elaborar novas soluções para todos os problemas que enfrentamos. Se quisermos prosperar como indivíduos e sobreviver como espécie, o primeiro passo é acalmar nossos *Selves*. Mas aí precisamos adentrar ainda mais no território que vai além da ansiedade. Precisamos ativar a fonte curiosa, empática e infinitamente poderosa da criatividade humana.

Parte Dois
O LADO CRIATIVO

5

ATIVANDO O LADO CRIATIVO

Durante minhas pesquisas para escrever este livro em pleno lockdown na pandemia, fiquei tão fascinada pela função cerebral que decidi conduzir um pequeno experimento. O confinamento me proporcionou uma ótima oportunidade. Todo cientista social sabe que, em uma situação na qual muitos fatores são mantidos constantes, é mais fácil avaliar o impacto de uma variável introduzida no contexto.

Bem, minha vida tornou-se um verdadeiro experimento. Meus dias nunca tinham sido tão consistentes e sem intercorrências. Eu não saía e ninguém fora da minha família vinha me visitar. Todos os dias, eu usava meu "uniforme da pandemia": camisa de gola alta, calça de ioga e um roupão felpudo. Minha família e eu estávamos enclausurados em nossa casa, situada em uma encosta densamente arborizada na Pensilvânia, onde víamos cervos e raposas, mas nenhuma outra pessoa.

Era hora de brincar com o meu cérebro.

Eu já estava desenvolvendo e aplicando os métodos para aliviar a ansiedade que discutimos até agora neste livro. Estava convencida de que, em resumo, havia de fato alguma relação entre a ansiedade e o hemisfério esquerdo. Então o que aconteceria se eu me dedicasse a comportamentos que estimulassem meu hemisfério *direito*? Como isso afetaria minha ansiedade? A minha teoria, baseada em muita leitura e reflexão, era a de que o envolvimento em tarefas que ativassem o lado direito do cérebro me tirariam das espirais de ansiedade provocadas pelo lado esquerdo.

Para tirar a prova, me dediquei a acionar o lado direito do meu cérebro por um mês inteiro. Com o apoio generoso da minha família, decidi passar trinta dias me concentrando quase que exclusivamente em atividades dominadas pelo hemisfério direito. Sempre amei desenhar, mas, na juventude, uma dor lancinante nas mãos me fez parar. Livre das dores, decidi que começaria meus dias usando o hemisfério direito para desenhar alguma coisa, qualquer uma. E então eu esperaria para ver o que teria vontade de fazer em seguida.

Acontece que eu não tinha vontade de fazer mais nada. Desde os primeiros traços hesitantes, eu me senti um pouco eufórica, efervescendo de uma alegria inebriante. Desenhar me deixava tão feliz que eu — ou pelo menos o meu hemisfério esquerdo lógico — fiquei bastante nervosa. Tive a sensação de que minha mente calculista estava perdendo o controle do meu comportamento. Mas o experimento tinha que continuar — em nome da ciência! Então usei minhas habilidades de acalmar a ansiedade para sossegar as minhas preocupações e continuei desenhando.

Em uma semana, eu não estava mais perdendo o controle: eu já o tinha perdido por completo. Para usar a terminologia de IFS, a parte de mim que está escrevendo agora basicamente havia sumido do mapa. Eu mal conseguia me expressar verbalmente. Costumo ser bastante pragmática: todos os dias faço uma lista de tarefas e depois (em geral) as cumpro. Mas, naquele mês, não. Eu acordava, preparava uma xícara de café, passava um tempo com a minha família e depois me sentava à mesa com papel e alguns materiais de arte, pronta para mergulhar na minha parte sem palavras, aquela que faz quadros. De tempos em tempos, minha família checava para ter certeza de que eu ainda estava viva. Eu saía do meu transe por tempo suficiente para abraçá-los e notava que não tinha sequer tocado no café. Com o tempo, parei de me preocupar em prepará-lo. Desenhar o dia todo era muito mais estimulante do que a cafeína.

Para ilustrar como era a sensação por dentro, vou me referir a uma cena do clássico conto infantil de Kenneth Grahame, "O vento nos salgueiros". Esse trecho captura perfeitamente o que aconteceu comigo enquanto eu dedicava meu tempo e minha energia às atividades características do lado direito do cérebro. Quando você fizer os exercícios neste capítulo e nos seguintes, também poderá sentir isso.

No clima da história de Grahame, o Sapo acabou de escapar da prisão disfarçado de lavadeira. Um motorista desavisado acompanhado de amigos lhe deu carona e, quando o Sapo pediu para dirigir o carro, o proprietário permitiu. O Sapo começou a dirigir muito devagar e com cuidado, "pois ele estava determinado a ser prudente". Mas então ele foi acelerando "um pouco mais; depois mais rápido, e ainda mais rápido" até o dono do veículo ficar alarmado:

> O motorista tentou interferir, mas ele o imobilizou no assento com um cotovelo, e acelerou a toda velocidade. O vento batendo em seu rosto, o barulho dos motores e os saltos leves do carro sob ele intoxicavam seu frágil cérebro. "Lavadeira, hein!", ele gritou imprudentemente. "Ho! ho! Eu sou o Sapo, o ladrão de carros, o fugitivo de prisões, o Sapo que sempre escapa! Sentem-se e verão o que realmente é dirigir, pois vocês estão nas mãos do famoso, habilidoso e totalmente destemido Sapo!"

Foi *exatamente* assim que me senti quando permiti que o meu lado direito do cérebro guiasse minha vida. Ansiedade? Que diabos era *aquilo*? A passagem do tempo? Notícias do mundo? Necessidades das outras pessoas? Tudo isso desaparecia na luta arrebatadora de fazer as imagens no papel ganharem forma como eu as via ou imaginava.

A vida guiada pelo hemisfério direito vai muito além de apenas acalmar a nossa ansiedade; ela pode nos levar a um passeio selvagem e delicioso que deixa a ansiedade tão para trás que mal conseguimos nos lembrar dela.

AGORA É A SUA VEZ DE PEGAR UMA CARONA INTENSA COM O SAPO

Vou contar esta história como um aviso justo. Li muitos livros e artigos sobre como superar a ansiedade, mas todos paravam no ponto onde se atinge a calma. Para mim, é como escapar de um barco afundando sem consertar os vazamentos: um bom primeiro passo, mas longe de ser a melhor solução a longo prazo — e um lugar triste para parar quando estamos perto de alcançar um modo de vida muito, muito mais alegre. Apenas dissipar a ansiedade significa fugir constantemente, lutando contra a tendência de nosso cérebro pelo viés de negatividade e as pressões da nossa sociedade ansiosa. Avançar para o hemisfério direito significa embarcar em aventuras emocionantes.

Neste capítulo e nos seguintes, vamos dar um passo a mais: além de acalmar seu *Self* ansioso, vamos ativar seu *Self* criativo. (A calma é um pré-requisito para isso, então lembre-se de que você terá que se acalmar diversas vezes no caminho rumo ao seu *Self* criativo.) Vou dar uma descrição mais detalhada do sistema de feedback no hemisfério direito do cérebro, que espelha a espiral de ansiedade do hemisfério esquerdo. Como mencionei no Capítulo 1, chamo isso de "espiral de criatividade". A seção a seguir analisará o que acontece em nosso cérebro, nosso corpo e nossa vida quando começamos a seguir essa espiral benevolente e nos afastamos da ansiedade.

Esse processo pode levá-lo a atividades tradicionalmente consideradas "criativas", como pintura, dança ou literatura, mas também pode não levar. As espirais de criatividade podem ser usadas em tudo o que fazemos: educar crianças, consertar carros, praticar ciência, liderar equipes, escolher roupas, conduzir conversas, até preparar sanduíches. E a criatividade é a *única* maneira de resolver problemas que, assim como muitos dos desafios do século XXI, são completamente sem precedentes.

Quando deparamos com uma situação que nunca vimos antes — uma que pode *nunca* ter existido —, não há regras predefinidas para responder às condições ou resolver os problemas. Temos que *criar* as regras e as respostas, sonhar com elas como um herói de cinema que está preso em Marte, um médico enfrentando um novo vírus ou um engenheiro tentando desenvolver um vidro tão resistente a ponto de um edifício construído com esse material — como o novo World Trade Center — suportar o impacto de um avião comercial.

Sem precedentes é a expressão adequada à nossa era. Situações sem precedentes estão pipocando ao nosso redor. Vivemos em um mundo de transferência de conhecimento sem precedentes, em uma escalada tecnológica sem precedentes, cujos ecossistemas naturais estamos destruindo em uma escala sem precedentes. O mundo está enfrentando uma série de atribulações que nunca ocorreram antes.

Para lidar com tudo isso, devemos — sem dúvida alguma — permitir que nosso hemisfério direito assuma o controle.

Ao aprender a fazer isso, você começará a criar, assim como Nicky no Capítulo 2 fez uma horta em seu apartamento em Manhattan. Não faço ideia do que você vai fazer, mas acredito que a atividade deixará o seu cérebro menos ansioso e mais inventivo. E eu sei que o projeto criativo mais importante que você empreenderá — aquele que nasceu para finalizar — é dar forma à sua vida. À medida que você se torna mais criativo do que a sociedade considera prudente, você fará as escolhas que o deixarão mais feliz e aumentará sua contribuição no mundo.

SOMOS SEDENTOS POR CRIATIVIDADE

Perguntei algumas vezes se você estaria disposto a agir de maneiras que as pessoas ao seu redor talvez não compreendessem, ou criar uma vida que talvez não corresponda às normas culturais vigentes. Agora estou convocando a criação desse acordo. Conformar-se à nossa cultura enquanto se tenta diminuir a ansiedade é uma coisa — *a* única que a maioria das pessoas busca. Mas ao liberar o seu lado criativo, dando total liberdade ao hemisfério direito, é possível ultrapassar os limites de nossa sociedade estressante, autodestrutiva e WEIRD. Você pode começar a parecer um tanto estranho para os outros e até para si mesmo.

Falo isso por experiência própria.

Poucos dias depois de iniciar o meu experimento de viver com o lado direito do cérebro, meu Sapo da Arte pisou no acelerador e mudou para a aquarela transparente. É um material incrivelmente desafiador, que atende ao amor do hemisfério direito por exploração e imprevisibilidade. Nunca se sabe de fato como a aquarela vai se comportar. Não há como apagar os erros, e que Deus o ajude se você espirrar em uma pintura ou se alguém tocá-la com os dedos sujos. Só resta jogar tudo fora e recomeçar. Dias lidando com esse material complicado e exigente me levaram à distração, me vi consumida pela obsessão e cheia de felicidade.

Passei a ficar acordada até tarde pintando depois que minha família ia dormir. Eu me deitava por volta da meia-noite e pulava da cama às 4 horas da manhã, explodindo de vontade de pintar um pouco mais. Qualquer pintura em que eu estivesse trabalhando se tornava a coisa mais importante do no mundo — até que eu a arruinava (o que em geral acontecia), jogava fora e começava de novo. E de novo. E de novo. Quando estava satisfeita com uma obra, eu a guardava em um armário e me esquecia de sua existência. Meu corpo vibrava com a energia; minha mente, com o encantamento. Era como estar sob o efeito de um psicodélico potente.

E como acontece com o uso de muitas drogas, o problema estava em parar.

Quando o meu experimento de um mês terminou e estava na hora de voltar à minha rotina, o Sapo da Arte resistiu bravamente. Toda vez que eu abria a minha agenda de trabalho ou o meu e-mail, ele fazia birras silenciosas.

— NÃO, NÃO, NÃO! — insistia ele, desenhando uma imagem fraca no papel de aquarela. — NÃO VOU VOLTAR PARA A PRISÃO! EU SOU O SAPO QUE SEMPRE ESCAPA!

— Mas tenho outras coisas para fazer — dizia eu. — Coisas normais da vida.

— O SEU JEITO DE VIVER NÃO É NORMAL! — O Sapo da Arte vociferava, espirrando cor em um pedaço de papel molhado. — O MEU JEITO DE VIVER É NORMAL! SAIA DAQUI!

Outra semana se passou e depois mais uma. Meu hemisfério esquerdo estava ficando bastante preocupado com o fato de nunca retornar às atividades que me mantinham sempre ativa: escrever, ser coach e palestrar. Trabalho com equipes que marcam as minhas palestras e treinamentos on-line, e elas precisavam que eu comparecesse a reuniões, entrevistas e outros compromissos. Eu tinha uma regra fortemente enraizada (hemisfério esquerdo) que dizia que a pintura era um bom hobby, mas eu precisava deixá-lo de lado para "trabalhar de verdade" na maior parte do tempo.

Implorei à minha terapeuta que me ajudasse a engrenar novamente no mundo do hemisfério esquerdo.

— Tudo bem — respondeu ela. — Encontre suas partes que estão em conflito. Veja o que elas têm a dizer. Em seguida, conecte-se com a energia do *Self* e pergunte o que você deve fazer.

Segui as instruções dela. Depois de alguns minutos em silêncio, comentei:

— Não está funcionando. Meu *Self* está do lado do Sapo da Arte. Diz que não há razão para viver com estresse e ansiedade. Acredita que eu deveria escolher a felicidade.

— Isso faz sentido para você?

— Não! — gritei. — Não, não faz! Porque muitas pessoas dependem de mim para lidar com o mundo real!

— Ah — respondeu ela. — Interessante...

Como assim, interessante? De que adianta tudo isso? Na verdade, eu suspeitava de que alguma versão do Sapo da Arte estivesse surgindo na minha terapeuta. E por que não? O Sapo da Arte estava fazendo algo moralmente errado? Por que não deveríamos todos simplesmente deixar nossos empregos e passar os dias pintando, cantando, escrevendo e aprendendo a tocar cítara?

Essa não era uma questão nova para mim. Muitos dos meus clientes enfrentavam dilemas semelhantes. "Não posso simplesmente fazer o que eu gosto", diziam com frequência. "Tenho que pagar o aluguel. Tenho que alimentar a minha família." Lembre-se de que os humanos "pré-modernos" passavam quase todo o tempo realizando atividades que utilizavam equilibradamente ambos os hemisférios do cérebro: interagindo com a natureza; caçando; criando arte, música e histórias, envolvendo assim ambos os lados do cérebro. Mas nossa cultura direcionou a maioria das atividades do lado direito do cérebro a empregos que atendem às preferências do hemisfério esquerdo, enfraquecendo a nossa energia criativa para que possamos nos transformar em engrenagens da máquina de produção material.

Quando comecei meu experimento de passar um mês me concentrando no hemisfério direito, como muitos de nós, eu já havia passado anos favorecendo meu hemisfério esquerdo, talvez até mais do que a maioria das pessoas. Cresci em um dos ambientes mais competitivos do planeta para o hemisfério esquerdo, ingressei em Harvard aos 17 anos e saí aos 30 anos com três diplomas em mãos. Passei os anos seguintes totalmente dedicada a cuidar dos meus filhos e ganhar dinheiro para ajudar a sustentar a família.

O meu Sapo da Arte estava bem preso e tinha permissão para sair apenas por uma ou duas horas ocasionais, antes de ser trancafiado novamente. Quando ofereci ao meu *Self* artístico um mês inteiro de liberdade, ele reagiu como uma pessoa sedenta, que quase não enxergava alguém ou algo além de fazer arte. Após esse período de desenho e pintura, esperava retomar minha rotina, uma vida na qual a arte desempenhava papel secundário. Em vez disso, aquele mês diminuiu a minha ansiedade e aumentou tanto minha alegria de viver que se tornou um grande ponto de virada.

Agora acordo cedo e literalmente volto para a prancheta. Das cinco ou seis horas às onze da manhã, o Sapo da Arte assume o controle. Faço arte como fazia quando criança, totalmente imersa na ideia de aprimorar minhas habilidades, inebriada pelas cores e formas do mundo, completamente alheia ao tempo. Em vez de ansiar por breves momentos brilhantes, o Sapo da Arte recebe refeições regulares de desenho e pintura. Comecei a vender meu trabalho e planejo vender mais se houver interesse, mas esse não é o objetivo. O propósito é viver uma vida livre de ansiedade e repleta de criatividade.

Duvido que você seja tão extremo quanto eu costumo ser, então intensificar o uso do hemisfério direito de maneira que melhor se adapte à sua vida não vai torná-lo obsessivo, egocêntrico ou tirar seu sono. Se, assim como eu, você sentir um desejo *incontrolável* de criar, dedique mais tempo para a criatividade ou estabeleça uma intenção firme de priorizá-la quando sua realidade permitir. Honre essa promessa — é uma das coisas mais importantes que pode fazer para viver de acordo com sua essência. Não importa quantas atividades criativas você acabe incorporando à rotina, acredito que elas vão deixá-lo mais equilibrado do que nunca. Vamos entender por que e como isso acontece.

CRIATIVIDADE É O OPOSTO DE ANSIEDADE

A essa altura, você já deve conhecer os elementos da espiral de ansiedade: um acontecimento desconhecido desencadeia um alerta na amígdala esquerda, que então aciona outras estruturas cerebrais para criar estratégias de controle e narrativas assustadoras, que se retroalimentam e provocam *mais* medo na amígdala esquerda, e assim por diante.

A espiral de criatividade também começa na amígdala quando damos de cara com o desconhecido. No entanto, se não houver uma ameaça real, o hemisfério direito não se move rumo ao controle. De acordo com Jill Bolte Taylor, a parte emocional do cérebro direito, "em vez de afastar as coisas (...), movimenta-se com entusiasmo em direção a qualquer experiência que pareça remotamente com uma sedutora e suculenta descarga de adrenalina". Essa curiosa resposta exploratória desencadeia um conjunto de sentimentos e ações muito diferentes daqueles gerados pela espiral de ansiedade — embora esse impulso do cérebro direito também possa formar um ciclo de autorreforço: a espiral de criatividade. Em vez de tentar controlar a realidade, ela faz com que você se volte à investigação e à descoberta. Vejamos algumas das diferenças.

As espirais de ansiedade nos afastam do mundo.
As espirais de criatividade nos puxam em direção a ele.

A curiosidade, sensação que inicia a espiral de criatividade, é a força que impulsiona muitos animais jovens, inclusive os humanos, a experimentar novas experiências. Enquanto a ansiedade nos leva a evitar cada vez mais o mundo, a curiosidade nos encoraja, ajudando na nossa adaptação a ambientes inexplorados e experiências desconhecidas. A ansiedade se retrai; a curiosidade se expande.

As espirais de ansiedade inibem o aprendizado.
As espirais de criatividade motivam o aprendizado.

De acordo com uma teoria sobre o funcionamento do cérebro desenvolvida por educadores, nosso sistema nervoso está constantemente formulando três perguntas, nesta ordem:

1. Estou seguro?

2. Sou amado?

3. O que posso aprender?

Só nos tornamos capazes de usar as partes do cérebro responsáveis pelo aprendizado e pela memória quando as duas primeiras perguntas forem respondidas de maneira afirmativa. A espiral de ansiedade, com suas reações de luta, fuga, bajulação, paralisação ou colapso, interrompe nossa capacidade de aprendizado. A ansiedade também diminui nossa capacidade de sentir e expressar amor, e nos torna menos receptivos ao afeto dos outros, além de tornar nossas emoções e nossos pensamentos mais sombrios.

A espiral de criatividade, por outro lado, nos ancora no presente, nos permitindo avaliar situações e tomar medidas úteis com segurança. Ela também nos impulsiona a aprender sobre diferentes perspectivas e nos expressar. Isso é amor em ação. Quando nos sentimos seguros e conectados, o cérebro pergunta automaticamente: *O que posso aprender?* Isso nos torna mais criativos e inteligentes.

As espirais de ansiedade nos mostram apenas metade do mundo. As espirais de criatividade nos mostram tudo.

Lembra-se daquela peculiaridade do hemisfério esquerdo do cérebro, que o torna incapaz de enxergar além das próprias percepções? Bem, o hemisfério direito não compartilha esse solipsismo peculiar. Ele capta *todas* as nossas percepções, não apenas ideias criativas, mas também o pensamento lógico e analítico predominante no lado esquerdo do cérebro.

Isso significa que, embora um cérebro ansioso possa coletar e classificar informações, ele não consegue contextualizá-las dentro de um significado, propósito ou benefício mútuo. Uma mente ansiosa é como um navio com um motor muito poderoso, mas sem mapas, bússola ou destino. Simplesmente vai *navegando*, percorrendo distâncias, mas sem jamais compreender o motivo.

Certa vez, conheci uma consultora que ajuda líderes corporativos a aumentar receitas — mas, antes de qualquer coisa, ela pergunta por que eles gostariam de crescer.

— Eles me olham como se eu fosse louca — disse-me ela. Eles dizem: "Bem, porque isso significaria mais lucros." E eu digo: "Sim, mas qual é o propósito de ter tanto dinheiro? O que isso *significa* para você?"

É nesse momento que, segundo ela, os executivos, em sua maioria, param de trabalhar com ela (porque ela obviamente "não entende") ou ficam melancólicos e introspectivos. Eles começam a ativar o hemisfério direito, buscando significado e contexto.

— A essa altura, eles começam a encontrar sua humanidade, e com ela a melhor maneira de tornar seus negócios mais significativos para o mundo — revelou a consultora.

Esta é a espiral de criatividade entrando em ação, afastando-nos de um ponto de vista limitado ao risco e aos bens materiais. Ela nos transporta para um lugar onde conseguimos perceber tanto o perigo quanto a abundância, e mantém a noção de propósito em direção a um significado que vai além da mera sobrevivência.

A espiral de ansiedade torna nossa vida menor. A espiral de criatividade a torna maior.

À medida que nos contorcemos ao longo de uma espiral de ansiedade, nossa vida se torna mais desconexa e descolada da realidade sensorial. Pessoas ansiosas muitas vezes evitam tudo o que não parece seguro e, quanto mais se distanciam das experiências, mais se sentem ansiosas.

É assim que a agorafobia funciona: uma pessoa, que aqui vamos chamar de Pat, tem uma crise de pânico em um restaurante. Após a crise, Pat passa a evitar aquele restaurante. Mas como a crise de pânico não foi causada pelo ambiente, logo ocorre outra, talvez durante uma caminhada pelo parque. Agora Pat associa parques ao pânico e também os evita. A ansiedade que leva à esquiva (o que não impede a ansiedade) torna o mundo de Pat cada vez menor.

A espiral de criatividade tem efeito oposto ao da ansiedade. Cada giro no caminho dela nos impulsiona a explorar mais e experimentar novas possibilidades. Quando saímos um pouco da zona de conforto, conectando-nos a mais pessoas e experiências, nos sentimos à vontade em um número maior de situações.

Por exemplo, nossa amiga Pat, que tem agorafobia, pode começar criando um santuário e desenvolvendo habilidades para acalmar criaturas ansiosas. Ao ganhar confiança, Pat pode se sentir motivada a pesquisar sobre o transtorno na internet e a interagir com pessoas que passaram por experiências semelhantes. O relato das pessoas que venceram seus medos, pode inspirar Pat a tentar algumas de suas estratégias, como bravamente levar o cachorro ao parque e ficar lá acalmando-se até que a ansiedade diminua um pouco. Empolgada e orgulhosa, Pat pode até compartilhar uma foto desse ato de coragem para que os amigos apreciem.

Tenho minhas versões de ambas as histórias. Ao relembrar minhas primeiras incursões cautelosas pela espiral de criatividade, fico impressionada com o quanto minha vida se expandiu desde que me propus a ampliar a zona de conforto. Escolher espirais de criatividade de modo gentil, porém consistente, em vez de espirais de ansiedade tornou a própria novidade menos angustiante para mim, e já vi isso acontecer com muitos clientes. Ao seguir a criatividade deparamos com novas experiências e, ao explorá-las, desenvolvemos a confiança necessária para nos sentirmos seguros. Em vez de rejeitar e "mudar" tudo o que não compreendemos (comportamento típico do hemisfério esquerdo), nosso hemisfério direito nos ajuda a acolher o que antes nos parecia estranho. Nos sentimos mais seguros e calmos, podendo, assim, contribuir para que o mundo se torne mais seguro e pacífico também.

SUPERANDO A ZONA DO MEDO E PERMANECENDO NA ZONA DA DIVERSÃO

Se você estivesse preso em um ambiente selvagem, sentir-se nervoso e hiperconsciente do perigo (também conhecido como andar na espiral de ansiedade) aumentaria suas chances de sobrevivência. Mas você também precisaria explorar seu ambiente e descobrir como prosperar nele, o que significaria seguir a espiral de criatividade. Como tanto a criatividade quanto a cautela são habilidades essenciais para a sobrevivência, a natureza nos dotou de muitas maneiras de aprender e experimentar emoções quase tão fortes quanto o medo. O termo técnico para essa poderosa necessidade evolutiva é *diversão*.

O hemisfério esquerdo de nosso cérebro tende a pensar na diversão como trivial, desnecessária, frívola. O simples fato de *se divertir* pode causar julgamentos pesados em pessoas que dedicam todo o seu tempo e atenção em busca de mais. Mas a natureza não parece concordar com a visão de que a diversão é desnecessária. Quanto mais os cientistas estudam o comportamento animal, mais eles relatam que a evolução incorporou um toque de amor pela diversão a quase todos os seres vivos.

Por exemplo, qualquer pessoa que já conviveu com um cachorro, um gato, uma cabra ou um golfinho sabe que os mamíferos adoram brincar. Na Escandinávia, onde o gado tem que ser confinado em celeiros aquecidos durante o inverno, cidades inteiras se reúnem para assistir a vacas leiteiras adultas saltitarem livres pelos campos quando chega a primavera. Dê um Google! Isso vai alegrar seu dia!

Aproveite e procure por "pássaros brincando" para ver corvos deslizando em colinas nevadas como se estivessem em trenós ou cacatuas inventando passos de dança enquanto se divertem com a música humana. Antes, eu acreditava que répteis, por terem cérebros muito mais primitivos, não fossem capazes de brincar ou se divertir. Eu estava enganada! Tartarugas e lagartos brincam, assim como crocodilos e jacarés, que coletam quaisquer objetos cor-de-rosa pequenos parecidos com flores para usar como brinquedos. Inclusive já viram jacarés "dando carona" a lontras, fazendo suas costas de barco. Falando em flores, alguns botânicos acreditam que até as plantas são capazes de brincar. E se você não acha que fungos são brincalhões, nunca deve ter participado de uma jornada de cogumelos guiada por xamãs. Fungos são realmente figuras divertidas.

Assim que ativamos nosso hemisfério direito, nossa curiosidade e capacidade de brincar ganham mais espaço no cérebro. Tudo começa a parecer interessante, e se torna fácil aprender. Desde o meu experimento de um mês estimulando o lado direito do cérebro, quando comecei deliberadamente a superar a ansiedade e entrar na espiral de criatividade, foi como se estivesse sacolejando no banco do carona do Sapo, que dirigia freneticamente, para cada vez mais e mais lugares. Espero que aconteça o mesmo com você quando ler os próximos capítulos e começar a montar sua própria espiral de criatividade.

DA DIVERSÃO À ARTE E À PROSPERIDADE

Claro, as espirais de criatividade não se encerram na diversão. À medida que fortalecemos o hemisfério direito, o processo vai além de superar a ansiedade ou se entregar a brincadeiras. Você vai perceber que está realizando coisas. Todo tipo de coisas. A criatividade tem uma afinidade por resolver problemas, então, ao ativar a sua, você pode se ver envolvido nas mais diversas atividades, desde Sudoku até compor canções passando pela construção de um aeromodelo.

Durante meu mês dedicado ao lado direito do cérebro, contemplei a espiral de criatividade e me perguntei: por que era tão maravilhoso aprimorar minhas habilidades de aquarela, mesmo que elas não tivessem a finalidade de me sustentar? Para o hemisfério esquerdo — e para grande parte de nossa cultura —, as artes criativas parecem sem importância, ou pelo menos muito, muito menos úteis do que as atividades dominadas pelo cérebro esquerdo. Essa visão persiste, apesar das inúmeras pesquisas que evidenciam os benefícios da arte par a saúde física e mental. Por exemplo:

- Um estudo da Universidade de Drexel revelou que se dedicar à arte por apenas 45 minutos reduziu o cortisol, hormônio do estresse, dos pesquisados independentemente do nível de habilidade ou da experiência do indivíduo.

- Outro estudo revelou que colorir por apenas vinte minutos reduziu a ansiedade e o estresse das pessoas. Quando os indivíduos coloriam mandalas — desenhos circulares reverenciados em muitas tradições de sabedoria —, a redução da ansiedade era ainda mais significativa. (Para que você possa experimentar o prazer de colorir, incluí uma mandala no fim deste capítulo. Se você gosta de arte, tente desenhar uma. É muito divertido!)

- Um estudo publicado no *New England Journal of Medicine* revelou que a dança reduz o risco de demência em idosos, enquanto outras atividades, como ciclismo, golfe, natação e tênis, não.

- Como já mencionei, há diversas evidências de que a escrita expressiva sobre uma experiência traumática por apenas quinze minutos teve efeitos positivos notáveis e duradouros na saúde física e mental dos voluntários.

- Pesquisas com sobreviventes de trauma indicaram que o uso da arte como ferramenta de processamento de suas experiências reduz em até 80% o risco de desenvolvimento de transtorno de estresse pós-traumático.

É evidente que existe uma relação íntima entre nosso *Self* criativo e nosso bem-estar geral. Acredito que isso esteja relacionado à capacidade de sair da espiral de ansiedade, evitando que nosso organismo esteja sempre inundado por hormônios do estresse. Se pudermos gentilmente mover a nossa mente em direção à curiosidade e à resolução de problemas, conseguimos entrar na *zona* de nossa psique onde a ansiedade se dissipa e nos tornamos inteiramente presentes.

Quando perguntei a Jill Bolte Taylor se o hemisfério direito pode sentir ansiedade, ela disse:

— Não, porque a ansiedade está sempre relacionada ao futuro. Se não há tempo, não há futuro e, consequentemente, não há ansiedade.

Jill continua sendo cientista e professora, mas também é escultora, compositora, pintora e artista. As atividades artísticas a que se dedica a mantêm ligada à perspectiva que adquiriu ao viver completamente sob a ótica do hemisfério direito. Em indivíduos que danificaram o lado esquerdo do cérebro, às vezes vemos a força total e surpreendente da criação artística.

QUANDO A CRIATIVIDADE ESTÁ A TODO VAPOR

Certo dia, em 1994, um cirurgião ortopedista Anthony Cicoria estava próximo a um telefone público quando foi atingido por um raio. Cicoria parecia estar morto — teve parada cardíaca —, mas uma mulher que estava por perto, uma enfermeira de uma unidade de terapia intensiva, conseguiu reanimá-lo. Ele se recuperou quase completamente, exceto por uma mudança: de repente, aos 42 anos, Anthony Cicoria se tornou músico.

Antes do incidente, Cicoria nunca tinha estudado música. Mas depois do ocorrido, começou a ouvir melodias em sua cabeça. Ele comprou um piano e começou a tocá-lo por horas a fio todos os dias. Em 2002, mesmo ainda exercendo a medicina, ele fez uma apresentação das obras de Chopin e Brahms. Em 2007, lançou sua primeira composição original no piano, "The Lightning Sonata".

Heather Thompson, uma jovem empreendedora de sucesso, sofreu uma lesão craniana quando a tampa do porta-malas do carro caiu sobre ela. Durante a recuperação, uma amiga sugeriu que tentasse fazer pinturas. Heather estava cética, porque nunca tinha tido qualquer interesse em arte, mas depois disse:

— Na primeira vez que peguei um pincel, descobri que minhas mãos sabiam o que fazer. Era tão fácil quanto respirar.

No Colorado, o jovem piloto Ivan Schlutz chegou perto demais de uma hélice de avião e quase metade de seu cérebro foi arrancada. Surpreendentemente, Schlutz sobreviveu, embora tenha ficado com paralisia parcial no lado direito do corpo. Os fisioterapeutas lhe deram argila para exercitar os dedos, na esperança de que a atividade ajudasse a restaurar a força de sua mão. Embora nunca tivesse trabalhado com arte antes, Schlutz ficou obcecado em modelar o barro e logo se tornou um escultor de sucesso cujas obras são procuradas por colecionadores de todo o mundo.

Essas pessoas desenvolveram algo chamado "síndrome do Savant adquirida". Esse distúrbio extremamente raro às vezes surge quando um indivíduo sem interesse ou treinamento artístico sofre uma lesão cerebral, em geral no lado esquerdo da cabeça, e subitamente manifesta uma habilidade criativa prodigiosa. Não há o que invejar — todas essas pessoas sofreram muito. Mas a experiência delas sugere que o interesse artístico não é *acrescentado* ao nosso cérebro. Ele já está ali. Quando o hemisfério esquerdo cede algum espaço, isso emerge de forma espontânea.

Senti o poder enervante do meu lado criativo durante o meu experimento do Sapo da Arte. Posso sentir sua força agora mesmo. Quando tenho outros compromissos e não posso me dedicar à arte, evito até mesmo olhar meus materiais artísticos, como um alcoólico em recuperação ao passar na frente de um bar. Se eu começasse a desenhar ou pintar de novo agora, acredito que o Sapo da Arte me imobilizaria no banco do passageiro da minha própria vida com seu braço de anfíbio. Eu sairia rumo a outra jornada incontrolável, e este livro nunca seria escrito.

A má notícia, imagino, é que alguns de nós de fato ficam obcecados com sua arte a ponto de parar de comer e dormir. A boa notícia é que, ao contrário de quem sofreu acidentes vasculares ou lesões cerebrais, nós podemos convidar nosso *Self* criativo para vir à tona de forma suave e gradual. Assim que acalmarmos a ansiedade, podemos aproveitar a emoção e o fascínio inerentes à criatividade. Sem ansiedade, somos artísticos, comunicativos e totalmente presentes *por natureza*.

E mais uma coisa: nosso *Self* criativo pode nos manter jovens para sempre.

TODA A SUA VIDA PODE SER UMA INFÂNCIA FELIZ

O impulso humano extremo em direção à criatividade — que nos leva a ir além de brincar com lontras e nos faz chegar aos domínios da arte, ciência e invenção — pode ser explicado por um acaso genético chamado "neotenia", uma mutação que aconteceu em algum momento de um passado distante, quando nossos ancestrais começaram a experimentar a locomoção bípede.

Todas as criaturas parecem brincar mais quando são jovens. Brincar e se divertir ajuda os filhotes a aprender habilidades essenciais como forragear, caçar, se defender de predadores ou rivais, acasalar e criar os próprios filhotes. No entanto, em muitas espécies, o desejo de brincar tende a diminuir quando o indivíduo atinge a maturidade. Um chimpanzé recém-nascido, por exemplo, brinca mais do que um bebê humano. Mas, na puberdade, à medida que o chimpanzé desenvolve caninos, uma protuberância na testa e vontade de arrancar os nossos braços, ele vai brincar um pouco menos, embora nunca pare por completo.

No caso dos humanos, a neotenia significa que nunca deixamos de parecer macacos *muito jovens* e de agir como tal. Temos a estrutura óssea delicada, rostos achatados, dentes pequenos e — este é o ponto-chave — um impulso curioso, inquisitivo e criativo que nos move rumo à diversão, característica dos filhotes de macacos. Se decidirmos nutrir esse impulso, a evolução nos concedeu um dom inestimável e precioso: uma mentalidade infantil sem fim, com toda a diversão e admiração que isso implica.

Poucos dias depois de começar a desenhar, o meu Sapo da Arte interior se concentrou em seu assunto favorito: minha filha de dois anos. Quase todos os dias, Lila e eu usávamos galochas e jaquetas por cima do pijama, depois perambulávamos pela floresta perto de nossa casa, brincando com tudo a nosso dispor.

Enquanto escalávamos troncos e pulávamos em poças, eu tirava fotos de Lila com o celular. Usando as fotos como referência, passava horas desenhando-a.

Quando me perguntei por que o Sapo da Arte estava tão obcecado por desenhar Lila, a resposta foi imediata: o Sapo da Arte era uma criança. Ele era a minha parte que passou incontáveis dias deitada no tapete da sala de estar dos meus pais desenhando em cartões de 7 por 12 centímetros que pegava do material de escritório do meu pai. Essa parte de mim era praticamente não verbal, atordoada pela beleza do mundo e estava em um estado constante de encantamento tão avassalador que me deixava sempre à beira das lágrimas.

Junto a essa enxurrada de percepção e emoção vinha uma surpreendente dose de energia física. Pude sentir nitidamente os benefícios à saúde que os cientistas associaram às atividades artísticas. Sentia mais vontade de rir (as crianças riem cerca de 27 vezes mais do que os adultos). Estava mais interessada em outras manifestações artísticas: ouvia música e audiolivros enquanto pintava. Tudo parecia tão vibrante, tão vívido e, acima de tudo, tão *conectado*.

Ao longo do mês em que explorei o lado direito do cérebro, não precisei de explicações científicas que dissesse que a criatividade faz bem à saúde. Eu apenas vivenciei aquilo. E quero muito que você experimente isso também. Os três capítulos a seguir ajudarão você a mergulhar na alegria da criatividade que nos auxilia a superar a ansiedade. Porém, é importante dizer, o processo de reviver seu *Self* criativo pode não ser como você imagina. Você precisará superar certos preconceitos culturais à medida que constrói um caminho neural mais forte, denso e ágil no cérebro criativo.

DESFAZENDO-SE DE EXPECTATIVAS CULTURAIS SOBRE O SEU *SELF* CRIATIVO

Quando ensino as pessoas a usar as habilidades deste livro, encontro alguns mitos culturais comuns que frequentemente dificultam o despertar da criatividade. Vou apresentá-los aqui, antes de prosseguirmos, para que você não perca tempo e se desvie do caminho.

MITO Nº 1: **Se eu apenas fizer coisas criativas, não precisarei de outras habilidades para acalmar a ansiedade.**
Já trabalhei com diversas pessoas criativas, muitas das quais também são bastante ansiosas, e perguntei a todas se sentem ansiedade *enquanto* estão criando.

A resposta é sempre não. Mas se não tiverem outro recurso para se acalmar, essas pessoas podem se ver presas em espirais de ansiedade, incapazes de "despertar" a criatividade. Se isso descreve você, pare de se forçar a criar e redirecione sua atenção para as habilidades de acalmar criaturas.

Lembre-se, nosso *Self* criativo só se torna acessível quando *acalmamos nossa criatura ansiosa*. A realidade é que sempre precisamos cuidar da nossa criatura ansiosa. Utilizar métodos diretos nos conduzirá à calma; direcionar nosso foco ao pensamento criativo nos levará além dela. Portanto, se você tiver dificuldades para ser criativo, retorne aos quatro primeiros capítulos deste livro. Use as habilidades que você vai encontrar lá ou qualquer outro método que ajude a acalmar sua criatura ansiosa. Ao acessar o *Self*, a sua criatividade será restaurada. Isso pode começar a dar sentido, até mesmo beleza, ao sofrimento.

No fim das contas, as pessoas criativas podem se sentir ansiosas quando não estão ativamente criando, e o *Self* pode usar a ansiedade como inspiração, mas a ansiedade em si não é a fonte da criação.

MITO Nº 2: Se eu for criativo, não precisarei melhorar qualquer relacionamento interpessoal.

Alguns dos meus clientes que têm ansiedade social alimentam a ideia de que, ao serem criativos, se tornarão felizes a ponto de não precisarem lidar com os aspectos complexos e desafiadores de se conectar com outras pessoas.

Evidentemente, isso não leva em conta o verdadeiro propósito das artes, que é expressar a verdade pessoal do artista de um modo que ela possa ser entendida pelas pessoas ao seu redor. Em outras palavras, a criatividade é um jeito de amar. Mas não é o único. Somos seres fundamentalmente sociais, então *a criatividade não substitui a necessidade de segurança e conexão*. Podemos mergulhar na arte e na ciência ou explorar o mundo de maneira tão profunda que esquecemos momentaneamente da existência de outras pessoas. Contudo, ainda precisamos de conexão humana.

Um exemplo de alguém cujo gênio criativo não conseguiu evitar a solidão é Alan Turing, que desenvolveu os primeiros computadores para decifrar os códigos nazistas durante a Segunda Guerra Mundial. Turing provavelmente era uma pessoa com com transtorno do espectro autista e homossexual em uma época em que a homossexualidade era crime em sua terra natal, a Inglaterra. Infelizmente, um de seus últimos feitos foi a criação de um gerador automatizado de cartas de amor. Não muito tempo após essa invenção, Turing foi condenado por "atentado violento ao pudor" devido à sua orientação sexual. Ele cometeu suicídio dois anos depois. Não importa o quanto nos dediquemos ao trabalho criativo, sempre precisaremos de outras pessoas. Todos nós.

MITO Nº 3: O objetivo final do trabalho criativo deve ser ganhar dinheiro.

Este é um ponto importante. Eu me sinto culpada de dizer às pessoas algo como: "Uau, você é tão engraçado! Deveria fazer comédia stand-up." Ou: "Nossa, que desenhos lindos! Você deveria vendê-los." Ou: "Você é tão bom em tocar ocarina! Deveria virar profissional!"

Mas é verdade que algumas pessoas alcançam sucesso financeiro apenas com trabalhos criativos. No entanto, isso não significa que todos os talentos criativos devam ser monetizados. Na realidade, como já mencionei, pesquisas indicam que é possível sufocar as habilidades criativas de resolução de problemas de uma pessoa só de oferecer a ela dinheiro pela resposta certa diante de uma charada. O que antes era divertido, de repente, se transforma em uma atividade repleta de ansiedade e sem criatividade.

A propósito, foi assim que enfim consegui interromper o primeiro passeio frenético e incontrolável do meu Sapo da Arte. Uma parte crucial do meu experimento foi que eu não me propus a "fazer algo" com as minhas pinturas. Pintei apenas para observar o que aconteceria com os meus níveis de humor, saúde e ansiedade. Então, um dia, cerca de três semanas depois de não conseguir parar de pintar o dia todo e na maior parte da noite, meu marido, Ro, e eu recebemos um e-mail de uma designer de uma editora de livros infantis que gostou do nosso podcast. Ela perguntou se algum de nós já havia considerado escrever um livro infantil.

"*Aha*!", exclamou o meu hemisfério esquerdo. *Redenção*! Eu não era apenas um Sapo da Arte dirigindo desenfreadamente! Minha arte tinha potencial de vendas! Eu poderia ganhar dinheiro! Ela poderia me ajudar a conquistar mais coisas! Ro e eu fomos almoçar com essa mulher adorável, que se ofereceu para me ajudar a publicar o meu trabalho.

E, de repente, parei de pintar. Perdi todo o interesse. Era como quando o Sapo colide com uma cerca viva: velocidade máxima até uma parada abrupta em um curto intervalo de tempo.

Ser um criativo profissional — ser pago no mundo do hemisfério esquerdo pelos frutos da criatividade do lado direito do cérebro — requer traçar uma linha muito tênue entre equilibrar pura invenção e pragmatismo rigoroso. Falaremos mais sobre esse processo nos capítulos seguintes. Eu adoraria que você se tornasse um artista, mas este livro tem como foco ajudar você a se libertar do sofrimento, expandir seu mundo e ter uma vida alegre, que vá além da ansiedade. Quando isso estiver resolvido, poderemos falar sobre estratégias de carreira.

MITO Nº 4: A criatividade é fácil.
Como nossa cultura tende a banalizar a criatividade, nós a vemos como brincadeira de criança, apenas uma espécie de relaxamento ou mágica — algo impressionante, associado a talento inato, em vez de esforço árduo. No final do século XX, psicólogos com essa visão se propuseram a descobrir onde o talento estava escondido no cérebro de crianças prodígio. Eles ficaram surpresos ao descobrir que músicos e atletas geniais começam com cérebros idênticos aos de outras crianças. Os prodígios apenas praticam mais. Discutiremos isso com mais profundidade no Capítulo 8. Por enquanto, saiba que, embora a criatividade realmente o conduza da ansiedade à alegria, não é como ser paparicado em um spa. Pode ser uma das tarefas mais difíceis que você já executou.

Durante o mês em que convivi com o Sapo da Arte, minha família muitas vezes se mostrava confusa ao me ver batendo o pé com força, frustrada, murmurando palavrões com os dentes cerrados.

— Isso não deveria te fazer feliz? — perguntavam.

Aquilo me *fazia* feliz, mas não da mesma forma que a alegria de um dia de spa. A atividade me levava ao limite da minha capacidade criativa — um limite em que nosso cérebro luta para acertar, mas também nos inunda com dopamina e outros hormônios do bem-estar à medida que aprendemos e crescemos. Para entrar no estado feliz de *flow* (em português, fluxo), muitas vezes passamos por momentos em que estamos sobrecarregando nossas habilidades até o limite. Pode ser incrivelmente frustrante, mas de uma forma que conduz ao crescimento, e não à estagnação.

Michelangelo nunca de fato disse algo que eu vi repetidas vezes ser atribuído a ele: "Eu apenas peguei um bloco de mármore e tirei tudo o que não era Davi! Haha! Mamão com açúcar!" Mas ele compôs uma grande quantidade de poemas tristes sobre o quanto suas costas doíam enquanto pintava o teto da Capela Sistina e também escreveu: "Se as pessoas soubessem o quanto eu trabalhei para alcançar a maestria, não pareceria tão maravilhoso."

Mas, é claro, a maestria de Michelangelo é maravilhosa justamente *porque* ele trabalhou arduamente para alcançá-la. Uma vida vivida ao máximo é esplêndida e difícil, e o esplendor é muitas vezes proporcional à dificuldade. Parece que nossos *Selves* criativos desfrutam dessa combinação. Na verdade, eles não vão se contentar com nada menos que isso.

Se você quer experimentar a sensação de deixar todo o seu cérebro ativo ao dominar uma tarefa criativa, aqui está um exercício que aprendi como assistente de ensino em Harvard sob a orientação de Will Reimann, um dos artistas e professores mais talentosos do planeta.

Nova habilidade

CONVOQUE TODO O SEU CÉREBRO

1. Pegue uma folha de papel em branco, pode ser papel A4 ou uma página de caderno sem pauta. Pegue também caneta ou lápis. Sente-se em uma mesa ou escrivaninha onde você possa escrever.

2. Agora lembre-se de um tópico perturbador, algo que lhe cause um pouco de ansiedade. Pense na situação e sinta a ansiedade que a acompanha. Escreva sobre isso a seguir:

   _____
   _____
   _____
   _____
   _____

3. No centro do papel em branco, assine seu primeiro nome, exatamente como costuma fazer.

4. Agora posicione a caneta ou lápis à esquerda da assinatura. Escrevendo da direita para a esquerda, replique sua assinatura de *trás para a frente*, espelhada. Vai ficar desalinhado, mas deve dar para ler. Assim:

5. Agora posicione a caneta ou o lápis logo abaixo da sua primeira assinatura e "escreva no espelho" de cabeça para baixo. Mantenha os olhos na assinatura original e tente deixar sua mão seguir o mesmo caminho nesta nova direção. Se você se sentir preso, pare e respire devagar e comece de novo. O resultado será algo assim:

6. Por fim — você sabia que isso estava por vir — assine de cabeça para baixo e de trás para frente.

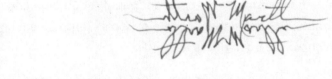

7. Repita o processo algumas vezes até começar a ficar um pouco mais fácil.

8. Observe que, embora você possa ter ficado muito focado ou tenha até mesmo se frustrado ao experimentar essa nova habilidade, você não está mais pensando em seu tópico perturbador.

Então, meu caro, essa é uma forma de colocar o hemisfério direito no banco do motorista da sua vida. Não é um substituto para se acalmar ou amar; não é simples e bobo; e não é instantaneamente gratificante. Talvez você tenha se pegado apertando os olhos e mordendo os lábios como uma criança aprendendo a montar Lego. Em caso afirmativo, parabéns! Você acabou de ativar novas conexões neurais, e elas envolveram tanto o hemisfério esquerdo quanto o direito. Por um instante, você precisou liberar sua ansiedade enquanto se movia por uma pequena espiral de criatividade.

Agora vamos ajudar você a direcionar sua criatividade cada vez mais até que descubra seus processos criativos mais atraentes, seus verdadeiros fascínios. Começaremos ampliando seus poderes de curiosidade, o primeiro impulso que o conduz pela espiral de criatividade. Em seguida, passaremos para as conexões que o hemisfério direito formará se você lhe oferecer algo para pensar. No final, você aprenderá a dominar as atividades criativas que o levam ao *flow*, inundando seu cérebro com hormônios agradáveis e o mundo com suas melhores ideias criativas.

"Lavadeira que nada!", é o que você vai se ver gritando à medida que avança mais rápido, depois mais rápido, e ainda mais rápido. "Ha! Ha! Eu sou o Sapo que sempre escapa!" Você vai achar cada vez mais fácil se libertar das espirais de ansiedade, transformando seu *Self ansioso* até o ponto em que ele se tornará seu *Self criativo*. E lembre-se sempre disto: independentemente do que você faça, superar a ansiedade rumo à criatividade o ajudará a construir a vida que você merece.

6

CURIOSIDADE: A PORTA DE ENTRADA SECRETA

Na tela da televisão, vemos uma montagem de jovens atraentes, todas expressando o prazer de passar a noite sozinha. "Finalmente, ele foi embora", diz uma ao fechar a porta após o namorado sair. As outras mulheres acrescentam: "Tenho a noite toda para relaxar e cuidar de mim mesma — do jeito que só eu sei fazer." Então, em uníssono, as mulheres começam a cantar:

Programa sobre crimes, programa sobre crimes,
vou assistir a um programa sobre crimes (...)

Elas cantarolam desafinadas, descrevendo o prazer relaxante de uma história de *true crime*, à espera de uma alta contagem de corpos para manter as coisas interessantes. Essa sátira, de um episódio de 2021 do programa humorístico norte-americano *Saturday Night Live*, gerou muitas gargalhadas no público porque é bastante paradoxal — e verdadeira. Quem não gosta de fazer pipoca, pegar uma taça de vinho e se ajeitar para ouvir sobre um dia em 1987 que "começou como qualquer outro" e terminou em um pesadelo de carnificina suburbana? A Academia Americana de Psiquiatria da Infância e da Adolescência relata que, até completar 18 anos, uma criança norte-americana, assiste, em média, a 16 mil assassinatos. E, mesmo quando desligamos a TV, uma grande porcentagem de livros, filmes, podcasts e boas histórias antigas contadas ao redor da fogueira são sobre homicídios.

Por que esse tema é tão incrivelmente interessante?

Porque assassinato é uma das coisas que mais nos assusta.

Medo e curiosidade estão intimamente conectados. Damos nossos primeiros passos além da ansiedade quando somos confrontados com algo desconhecido e, em vez de entrar na espiral, permanecemos tempo suficiente para relaxar e sentir nossa curiosidade aumentar. Essa troca de intriga nos puxa para dentro de nossos *Selves* criativos. Em outras palavras, a curiosidade estimula a criatividade.

É possível perceber como o medo e a curiosidade estão intimamente relacionados em muitas criaturas. Por exemplo, quando os macacos encontram uma cobra, eles ficam com medo, mas não fogem. Em vez disso, olham fixamente para a cobra, boquiabertos, pulando e emitindo sons — porque a única coisa pior do que ver uma cobra é *não* ver onde ela está. Na mesma linha, uma vez vi um lince matar um esquilo e carregá-lo para uma árvore. Instantaneamente, vários cervos saíram da floresta ao redor, correram até a árvore e ficaram olhando para o lince, emanando horror e fascínio em um momento de silêncio dos cervos.

A conexão entre medo e fascínio é o que faz os jornalistas afirmarem: "Notícia ruim dá ibope." É por isso que nos preocupamos com os acidentes, esperando que ninguém tenha se machucado, mas estamos determinados a ver as evidências sombrias se houver. A evolução impulsiona a curiosidade em tais situações porque se informar sobre crimes e catástrofes nos ajuda a evitá-los. Portanto, não se envergonhe se não conseguir desviar os olhos de um programa mal escrito e mal narrado que consiste principalmente em repetidos zooms na mesma foto de baixa resolução da cena do crime. A sua curiosidade genuína causa isso.

Se você sente muita ansiedade, pode estar mais perto da criatividade do que imagina. Ficar curioso — por exemplo, perguntando-se por que você sempre se sente tão ansioso — pode ajudá-lo a perceber essa centelha de intriga. No livro *Grande magia: vida criativa sem medo*, Elizabeth Gilbert escreve: "A curiosidade é a verdade e o caminho da vida criativa (...) Se você puder fazer uma pausa e identificar até mesmo o mínimo de interesse em algo, então a curiosidade pedirá que você vire um pouco a cabeça e olhe para ela um pouco mais de perto. Faça isso."

É como encontrar uma porta entre os lados medroso e inventivo do cérebro. Pode ser pequena e raramente usada, com as dobradiças enferrujadas e duras. Mas à medida que você abre essa porta e a atravessa, que é o que você aprenderá a fazer neste capítulo, isso o levará a uma vida sem ansiedade.

O PONTO IDEAL DA CURIOSIDADE

Ao notarmos algo estranho, dependendo do quanto parece perigoso, podemos ou não ter quase nenhuma reação ou ficar instantaneamente aterrorizados. Em algum lugar entre a indiferença e o terror fica o ponto ideal da curiosidade.

Por exemplo, se virmos um carro saindo repetidamente da pista a um quarteirão de distância, podemos não sentir medo ou curiosidade — estamos muito familiarizados com carros, então a nossa atenção pode se voltar para outras coisas. Por outro lado, se não avistarmos o carro quando ele estiver muito perto e vindo em nossa direção, o medo vai superar muito a curiosidade enquanto estivermos desviando. Mas se virmos o carro se aproximando lentamente, talvez até mesmo vindo em nossa direção de propósito, é provável que nos concentremos nele de repente e de modo intenso, estimando a trajetória do veículo, olhando para o rosto do motorista, tentando descobrir para onde o carro vai em seguida.

Nosso ponto ideal de curiosidade é tão poderoso que pode elaborar maneiras de ficar quase (mas apenas *quase*) assustado demais. Filmes de terror, casas mal-assombradas e esportes como *base jumping* e esqui radical atraem muita atenção, sem mencionar dinheiro. Adoramos séries de televisão que oferecem dramatizações de pessoas que contraíram doenças horríveis ou que sofreram acidentes terríveis. E, embora os seres humanos nasçam com apenas dois medos — ruídos altos e queda —, as pessoas constroem deliberadamente máquinas voadoras altíssimas, para em seguida entrarem nelas e subirem milhares de metros *e então se jogarem de lá de cima*.

Em outras palavras, faremos quase qualquer coisa para experimentar esse ponto ideal em que "quase morrendo de medo" se encontra com "provavelmente vou sobreviver".

COMO OS HUMANOS PERDEM A CURIOSIDADE

Você nasceu com um nível de curiosidade que alimentou grande parte do seu comportamento inicial, empurrando-o para a exploração, invenção e todos os tipos de aprendizado. Leon Lederman, vencedor do Prêmio Nobel de Física, disse uma vez:

As crianças nascem cientistas (...) Elas fazem tudo o que os cientistas fazem. Elas testam como as coisas são resistentes. Elas medem os corpos em queda (...) Fazem todo o tipo de experimentos para aprender a física do mundo ao redor delas (...) Fazem perguntas; enlouquecem os pais com por quê, por quê, por quê.

A combinação de inocência e inteligência faz das crianças as campeãs de curiosidade do mundo. Se adicionarmos a neotenia, aquela mutação da "infância eterna" que mantém nossos cérebros jovens, e o humano podemos sustentar para sempre um nível extraordinário de curiosidade. Algumas pessoas continuam cutucando, provocando, medindo e testando até aprenderem a enviar naves espaciais para galáxias distantes ou construir corações humanos funcionais com uma impressora e plástico biodegradável.
Algumas.
Mas o que acontece com o resto de nós?
No início dos anos 2000, um designer de produtos chamado Peter Skillman criou um desafio para testar as habilidades criativas das equipes: construir uma torre que se sustente sozinha usando espaguete cru, um metro de barbante, um metro de fita adesiva e um marshmallow. Skillman aplicou o teste a estudantes universitários, engenheiros, advogados e a vários outros grupos. Quem teve os piores desempenhos na tarefa? A equipe de alunos da escola de negócios. Os vencedores de lavada? Os alunos do jardim de infância.
O resultado surpreendente se deve à maneira como a ansiedade anula a curiosidade. Os alunos da escola de negócios abordaram a tarefa de modo muito racional. Nomearam líderes de equipe, discutiram de modo analítico sobre como proceder e, por fim, se dividiram e começaram a construir a torre — tão devagar que acabaram com pontuações nulas ou próximas de zero.
As crianças de 5 anos, por outro lado, pareciam ter pouca ansiedade social ou de desempenho e uma tonelada de curiosidade. Elas entraram de cabeça no desafio de Skillman, aglomerando-se, pegando materiais, quase sem se comunicar. Falavam pouco, exceto por exclamações curtas como: "Aqui! Não, aqui!"
As equipes adultas falharam no desafio do espaguete porque estavam mais focadas na ansiedade social do que na tarefa em si. Os adultos preocupavam-se em ofender uns aos outros, sentiam-se pressionados a estabelecer uma hierarquia social e não tinham certeza se tinham permissão para expressar suas ideias. O autor Daniel Coyle escreveu que suas "interações parecem delicadas,

mas seu comportamento subjacente está repleto de ineficiência, hesitação e competição sutil".

Esses alunos com um alto nível de escolaridade aprenderam por meio de experiências difíceis os vieses do hemisfério esquerdo de nossa cultura: ganhar a aprovação do grupo, expressar ideias logicamente e calcular a dinâmica social (...) *ou então* (...) Eles já haviam passado décadas sendo repreendidos por se comportar como crianças de 5 anos: ficar muito perto, deixar de explicar as ideias verbalmente e pegar objetos sem pedir permissão.

Em algum lugar entre a infância e a maturidade, a maioria de nós entende a mensagem de que devemos ter menos curiosidade em relação às situações desconhecidas e abordá-las com ansiedade. Nosso ponto ideal de curiosidade encolhe até que, para algumas pessoas, praticamente desaparece. Muitos dos meus clientes ansiosos relatam que nunca se sentem curiosos — exceto, talvez, quando estão assistindo a um programa sobre crimes, imaginando quem matou a esposa daquele pobre pastor no Tennessee. (Foi o pastor. É sempre ele.) À medida que absorvemos as regras de nossa cultura, muitos de nós cortamos nossa curiosidade pela raiz.

Socializados longe de nossos interesses

Em 2005, o psicólogo Jordan Litman descobriu que existem dois tipos de curiosidade. O primeiro, que ele chamou de "curiosidade de privação", é uma necessidade de saber originada pela falta de informações suficientes para que haja a sensação de segurança — por exemplo, não saber como obter comida ou abrigo. O segundo, o qual Litman chamou de "curiosidade baseada em interesses", nasce do desejo genuíno por saber, assim como as crianças querem saber o que acontecerá se colocarem giz de cera na torradeira.

A curiosidade infantil é principalmente baseada no interesse. No entanto, à medida que as crianças crescem, ela é substituída pela curiosidade de privação. Na escola, somos obrigados a aprender uma infinidade de coisas das quais nunca ouvimos falar e com as quais não nos importamos — mas somos punidos ou constrangidos, a menos que nos concentremos nelas. Quando adultos, devemos saber coisas como manter os comprovantes de registros financeiros por sete anos, como transitar em sistemas burocráticos complicados, só para conseguir que um médico dê uma olhada em uma erupção cutânea estranha, e como ser charmoso o suficiente para obter aprovação sem despertar inveja.

Deixar de dominar essas habilidades pode resultar em consequências que vão desde o ostracismo até uma temporada na prisão.

A curiosidade baseada em interesses traz uma sensação boa. Você deve se lembrar da empolgação em querer saber o que o futuro reserva, ou da sensação de praticar *bodysurf*, ou o que vai acontecer depois de fazer o experimento de derreter o giz de cera na torradeira, ou de colocar um pacote de Mentos em uma garrafa de Coca Diet. (Procure no Google!) Esse tipo de curiosidade absorve e atrai as pessoas e, muitas vezes, é empolgante.

Por outro lado, a curiosidade de privação — como posso dizer? — é um saco. Na melhor das hipóteses, é como uma ferida com casquinha que você não pode coçar: "Eu sei que entrei nesta sala para pegar algo, mas o que era?" Na pior das hipóteses, ela cria uma teia de ansiedade que é quase insuportável: "O que está acontecendo? É o alarme de incêndio? O que eu perdi? O que fiz de errado? Quem está bravo comigo? Por quê?"

Nossas estruturas culturais dominadas pelo lado esquerdo do cérebro tendem a nos empurrar em direção à curiosidade de privação. Assim, acordamos aterrorizados, como bons funcionários da Amazon, e apoiamos sem questionar a hierarquia social vigente, ajudando as pessoas no topo da pirâmide a acumular mais bens. Fomos treinados a abandonar a curiosidade baseada em interesses e ficar mais perto da curiosidade de privação. No início dos anos 2000, quando fiz o mapeamento de meu cérebro, percebi o quanto estamos comprometidos com esse processo.

Usando uma tecnologia recém-lançada, pesquisadores de uma clínica em Phoenix colaram diversos sensores por toda a minha cabeça com uma substância adesiva. Em seguida, eles conectaram os sensores a um computador. Depois de ficar lá sentada por horas fazendo vários exercícios mentais estipulados pelos pesquisadores, eles me deram a má notícia: eu sofria de alta ansiedade e transtorno de déficit de atenção e hiperatividade. O primeiro diagnóstico não me surpreendeu, mas o segundo, sim.

— Sério? Eu tenho TDAH? — questionei.

— Tem — respondeu o pesquisador-chefe. — Tenho certeza de que a época da escola foi muito difícil para você.

Ele acrescentou que, por alguns milhares de dólares, eles poderiam me ajudar a superar minha dificuldade de aprendizagem. Decidi investir o dinheiro no término do meu doutorado, mas pedi que ele me contasse mais sobre o transtorno.

— Bem, você tem um sistema nervoso anormalmente baseado em interesses — explicou ele.

— E o que isso quer dizer? — perguntei. — Baseado em interesses?

— Significa que você presta mais atenção às coisas que interessam a você do que às coisas que não interessam— respondeu ele. — Mas não se preocupe, como eu disse, é tratável.

Eu ri bastante até perceber que ele não estava brincando.

— Espere, você está me dizendo que a maioria das pessoas presta atenção a tudo na mesma medida, estejam elas interessadas ou não? Meu Deus, como conseguem decidir o que comer no café da manhã?

— Não, não, não — respondeu o pesquisador. — O que estou dizendo é que a maioria das pessoas pode dedicar sua atenção de uma maneira mais ideal.

— Ideal para quê?

— Bem, os estudos. O trabalho. Seu funcionamento na sociedade.

— Ah, entendi — falei.

Lancei a ele um olhar maléfico, tirando o gel do sensor no meu cabelo enquanto eu, mentalmente, vociferava tudo o que eu queria dizer. Ao que parece, o meu cérebro deveria se tornar uma engrenagem na grande máquina de acumulação material, trabalho para o sistema, defesa do patriarcado da supremacia branca. Um cérebro "normal" seguiria as regras. Ele socaria o despertador de manhã, abandonaria seus interesses e, como um mimo especial, teria apenas o programa ocasional de *true crime*.

Nem por um momento me senti mal por ter nascido com um sistema nervoso congenitamente baseado em interesses. Para mim, parece uma ferramenta de navegação que sempre me guiou para situações da vida mais significativas. Como eu disse, a curiosidade baseada em interesses é a porta que me tira da ansiedade e me põe no rumo da criatividade. Ela me ajudou a resolver inúmeros problemas reais de maneiras práticas.

Até agora, este livro tem sido sobre acalmar seu *Self* ansioso até que ele relaxe. Agora, vamos aumentar sua energia e alegria de viver, ajudando-o a despertar tanta curiosidade baseada em interesses quanto a natureza requer. Independentemente de ter TDAH ou não, sua curiosidade baseada em interesses ainda está no cérebro, como uma criança esperando há anos para brincar. Começaremos revisitando essa criança curiosa, abrindo a porta secreta que o leva às espirais de criatividade, onde você vai se conectar com seu senso de propósito e começar a construir a vida que deveria ter.

COMO RECUPERAR A CURIOSIDADE BASEADA EM INTERESSES

Não importa o quanto você tenha sido condicionado a ignorar seus interesses, e nem o quanto seus caminhos neuronais voltados para o encantamento tenham sido substituídos por caminhos que levam à ansiedade, é possível reacender sua curiosidade baseada em interesses em um instante. O Dr. Judson Brewer, psiquiatra com residência em Yale e autor do maravilhoso best-seller *Desconstruindo a ansiedade*, usa uma palavrinha simples de três letras para ajudar seus pacientes. Brewer descreve a realização de um retiro para uma equipe olímpica feminina de polo aquático. Ele e seu colaborador levaram a equipe para uma caminhada nas montanhas do Colorado. Diante de uma vista deslumbrante e, guiados por um sinal pré-combinado, os dois médicos disseram em uníssono: "Hum!"

Imediatamente, todas as atletas ficaram muito curiosas. E alegres.

Mesmo após saberem que os médicos não estavam curiosos em relação a nada em específico — que os dois estavam apenas *fingindo* curiosidade —, o ânimo do grupo melhorou. A partir de então as atletas passaram a dizer "Hum!" como uma espécie de prática de curiosidade que melhorava o humor. Como Brewer explica:

> Quando se sentiam frustradas ou travadas (...) o *hum* parecia ajudá-las a explorar o que sentiam no corpo e na mente (em vez de tentar consertar ou mudar). Quando estavam presas em um ciclo de hábito de preocupação ou autojulgamento, o *hum* as ajudava a mudar (...) e sair desse ciclo.

Você deve se lembrar de situações em que viu algo desconhecido, como uma máquina esquisita ou alguém se comportando de modo estranho em público e sentiu toda a sua atenção se afastar dos pensamentos ansiosos (*Como vou pagar aquela conta? O que é esse caroço estranho que apareceu no meu braço?*) e se voltar para a pergunta "Espere, o que é isso?" (*Que música estranhamente assombrosa é essa? Que cheiro delicioso é esse? Quem é que está vestindo aquela roupa fabulosa?*).

A curiosidade baseada em interesses de cada pessoa segue um padrão distinto de fascínio. Compartilhamos alguns campos de interesse com outras pessoas, mas cada indivíduo é único. Você provavelmente tem interesses especiais que gosta de explorar, desde voar de asa-delta até preparar pratos veganos e fabricar cestos. Se você não tem certeza do que ativa a sua curiosidade baseada em interesses, tente navegar na internet e ver o que faz você dizer: "Espere, o que é *isso*?" Perceba como você se volta para o presente e sua energia de repente aumenta quando sua curiosidade baseada em interesses é despertada.

Porque ser capaz de criar é uma vantagem evolutiva, assistir às pessoas fazerem isso é um truque especialmente poderoso para estimular a curiosidade baseada em interesses. Se você gosta de criar — cerâmica, *découpage*, penteados de vanguarda —, tente criar em público e veja quantas pessoas param e ficam boquiabertas. A série de TV *O segredo das coisas* se tornou um sucesso ao quebrar a regra fundamental de programas cativantes (inclua aí algum conflito!). Em vez disso, o programa simplesmente oferece aos espectadores a oportunidade de ver pessoas desconhecidas que fazem de tudo, desde jukeboxes a bondes.

Em suma, experimente uma curiosidade baseada em interesses ao observar, aprender ou perguntar sobre o quer que ache fascinante. Observe como a ansiedade recua quando a curiosidade é despertada.

A ÚNICA PERGUNTA QUE SEMPRE VAI DESPERTAR A SUA CURIOSIDADE BASEADA EM INTERESSES

Isso funciona melhor quando você ainda não está tomado pela ansiedade — uma condição que, como vimos, pode aprisioná-lo no salão dos espelhos, onde tudo parece perigoso a ponto de a curiosidade se tornar inacessível. Se você estiver muito ansioso, esforços casuais, como dizer "Hum" ou explorar um de seus interesses favoritos, podem não ser suficientes para interromper a espiral de ansiedade e abrir espaço para a curiosidade. Um dos piores aspectos ao permanecer em constante estado de sinal vermelho ou amarelo de nervosismo é a perda gradual de interesse por tudo. O mundo se torna mais perigoso, mas também mais monótono.

Felizmente, há algo que prende nosso interesse de forma confiável, mesmo nos momentos de grande ansiedade. Essa pergunta pode ser um passo inicial eficaz para sair do estado desgastante de curiosidade de privação e se direcionar à deliciosa curiosidade baseada em interesses. Sempre buscamos genuinamente saber: "O que posso fazer para me sentir melhor?" Talvez tenha sido essa dúvida que o levou a escolher este livro. Vamos aproveitar essa curiosidade para ajudá-lo a investigar sua ansiedade.

Como fã de programas de *true crime*, gosto de abordar essa questão como um caso a ser resolvido: "A minha alegria sumiu. Temo que esteja morta. Como posso encontrá-la?" Esse mistério se desenrola dentro do complexo sistema de partes que compõem a psique. O "sequestrador" de sua alegria é muitas vezes um gerente ou um bombeiro e, ainda mais frequentemente, uma união entre duas dessas partes conflitantes. A alegria, por sua vez, ressurge quando os exilados são libertados da prisão e integrados, permitindo que as partes do gerente/bombeiro finalmente relaxem. E quem seria o detetive genial que pode resolver o caso? O seu *Self*.

Como você deve lembrar, a curiosidade é um dos oito "Cs" que Richard Schwartz usa para descrever o *Self* (junto a calma, clareza, confiança, criatividade, conexão, compaixão e coragem). Isso faz do *Self* um excelente detetive, mas, comparado aos que você já viu na TV, este é extremamente gentil. O objetivo dele não é colocar partes disfuncionais na prisão, mas sim libertá-las — levar os exilados, os gerentes e os bombeiros para um estado de liberdade calma e harmoniosa. Então, vamos começar a seguir as pistas.

Ao praticar este exercício, inspirado no método que a mentora espiritual Byron Katie chama de "O Trabalho" ("The Work"), sempre acho que minhas partes ansiosas estão: (1) dando o seu melhor, (2) criando falsas narrativas (por causa do que ouviram ou viveram) e (3) muito aliviadas por terem uma pausa.

Nova habilidade

CONTRATE O DETETIVE GENTIL

Você pode usar as suas habilidades de detetive sempre que sentir qualquer tipo de sofrimento ou perceber que alguma parte de sua vida parece travada. Pode haver momentos de grande sofrimento, onde você de fato abandonou ou traiu a si mesmo, ou apenas uma pequena "inquietação" dentro da sua mente.

Escolha uma pequena inquietação e escreva a seguir. Por exemplo: "Estou bastante preocupado com grana" ou "Tenho receio de Jessie estar brava comigo". Chamaremos esse lugar de preocupação ou confusão de "cena do crime" (qualquer parte da vida que não esteja em paz).

___

Assim como Sherlock Holmes, o Detetive Gentil é altamente observador, com a diferença de que sua frase predileta não é "Elementar, meu caro Watson", mas "Hum". Você já viu TV o bastante (ou leu livros de suspense no estilo "quem matou...?" o suficiente) para saber que o detetive deve ir à cena do crime e, em seguida, observar tudo e todos com muita atenção.

Agora observe atentamente a sua parte que não está em paz. Localize-a em seu corpo. Descreva como ela se sente. Descreva as suas percepções a seguir:

___

Após localizar e ouvir o que ela está dizendo, é provável que ela esteja repetindo pensamentos perturbadores, como: *Eu não estou fazendo o suficiente!* ou *Eu não sou boa o suficiente!* ou *Não tem o suficiente para mim!* Escreva o que está tirando sua paz:

___

Ouça com compaixão a parte que está em sofrimento. Em seguida, faça algumas perguntas — as que você encontrará a seguir. Você não precisa ser cruel com seu lado perturbado — o Detetive Gentil nunca agiu como o agente malvado —, mas precisa interrogar. Você tem duas ferramentas para isso: evidências físicas e o detector de mentiras integrado ao sistema nervoso. A primeira delas exige que você monitore suas sensações físicas. A segunda exige prestar atenção aos fatos de sua situação real. Siga as orientações adiante.

PRIMEIRO PASSO: INTERROGUE O PERTURBADOR DA PAZ E AS TESTEMUNHAS

Pegue uma das declarações do perturbador da paz (por exemplo, "Não tem o suficiente para mim!"). Descreva-a aqui de forma sucinta:

_____

_____

Atuando como o Detetive Gentil imparcial, veja se a declaração do perturbador da paz é literal e fisicamente verdadeira diante de sua situação real neste exato momento.

Depois de reconhecer com compaixão qualquer dor que esteja sentindo, veja se você pode responder às seguintes perguntas:

Existe alguma evidência de que a declaração do perturbador da paz possa ser falsa?

Pode haver apenas uma evidência mínima que invalide a declaração do perturbador, mas um bom detetive reconhecerá isso.

Exemplo: "É mesmo verdade que não há o suficiente para mim? Hum. Bem, há oxigênio suficiente para mim agora. E tenho lugar seguro para ficar. E bastante gravidade. Também tenho roupas — não as que eu gostaria de ter, mas roupas suficientes para este exato momento. E o amor de um periquito fofo."

_____

_____

_____

_____

_____

Existem várias razões para acreditar que a declaração do perturbador da paz pode não ser verdadeira? Quantas posso achar?

Após começar a encontrar evidências que vão contra as suas crenças perturbadoras, o lado direito do cérebro começa a fazer conexões, revelando todos os tipos de evidências que o perturbador da paz não conseguia enxergar. Isso pode ser um sinal de que você está passando pela porta da curiosidade, afastando-se da ansiedade.

Exemplo: "Na verdade, *muitos* pássaros aparecem quando eu ponho alimento, não apenas o meu periquito. Há vários cantos de pássaros! Aliás, canto demais. E piadas, pensamentos e ideias — para mim, tem tudo isso em excesso."

_____
_____
_____
_____
_____

O objetivo aqui não é fazer você se sentir envergonhado por estar mal, mas mostrar ao seu sistema nervoso uma imagem mais equilibrada e realista da sua vida. Esse tipo de questionamento curioso também pode levá-lo a sentir gratidão, uma emoção reconhecida pelos psicólogos como um dos fatores mais ligados à felicidade.

Hora da pergunta lógica final:

O extremo oposto da declaração do seu perturbador da paz poderia ser verdadeiro?

Pode haver várias versões "opostas" (por exemplo, *Tem o suficiente para mim* e *Não tem o suficiente para mim*). Mesmo alternativas que parecem improváveis merecem atenção. Esta etapa pode gerar respostas convincentes ou não. Veja o quanto você consegue ser criativo. Deixe seu Detetive Gentil trabalhar nisso.

Exemplo: "Poderia ser verdade que de fato há *muita* coisa boa ao meu alcance? Bem, meu armário do corredor está abarrotado de coisas que nunca uso. Suponho que o universo tenha muitas coisas boas, mais do que eu precisaria ou conseguiria utilizar. Até este planeta pode me oferecer isso. Ou talvez eu pudesse criar tantos momentos bonitos, cultivar tanto amor ou ter tanto a aprender que haveria mais do que eu sou capaz de absorver."

_____
_____
_____
_____
_____
_____

SEGUNDO PASSO: FAÇA O TESTE DO DETECTOR DE MENTIRAS DO PERTURBADOR DA PAZ

Seu sistema nervoso não gosta de mentir. Quando você diz algo que, no fundo, não é verdade — mesmo que sua mente acredite que é —, o corpo reage ficando mais fraco. Se você é muito atento (e o Detetive Gentil é incrivelmente atento), sentirá uma sutil resposta de ansiedade sempre que disser ou pensar em algo que não seja verdade: batimentos cardíacos acelerados, boca seca, mãos suadas e tensão muscular. Você também poderá notar mudanças negativas no humor: aumento da ansiedade, tristeza, desânimo e até falta de esperança.

Essas reações combinadas indicam que o que você está afirmando na sua mente não é verdadeiro. Sim, o pensamento é desagradável. No entanto, quando uma afirmação é genuína, a reação é um claro impulso para agir, como um medo saudável. A tensão no corpo inteiro é, na verdade, o seu sistema rejeitando a mentira. Então use o polígrafo:

Pegue a declaração do seu perturbador da paz (*Não tem o suficiente para mim!* ou qualquer outra coisa que esteja te incomodando) e escreva-a a seguir:

_____
_____
_____

Com essa declaração em mente, avalie-a com seu detector de mentiras. Observe estes fatores:

Como meu corpo reage quando penso nisso?

_____
_____
_____

Meu nível de energia física muda ao acreditar nessa afirmação?

_____
_____
_____

Quantos anos sinto que tenho quando acredito nessa declaração? (Já pode ter sido verdade, mas pode não ser mais agora.)

_____
_____
_____

Como trato a mim mesmo e aos outros quando acredito nessa declaração?

_____
_____
_____

Depois de concluir sua investigação, o Detetive Gentil lida com os seus perturbadores da paz com compreensão, gratidão e uma abordagem gentil para ajudá-los a relaxar. Isso lhes proporciona um rico diálogo interno gentil (KIST) (veja o Capítulo 2) e promove entrega, paz, valorização, conexão e deleite (SPACE) (veja o Capítulo 3). Essa abordagem oferece um espaço imaginário de compaixão suave e pura que permite que os perturbadores da paz descansem e se curem. Então isso proporciona autocuidado a todo o seu sistema no mundo exterior. É como assistir a um programa de *true crime*.

USANDO A CURIOSIDADE PARA LEVANTAR O ASTRAL EM TEMPOS DIFÍCEIS

A gentileza que mostramos internamente a nós mesmos pode nos ajudar a lidar com os outros. Ela nos permite ter calma suficiente para trazer à tona uma das capacidades mais deliciosas do hemisfério direito: o humor.

Aqui está outro exercício que pode auxiliá-lo a aumentar a curiosidade baseada em interesse sobre outras pessoas, mesmo que não goste delas. Como essa nova habilidade pode ser inestimável para lidar com situações sociais previsivelmente horríveis, ensinei-a a muitos clientes que se preparavam para as temidas férias em família ou reuniões no escritório. Até o apresentei uma vez no programa matinal norte-americano *Good Morning America*. Experimente-o se você está planejando ter contato com pessoas que são verdadeiramente tóxicas.

Nova habilidade

BINGO DO GRUPO SOCIAL TÓXICO

- Faça uma cartela de bingo, uma tabela em branco com cinco colunas e cinco linhas. Se quiser, pode preencher as linhas diagonais com as letras de BINGO, assim:

B				O
	I		G	
		N		
	I		G	
B				O

- Em cada quadrado em branco, anote algo horrível ou irritante que sempre acontece quando sua família (ou equipe de trabalho ou colegas de pôquer) se reúne (por exemplo, "Sally ofende alguém", "Jeff faz um comentário homofóbico" etc.).

- Peça para que um ou mais amigos façam as próprias cartelas, preenchendo-a com seus respectivos eventos horríveis. Cada um de vocês levará sua cartela para o próximo encontro com a família.

- Quando um acontecimento listado na cartela de fato acontecer, marque o quadrado.

- O primeiro a completar a cartela envia uma mensagem para os outros, vence o jogo e depois ganha um almoço grátis.

Meus clientes que participam desse jogo muitas vezes têm experiências totalmente novas em situações familiares temidas e enfadonhas. Quando a vovó critica alguém, Pat joga uma tigela de pipoca na direção do árbitro de futebol do outro lado da telinha ou Alice dá um soco na parede de *drywall*, os jogadores de bingo não estremecem mais e cerram os dentes. Eles se inclinam para a frente, as cartelas prontas para serem marcadas, pensando: *Vá em frente! Mais uma vez, continua!*

COMO A ANSIEDADE PODE ARRUINAR A SUA VIDA — E A CURIOSIDADE PODE SALVÁ-LA

Sua ansiedade pode tentar afastar você dos exercícios que acabamos de ver, dizendo que eles são bobos. Ou pode insistir que tratar a si mesmo com compaixão é uma atitude egoísta e que é perigoso abandonar a ansiedade em uma situação social tensa. Lembre-se, um dos mitos mais convincentes da ansiedade é que *o medo nos mantém seguros*. Basta um pouco de investigação curiosa para perceber que essa ideia não se sustenta. A ansiedade pode destruir toda a nossa vida e, se muitos de nós permitirmos que ela assuma o controle, a ansiedade pode acabar destruindo o mundo.

Como vimos, um cérebro aprisionado na espiral de ansiedade, como uma pessoa com danos no hemisfério direito, pode olhar diretamente para algo e ainda assim não enxergá-lo de fato. A negligência hemiespacial, a estranha incapacidade do hemisfério esquerdo de reconhecer qualquer realidade que não esteja em foco no momento, dá as caras de novo sempre que ficamos ansiosos. Ao contrário do medo real, que aguça a percepção, a cegueira de atenção da ansiedade, conhecida como "cegueira por desatenção", pode levar a erros desastrosos.

Por exemplo, um pai obcecado em encontrar um erro no extrato do cartão de crédito pode não se lembrar de que tem uma criança, muito menos de que essa criança abriu a porta da frente e fugiu para o lado de fora. Um cirurgião que cisma com o insulto de um colega pode perder a concentração e cortar um nervo ou uma artéria vital. Um controlador de tráfego aéreo, absorvido por uma previsão apocalíptica de um apresentador de TV carismático, pode simplesmente não captar as informações que chegam pelo fone de ouvido e, inadvertidamente, ocasionar um desastre.

A ansiedade cancela toda a curiosidade a respeito de outras pessoas, tornando-a também tóxica para os relacionamentos. Ela não apenas nos faz ser mais críticos uns com os outros, como também alimenta julgamentos generalizados e importantes sobre pessoas ou grupos sociais. A ansiedade intensifica preconceitos e nos faz suspeitar de más intenções até mesmo em pequenos atos. O que pode nos levar a incorporar atitudes que *não* queremos ver no mundo.

Pesquisas sobre diversidade e equidade mostram que a ansiedade aumenta nossa tendência a rejeitar pessoas que não se parecem, falam ou se vestem como nós. Ao responder à falta de familiaridade com o medo, criamos espirais de ansiedade que estreitam nossas mentes até que quase ninguém pareça digno de aceitação. Além disso, absorvemos preconceitos implícitos que refletem a discriminação geral de nossa cultura em relação a esses "outros", mesmo quando na realidade valorizemos a justiça e a equidade.

Se quiser verificar seus preconceitos ocultos, clique no Teste de Associações Implícitas, ou Implicit Association Test, IAT, e faça o teste gratuito em inglês (https://implicit.harvard.edu/implicit/takeatest.html). O autor best-seller Malcolm Gladwell realizou o teste quatro vezes e sempre obteve o mesmo resultado: quando se tratava de raça, ele tinha "uma preferência automática moderada por pessoas brancas", embora sua mãe seja negra. A ansiedade pode literalmente nos tornar contra quem amamos — e até contra nós mesmos — devido ao seu impulso em direção ao preconceito social. Em outras palavras, preconceitos inconscientes que começam com ansiedade e são culturalmente reforçados, não apenas nos colocam em perigo — *nos tornam perigosos*.

A cura para tudo isso não está em mais ansiedade, mas em aumentar a curiosidade baseada em interesses. Em seu poderoso livro de estreia, *See No Stranger* [*Não veja nenhum estranho*, em tradução livre], a advogada e ativista Valarie Kaur afirma:

> Estudos de imagens cerebrais mostram que quando as pessoas veem a foto de alguém de uma raça diferente, (...) é possível que elas atenuem a resposta inconsciente ao medo. (...) Nesses estudos, *isso era tão simples quanto imaginar o que elas gostam de comer no jantar* [grifo nosso]. Só então o medo se dissipa.

A palavra-chave na declaração de Kaur é imaginar — em outras palavras, despertar a curiosidade. A única maneira de nos acostumarmos a algo desconhecido é perguntando sobre aquilo, explorando, vendo de ângulos diferentes. E, quando o "desconhecido" em questão é uma pessoa, se mostrar curioso em relação à experiência dessa pessoa reduz a ansiedade e leva à conexão.

A curiosidade baseada em interesse, a habilidade de se conectar com o momento presente, enxergar a verdade como um Detetive Gentil, de rir da frustração ou do aborrecimento, as sensações físicas que nos permitem diferenciar um pensamento ansioso de um verdadeiro — tudo isso depende do hemisfério direito do cérebro. Questionar é um dos estados favoritos do lado direito do cérebro, assim como estar presente no momento e observar as nuances da vida externa e interna das pessoas. Na juventude, questionar é um de nossos principais passatempos, quase um estilo de vida. Quando aprendemos a acalmar nossas criaturas ansiosas e começamos a direcionar nossa atenção para a curiosidade do hemisfério direito, podemos recuperar essa maravilha infantil. Para sempre.

A VIDA CURIOSA

Depois de ativar sua curiosidade baseada no interesse, ao abrir repetidamente a porta secreta entre preocupação e admiração, percebemos que a porta começa a funcionar de modo mais suave. As dobradiças rangem menos. A porta em si parece mais aberta. Os caminhos neurais que substituem a ansiedade pela exploração vão se tornar mais abundantes. Em vez de viver com ansiedade e depois buscar a curiosidade aqui e ali, os pulsos de curiosidade surgirão por conta própria, muitas vezes sobrepujando a ansiedade. Então a curiosidade pode começar a *ofuscar* a ansiedade por completo. Você pode começar a se sentir mais jovem ao retornar ao estado de deslumbramento e a investigação que caracterizavam sua infância.

Tudo isso leva a uma maneira diferente de interagir com o mundo. Quando nossa curiosidade reassume seu devido lugar, paramos de nos questionar retoricamente *Por que isso está* acontecendo *comigo?* e começamos a pensar como detetives, *Hum. Por que isso* está *acontecendo comigo?* Não estamos apenas derrotando a ansiedade; estamos dando sentido a todas as nossas experiências, até mesmo as dolorosas. As belas mentes de todos os grandes pensadores são tão curiosas que se fixam em problemas desconcertantes quase como forma de diversão.

Essa maneira de viver transforma a ansiedade em combustível para a criatividade. Reaproveita a energia que gastamos em preocupações, despejando-a em investigação e descoberta. Como escreveu o poeta e romancista irlandês James Stephens: "A curiosidade vencerá o medo ainda mais do que a bravura." Acessar a curiosidade nos leva mais longe do que a calma. Leva-nos ao território corajoso da espiral de criatividade. A essa altura, estamos prestes a encontrar as soluções para todos os nossos problemas. Estamos prontos para imaginar a vida mais maravilhosa que podemos criar e para criar a vida mais maravilhosa que podemos imaginar.

MONTANDO A COLCHA DE SAÚDE DA VIDA

Frieda é uma das pessoas mais ansiosas que já tive como cliente e, minha nossa, ela tem muitas razões para isso! Para ela, respirar já é uma aposta arriscada. Como sofre de alergias e hipersensibilidade a produtos químicos, a qualquer momento ela pode ter uma crise de asma fatal. A sobrevivência dela está nas mãos, ou melhor, nas patas de seu cão de serviço, Griffin, um border collie que foi treinado para farejar qualquer substância que possa desencadear a asma de Frieda. Ao sentir o cheiro de perigo, Griffin alertará Frieda ou, em uma situação crítica, poderá até mesmo arrastá-la para longe da substância nociva.

Frieda estava participando de um workshop de três dias que eu e minha colega coach, Boyd Varty, oferecemos para um grupo de cerca de cem pessoas. Nos dois primeiros dias, nem percebi que Griffin estava lá. Ele ficou tão quieto que acabou se misturando à paisagem. No terceiro dia do seminário, Frieda levantou a mão para fazer uma pergunta e a convidamos para se juntar a nós no palco para ter um treinamento em tempo real. Só então vi o companheiro de quatro patas quietinho ao lado dela.

Já no palco, Frieda se sentou na cadeira em frente à minha, visivelmente trêmula. Griffin, por outro lado, estava calmo em contraste com a ansiedade de sua tutora. Ele se acomodou ao lado dela como uma estátua, perfeitamente equilibrado, absolutamente imóvel. Eu disse a ela que nunca tinha visto um cachorro tão disciplinado. Frieda acariciou as orelhas de Griffin (ele não se mexeu) e disse:

— Sim, temos apenas um problema. Ele não resiste a perseguir esquilos. Está sempre atrás deles. Se eu deixar, ele fica nessa missão por horas.

Depois do bate-papo, começamos o trabalho para lidar com o medo crônico de Frieda. Ela estava verdadeiramente presa em uma espiral de ansiedade. Mesmo que Griffin a mantivesse longe de problemas, Frieda vivia em constante terror, repetindo silenciosamente o pensamento de que *O perigo está em toda parte!* e visualizando a própria morte. Tentamos chamar seu Detetive Gentil, que descobriu que o pensamento não era *sempre* verdadeiro de fato. Em geral, ela está bem, e Griffin a alertava quando havia qualquer risco. Quando analisamos como esse pensamento afetava Frieda, ela admitiu que isso estava arruinando a vida dela.

Embora compreendesse tudo, a espiral de ansiedade era tão intensa que Frieda não conseguia sequer considerar alternativas à ideia de que *O perigo está em toda parte*. Boyd e eu gentilmente a estimulamos a considerar pensamentos opostos, como "A segurança está em toda parte". Ela reconheceu a lógica, mas não conseguiu senti-la. Todo o nosso jogo de palavras nem sequer arranhou a superfície da ansiedade dela.

Na verdade, enquanto conversávamos, Frieda foi ficando cada vez mais ansiosa, inquieta, com a voz fina e estridente. Observei Griffin olhando para Frieda. Ele se inclinou um pouco em direção a ela, nitidamente ciente de que a ansiedade dela tinha aumentado, mas ele manteve-se bem tranquilo. Pedi a Frieda que reparasse em como ele estava pacífico, esperando que ela pudesse usá-lo para se "corregular". Falamos sobre o fato de que Griffin não podia se assustar com histórias de coisas que não estavam ali. Se e quando sentisse perigo, ele agiria. Enquanto isso, ele apenas descansava, emanando paz, sereno como um Buda.

— Sabe — disse Frieda olhando para Griffin —, às vezes quando ele corre atrás dos esquilos, tenho a estranha sensação de que acha que isso faz parte do trabalho dele. Ele olha para mim como se estivesse tentando me mostrar algo.

Aquilo despertou minha curiosidade (palavra-chave), então pedi que ela falasse mais a respeito.

— É como se... — Ela olhou para baixo em direção a Griffin, acariciando a cabeça dele.

Depois de um longo período, ela se encolheu na cadeira e disse:

— Eu não sei.

A resposta soava como colapso total, do tipo sinal vermelho, então decidi injetar um pouco de energia na conversa oferecendo um palpite.

— E se Griffin estiver tentando mostrar a você que, embora haja perigo em toda parte, também há esquilos por toda parte? Legal, né. Diversão. Alegria. Brincadeira. E se ele estiver tentando fazer com que você mude o foco de atenção para os esquilos?

Frieda levantou um pouco a cabeça, pensando nisso tudo.

— Bem — disse devagar —, acho que... isso... pode ser... — a voz dela desapareceu aos poucos. Depois, pela primeira vez em nossa conversa, ela abriu um sorriso genuíno. — Sim, na verdade, pode ser. — Ela soltou uma risadinha.

E, de repente, Griffin, o cachorro, perdeu completamente a compostura.

Primeiro ele se sentou ereto e virou a cabeça para encarar o rosto de Frieda. Quando a risadinha se transformou em um riso, Griffin explodiu de alegria, pulando no colo da tutora, abanando todo o corpo e lambendo o rosto dela. Então ele pulou no *meu* colo e lambeu o *meu* rosto. Depois pulou também no colo de *Boyd*. Ele nos cobriu de pelo sedoso, "lambeijos" e euforia.

Não estou exagerando. Se você estivesse naquela sala, juraria que Griffin estava tentando dizer à sua amada humana: SIM! SIM! É ISSO! VOCÊ ENTENDEU! VOCÊ FINALMENTE ENTENDEU!

Frieda disse que ele nunca tinha quebrado o protocolo de forma tão drástica.

Gosto de pensar que ele a estava afastando de algo perigoso.

Neste capítulo, falaremos sobre os *seus* "esquilos", sejam eles quais forem. Veremos como, ao permitir que o seu *Self*, repleto de calma e curiosidade, aflore, você naturalmente se conecta com tudo aquilo que nutre seu corpo, sua mente, seu coração e sua alma. É assim que as espirais de criatividade funcionam: quando ativamos o nosso hemisfério direito curioso, elas começam a trabalhar procurando saber mais sobre os tópicos que mais nos interessam e encontrando maneiras inovadoras e inesperadas de interligá-los. Todo o processo nos conduz cada vez mais para longe da ansiedade e nos aproxima da curiosidade, estágio em que nosso hemisfério direito começará a fazer novas conexões, surgindo com ideias sem precedentes e indo cada vez mais fundo no mundo do fascínio.

O INTERESSE PELO ESQUILO

No capítulo anterior, vimos como é possível aumentar sua curiosidade baseada em interesses, concentrando-se em determinados assuntos. Mas há uma variedade enorme de interesses. Alguns tópicos apenas nos intrigam e outros (quando estamos livres da ansiedade) nos fascinam *de forma infinita* e são sempre novos e atraentes, assim como os esquilos para Griffin. Quanto mais aprendemos sobre eles, mais queremos continuar aprendendo.

Algumas curiosidades são passageiras e facilmente saciadas. Por exemplo, ao encontrar uma pista difícil em um jogo de palavras-cruzadas, basta descobrir a resposta que sacia totalmente a curiosidade. Não é uma paixão do nível da caça ao esquilo. Por outro lado, talvez eu tenha passado anos examinando desenhos e pinturas, assistido a centenas de manifestações artísticas na internet e passado milhares de horas experimentando diferentes técnicas e materiais por conta própria. Mas nunca fui tão curiosa sobre as artes visuais quanto agora. É assim que os interesses do nível da caça ao esquilo nos afetam. Para citar *Alice no País das Maravilhas*, eles nos deixam "mais e mais curiosíssimos".

Se nos aprofundarmos em algo que desperta nosso interesse, começamos a vivenciar momentos que nos enchem de admiração, que dão mais significado a toda a nossa existência. Um exemplo disso é Ram Dass, um mentor espiritual que começou sua carreira como psicólogo de Harvard com o nome de Richard Alpert. Ele costumava dar palestras radicais sobre dois de seus temas favoritos: ioga e psicodélicos. Um dia, ele viu uma senhora idosa na plateia. Ela parecia ser o tipo de pessoa que achava Ram Dass aterrorizante. Sentindo-se um pouco desafiador, ele fez um discurso ainda mais provocador sobre "experiências após o uso de psicodélicos, que foram muito preciosas e transcendentes". Após a palestra, a mulher se aproximou dele. Como narra Ram Dass:

> Ela veio até mim e disse: "Muito obrigada. Isso faz todo sentido. É assim que entendo o universo." E eu indaguei: "Como você sabe? O que você fez em sua vida que a levou a esses tipos de experiência?" Ela se inclinou para a frente de forma muito conspiratória e disse: "Eu faço crochê."

Hoje em dia, muitas pessoas estão fazendo crochê. Mas essa mulher realmente *fazia crochê*. Para ela, aquela arte não envolvia apenas fazer tapetinhos;

era um verdadeiro esquilo. Gosto de pensar que, como o crochê requer o uso das duas mãos, além da capacidade de visualizar a beleza enquanto também se pensa em termos quantitativos precisos, a prática ativa todo o cérebro dessa mulher — um nível tão intenso que ela sentia as mesmas conexões cerebrais que Ram Dass experienciava ao usar LSD.

O que quero dizer é que qualquer interesse, caso seja aprofundado, pode se tornar uma verdadeira paixão no nível da caça ao esquilo. Explorar qualquer espiral de criatividade que de fato nos interesse pode não apenas nos afastar progressivamente da ansiedade, mas também nos proporcionar experiências poderosas, que iluminam e expandem a nossa capacidade de experienciar sensações como beleza e admiração. Mas, em nossa cultura, essas vivências tendem a ser subestimadas. Não exploramos a criatividade o bastante, por isso nos surpreendemos quando um simples passatempo criativo, como o crochê, oferece os mesmos insights profundos daqueles provocados pelo uso de substâncias psicodélicas.

Paixões por esquilos não são vícios

Acho que, como nos permitimos dedicar um tempo para buscar nossas paixões de modo restrito, isso de fato leva algumas pessoas a desenvolverem uma sede interna que tentam satisfazer não apenas com psicodélicos, que em sua maioria não viciam, mas também com substâncias químicas, que, por sua vez, geram dependência.

Quando trabalhei como coach de dependentes químicos em heroína, eles me disseram que haviam encontrado na droga a sua verdadeira paixão. Na verdade, muitos deles disseram que *não tinham sequer* outros interesses. Era perceptível que eles acreditavam nisso. Mas essa obsessão, embora semelhante em alguns aspectos aos efeitos de um estado cerebral criativo, não os levava à paz, como faz o genuíno interesse pelo esquilo. Os dependentes químicos muitas vezes me diziam que, quando não estavam sob o efeito da droga, sofriam de uma ansiedade incapacitante, que só era entorpecida pela heroína. No entanto, nesse processo, perdiam tudo o que valorizavam: relacionamentos, empregos, princípios.

Nossas partes do bombeiro podem nos lançar "paixões" ilusórias como essa. Elas nos fazem acreditar que drogas, jogos de azar ou sexo sem proteção podem amenizar nossa ansiedade e acabam confundindo isso com alegria. Mas o prazer do vício é momentâneo, seguido por uma intensa sensação de perda e carência, acompanhada por uma onda avassaladora de ansiedade. Quando estamos presos no vício e não conseguimos acesso *imediato* a essa droga, a essa onda de euforia ou ao amor de uma pessoa duvidosa, entramos em pânico.

Os interesses autênticos têm o efeito oposto. A espiral de criatividade nos distancia constantemente da ansiedade. Ao nos conectarmos com uma paixão genuína, exploramos e aprendemos, aumentando nossa capacidade de regular o sistema nervoso, o que nos faz permanecer por períodos mais longos na zona do sinal verde. Envolver-se com um interesse genuíno por esquilos não cria nem aumenta a dependência e a ansiedade. Pelo contrário, estimula um aumento gradual em todas as qualidades do *Self:* calma, clareza, confiança, compaixão, coragem, curiosidade, conexão e criatividade.

IDENTIFICANDO NOSSOS ESQUILOS

Muitas das pessoas que procuram minha ajuda se sentem como cães de serviço em um mundo desprovido de esquilos. Elas não conseguem encontrar suas paixões e diversas vezes não acreditam que tenham alguma. Isso sempre me pareceu estranho, porque as paixões, por definição, deveriam ser muito perceptíveis. Pelo menos para o meu cérebro com TDAH, elas são (certa vez, notei um esquilo do lado de fora da minha janela e literalmente abandonei uma reunião de negócios para ir atrás dele). Mas como os especialistas que mapearam meu cérebro disseram: cérebros neurotípicos escolhem o comportamento social "apropriado" em vez da curiosidade voltada aos interesses. Com isso, acabamos presos em espirais de ansiedade, o que acaba nos distanciando de nossa paixão. De fato, não conseguimos enxergar o que nos interessa — mesmo que nossas partes reprimidas e exiladas ainda mantenham esse conhecimento guardado nos cantos secretos de nossa psique. Já trabalhei com centenas de pessoas que passam anos se dedicando a várias tarefas, diplomas e empregos para preencher o tempo e pagar o aluguel, mas que nunca as permite sair da ansiedade ou experimentar as verdadeiras paixões. Muitas vezes, elas passam a maior parte da vida com o sistema nervoso travado no sinal amarelo ou vermelho, onde tudo parece perigoso ou exaustivo. A ansiedade ou monotonia foram vivenciadas por tanto tempo que as pessoas nem sequer se lembram do verdadeiro fascínio.

Outro mito que muitas vezes atormenta essas pessoas é a crença de que encontrar uma verdadeira paixão acontece de modo explosivo e inconfundível, uma visão incontestável de todo o futuro. Não é bem assim. Após orientar centenas de pessoas, constatei que encontrar nossas paixões começa com uma ligeira sensação de interesse, seguida por uma sutil vontade de investigar, depois surge mais curiosidade, o que motiva mais investigação, que pode evoluir para um propósito de vida duradouro.

Acredito que devemos experimentar o mundo como fazíamos na infância, abandonando atividades que já não despertam nosso interesse e direcionando nossa atenção para aquilo que nos atrai. Já vi pessoas seguirem esse ciclo criativo crescente em diversas áreas: carreiras, lugares, ideias e relacionamentos. De vez em quando, elas podem chegar a grandes descobertas (falaremos sobre isso no próximo capítulo), mas cada explosão de insight é construída sobre milhares de horas de curiosidade crescente. A seguir, uma espécie de exercício corretivo que o auxiliará a se reconectar com suas paixões — seus esquilos deliciosos —, mesmo que você não acredite que existam. Comece o exercício acalmando sua criatura ansiosa utilizando as habilidades que você já aprendeu neste livro ou em qualquer outro. Em seguida, pegue caneta e papel e siga os próximos passos.

Nova habilidade

OBSERVE O QUE AFASTA E O QUE ATRAI VOCÊ

Este exercício vai exigir que você revisite parte de suas memórias do período escolar. Se frequentou uma escola, use essa experiência como matéria-prima para o exercício. Se nunca foi à escola, lembre-se de como aprendeu habilidades em casa ou em qualquer trabalho que possa ter tido.

1. **Lembre-se de um antiesquilo.**
   Pense em algo que você teve que aprender na escola (ou em ambiente semelhante), mas que não despertou seu interesse. Pode ser uma matéria como matemática ou estudos sociais, ou um livro maçante que você

foi obrigado a ler, ou as aulas de um professor que deixaria qualquer um com sono. Dê nome a essa matéria, livro ou professor chato a seguir:

_____

Agora tente reviver *a sensação física* que experimentou ao interagir com a pessoa ou o assunto. Em especial, *observe o que aconteceu com seus olhos*. Você queria olhar para essa pessoa ou coisa, ou queria desviar o olhar? Reproduza suas memórias como vídeos muito curtos e observe:

- Como você se sentiu ao perceber que era hora de aprender mais sobre o assunto chato;

_____

- Como foi entrar na sala onde você teve que lidar com a experiência chata;

_____

- Qual foi o sentimento quando você se forçou a prestar atenção ao fato chato.

_____

2. **Lembre-se de um esquilo, mesmo que muito vago ou pequeno.**
Pense em algo que você *gostou* de aprender naquela mesma época: uma matéria, um esporte ou uma música no coral. Pode ser seu primeiro amor, sobre quem você queria descobrir tudo, ou um carro que você desejava ter quando crescesse. Escreva o seu interesse pelo esquilo a seguir:

_____

Mais uma vez, observe a *sensação física*, especialmente nos olhos, conforme for lembrando:

- Como você se sentiu quando viu que era hora de aprender mais sobre o interesse pelo esquilo;

_____

- Como foi entrar na sala onde você encontrou seu interesse pelo esquilo;

___

- Qual foi a sensação quando você prestou total atenção ao seu interesse pelo esquilo.

___

3. Tente alternar entre seu antiesquilo e seu esquilo.

Observe que prestar atenção a algo desagradável parece um empurrão, como subir um morro com o vento forte soprando contra. Ir em direção a algo que lhe interessa, que desperta sua curiosidade, parece mais ser um puxão para frente, como quando se desce o morro com o vento a favor. Familiarize-se com cada sensação.

4. Ao ter um dia típico, observe o que parece um "empurrão" e o que parece um "puxão".

Da próxima vez que você estiver dirigindo para o trabalho, olhando o feed nas redes sociais ou se reunindo com um grupo de pessoas, observe quando algo faz você querer parar, olhar com maior atenção e aprender mais. Também tome nota quando quiser desviar o olhar e fazer outra coisa — qualquer uma. Ao perceber o que está sentindo, pense: *Isso é um empurrão ou isso é um puxão?*

Este pequeno exercício pode ajudá-lo a acessar suas curiosidades específicas de modo mais estável. Você nem sempre será capaz de pular todas as suas atividades do "empurrão", como responder a e-mails, marcar consultas com o dentista, organizar as finanças, participar de reuniões chatas e acalmar um bebê doente por horas a fio. Assim como pode decidir por não seguir todas as coisas que "puxam" o seu interesse do nível da caça ao esquilo, como dançar jazz, praticar arco e flecha, comédia de stand-up ou a arte da espionagem. Mas vai descobrir que tudo traz uma leve carga de curiosidade ou aversão. Você pode nem entender por que algo parece de uma forma ou de outra, mas, como um bom cão de serviço, começará a discernir entre o que é tóxico e o que faz parte do seu *Self* criativo.

QUANDO A CURIOSIDADE FOI ESMAGADA

No início de minha carreira de coach, não sabia como ajudar as pessoas que achavam o mundo inteiro desinteressante e não mostravam nenhuma inclinação criativa. Eu listava possíveis atividades, perguntando o que as "atraía" e as "afastava", tentando jogá-las ou arrastá-las na tentativa de fazê-las conhecer o que mais queriam.

Nunca deu certo.

Então conheci uma cliente que treinava cães de serviço (como Griffin) para auxiliar pessoas com deficiência. Um dia, ela comentou que, se um cão de serviço não tiver tempo suficiente para dormir e brincar, ele ficará triste e esgotado, assim como um ser humano sobrecarregado.

Droga, pensei comigo mesma, *tenho servido ao sistema!* Meus clientes não curiosos não estavam sem imaginação. Eles estavam *cansados*.

Nossa sociedade, dominada pelo hemisfério esquerdo, está tão focada na produtividade econômica e no cumprimento de regras que com frequência deixamos o descanso e o sono fora da equação para uma vida feliz. De acordo com os Centros de Controle e Prevenção de Doenças (CDC) dos Estados Unidos, cerca de um terço dos norte-americanos não dorme o suficiente. Esse único fator pode acabar com a nossa curiosidade, arruinar nossa saúde, nos tornar propensos a acidentes e nos levar a estados de raiva, desespero e, é lógico, ansiedade.

Se você sente que nada desperta sua curiosidade, é provável que esteja simplesmente exausto. Aqui está um teste rápido para avaliar se esse é o caso, tão simples que nem vou pôr a formatação em destaque: imagine que sua fada madrinha de repente apareça atravessando a parede e dizendo: "A partir de agora, toda a sua vida vai ser colocada em pausa por um mês. Durante todo esse período, você deve dormir o máximo que puder e passar o resto do tempo apenas relaxando em um ambiente tranquilo."

Sinta sua reação interna a essa ideia. O que acontece com seu corpo, seu coração e sua mente? Se a ideia de um mês inteiro sem responsabilidades soa como um sonho, é provável que você esteja cansado demais para ser criativo agora. Houve muitas, muitas vezes na minha vida em que apenas pensar em descansar fazia com que me debulhasse em lágrimas de desejo (a privação do sono torna essa reação provável a absolutamente qualquer evento, incluindo escovar os dentes, mas isso só serve para defender meu ponto de vista). Por outro lado, se a minha fada madrinha tivesse me dito isso durante as minhas semanas de Sapo da Arte, eu teria jogado um sapato nela e saído correndo. Passar um mês descansando quando eu posso pintar? De jeito nenhum.

É verdade que, quando damos amplo espaço para as nossas paixões, podemos precisar de menos sono, pois trabalho e descanso podem se entrelaçar. Mas se você *deseja* um mês de ócio e rejuvenescimento, preencher esse tempo com um monte de atividades criativas não é a melhor estratégia. A boa notícia é que não é necessário um mês inteiro de descanso absoluto para que o seu *Self* criativo seja restaurado. Bastam cerca de quatro boas noites de sono, quatro dias que você não ultrapasse seus limites.

Não sei por que quatro dias é o número mágico que restaura a curiosidade, mas descobri que é o que funciona para mim e meus clientes. Quatro noites de descanso não vão recarregar totalmente as suas baterias criativas, mas vão tirá-lo de um estado de esgotamento, fornecendo um pouco de energia para que você siga em frente. Se está comprometido a viver livre da ansiedade e cansado demais para identificar quaisquer interesses, encontre uma forma — qualquer uma — de obter quatro dias de descanso relativo. Estabeleça medidas de emergência. Se tiver insônia, procure ajuda médica. Tire uma licença médica do trabalho. Faça o que der para reduzir as suas responsabilidades de cuidados com os filhos. Além de oxigênio e água, o sono deve ser a sua prioridade máxima.

Quando estiver descansado, o seu cérebro começará a procurar por esquilos — e, ah, ele vai encontrá-los. Já vi isso acontecer várias vezes. Sua curiosidade infantil nunca morre; ela apenas entra em animação suspensa quando o descanso é a maior necessidade. À medida que seu medidor de "descanso" passa um pouco acima da linha de exaustão — não ao máximo, apenas um pouco —, sua curiosidade começará a puxá-lo na direção das suas paixões.

SEDUZIDO PELA CURIOSIDADE

Viver na era da internet permite que nos aprofundemos em áreas que não estavam disponíveis há uma geração (uma ressalva: é possível que haja gente destemperada em algumas dessas áreas, então não acredite em tudo o que você lê). Saber mais sobre uma pessoa, um esporte, uma ciência ou uma máquina nos faz pensar: *Nossa, que legal*. À medida que continuamos a investigação, a intensidade aumenta: *Nossa, isso é muito legal!* E isso nos motiva a passar ainda mais tempo pensando, falando e aprendendo sobre o tópico em questão. Em algum momento, atingimos o próximo nível e desenvolvemos a sensação de desejo: *Eu gostaria de fazer isso*. Então o desejo pode se tornar uma intenção: *Vou descobrir como fazer isso!*

Esse é o momento em que a experimentação das atividades começa. Depois de semanas vasculhando a internet para encontrar vídeos de um certo comediante, você pode se pegar escrevendo as próprias piadas e testando-as com a família. Ou ao ver uma estrela cadente e descobrir que ela é chamada de meteorito, talvez decida ir mais fundo, até, em seguida, pedir emprestado um detector de metais para iniciar a identificação de rochas interplanetárias. O assunto poderia ser literalmente qualquer um. A questão é ser tão legal a ponto de você querer participar.

Aqui está um último detalhe de que a atividade será um ingrediente essencial para que a sua vida melhore: quando você se concentra no que está fazendo, *não vê o tempo passar*. Na verdade, perde a noção de tudo, menos do que está fazendo naquele momento, o que muitas vezes significa que seus pensamentos não vão ser conduzidos pela linguagem. Sua atenção será dominada pelo hemisfério direito não verbal e atemporal. Esse é o estado que o psicólogo Mihaly Csikszentmihalyi rotulou de *flow*, um estado de completa alegria e absorção na vida. Acredito que é assim que todos nós deveríamos nos sentir na maior parte do tempo.

Para ajudá-lo a se lembrar, aqui estão quatro afirmações espontâneas, provocadas pela criatividade que cresce como uma bola de neve e que o levará de uma vida chata e ansiosa a uma de verdadeiras paixões:

- "Nossa, que legal."

- "Nossa, isso é *muito* legal!"

- "Eu gostaria de fazer isso."

- "Vou descobrir como fazer isso!"

Depois de encontrar algo que o atraia em meio à cadeia de interesses, você estará pronto para começar a coletar elementos que o conectem a isso. Trata-se de vislumbres que podem reacender o fascínio sempre que você precisar se sentir inspirado. Eu os chamo de sua "sacola de retalhos de curiosidades".

SUA SACOLA DE RETALHOS DE CURIOSIDADES

A sacola de retalhos é uma bolsa com restos de tecido. Quando eu era apenas uma menina vivendo em Utah, vestindo saias compridas e touca para celebrar o Dia dos Pioneiros e colhendo frutas caídas do pé pelo vento para serem enlatadas no inverno, todas as mulheres que eu conhecia tinham uma sacola de retalhos. Se alguém desgastasse as calças de tanto se ajoelhar para fazer orações, ou ateasse fogo na própria saia depois de ficar chapado com xarope para tosse, as mães cortavam o que desse para aproveitar do tecido e colocavam na sacola de retalhos.

Gosto da ideia de fazer uma sacola de retalhos para reunir nossas paixões, porque é simples e despreocupado, despretensioso e impressionante. Tentar ser sofisticado e impressionante é como apontar uma arma para sua curiosidade — não vai funcionar. Só vai assustar você e causar ansiedade.

A sua sacola de retalhos pode ser qualquer recipiente, digital ou tridimensional, onde você coleciona interesses. Algumas sacolas de retalho, por exemplo, podem incluir listas de links legais na internet, um quadro de cortiça onde você pode fixar imagens do que o fascina ou uma caixa onde possa esconder objetos que você fez ou encontrou.

Nova habilidade

FAÇA SUA SACOLA DE RETALHOS DE CURIOSIDADES

- No seu dia a dia, estabeleça a intenção de notar qualquer coisa que o faça pensar: *Nossa, que legal* ou *Nossa, isso é muito legal!* ou *Eu gostaria de fazer isso!*

- Quando você encontrar isso, busque ou faça algo que o lembre dela: uma frase, uma foto, uma gravação, um link da internet. Esses são seus retalhos de interesse.

- Coloque todos os seus retalhos de interesse em um só lugar, física ou digitalmente.

A primeira e melhor razão para fazer uma sacola de retalhos é simplesmente apreciá-la. Quando eu era muito pequena, às vezes passava pela sacola de retalhos da minha mãe apenas para ver tecidos bonitos. O ato de perceber esses retalhos coloridos era agradável por si só — a marca de uma atividade que de fato fazia parte do propósito de nossa vida. Quando você tiver sua sacola de retalhos, reserve alguns minutos todos os dias para dar uma olhada nela, só para se divertir. Você vai acabar usando sua coleção para começar a criar uma nova vida, mas agora apenas a aproveite porque ela é um deleite para a mente e os sentidos.

A minha sacola de retalhos fica principalmente no espaço digital, embora eu tenha um amplo estoque de materiais de arte e outro pequeno de equipamentos esportivos. Aqui estão algumas coisas que eu tenho na minha sacola de retalhos no computador, só a título de exemplo:

- Fotos de pessoas legais da minha vida fazendo coisas legais: escrevendo, ensinando, prestando serviço ao mundo.

- Vídeos de esquiadores radicais descendo pistas quase verticais.

- Uma pasta contendo as pinturas de Hokusai.

- Vídeos de pessoas fazendo coreografias da Broadway, pulando em trampolins e chegando a aeroportos vestindo a fantasia de *Tyrannosaurus rex*.

- Muitas citações das filosofias taoísta e zen, escritas nos encantadores ideogramas de artistas chineses e japoneses.

- Uma biblioteca de livros no Kindle e uma de audiolivros que contém mais volumes do que eu conseguiria fazer caber na minha casa. O material está dividido em categorias, que incluem, mas não se limitam a, biologia, psicologia, rastreamento de animais, física, vida na natureza selvagem, antirracismo, antropologia, ciência do cérebro, espiritualidade, ecologia e, é claro, crimes reais.

- Um aplicativo com o qual estou corajosamente tentando aprender espanhol.

- Muitas imagens de animais com caras fofas, com legendas que eu mesma acrescentei. Pego as legendas dos geradores de frases on-line. (Por exemplo, uma imagem mostra uma lontra roubando um sanduíche de sorvete com a legenda "Todos os meus sonhos estão se tornando realidade agora".)

Só de pensar na minha sacola de retalhos enquanto escrevo esse trecho, sinto a onda de alegria de caçar esquilos tomando conta de mim. E não acho estranho que eu seja igualmente apaixonada por estudar filosofia asiática e legendar fotos bobas de animais com frases da Nova Era. Não há um ranking no meu hemisfério direito, não há julgamento baseado na produtividade financeira ou no uso eficiente do tempo. Há apenas curiosidade, conexão, admiração e encanto. Alcançar esse prazer é o principal objetivo de ter uma sacola de retalhos.

No entanto, há um objetivo secundário e espero ajudar você a conquistá-lo. O objetivo é fazer com que você comece *a pautar a sua vida* com base nas coisas da sua sacola de retalhos de curiosidades — o que puxa você para a órbita delas. No início, essas coisas podem parecer não ter conexão com algo tão elevado quanto o propósito de sua vida. Mas à medida que você brinca por curiosidade, seu hemisfério direito fará conexões que você jamais imaginou possíveis.

Por exemplo, quando menino, Steve Jobs, cofundador da Apple, ficou fascinado pelo design de um processador de alimentos e também, em certa ocasião, pela maneira como um bezerro recém-nascido simplesmente se levantava e saia andando por aí. Com certeza, esses interesses estranhos não poderiam servir ao propósito de vida de alguém, certo? Errado. O processador de alimentos inspirou Jobs a criar o formato básico do que hoje chamamos de computador pessoal, e o bezerro recém-nascido fez com que ele se comprometesse a desenvolver máquinas que saíssem da caixa totalmente funcionais, prontas para uso.

De novo, encontrar e cumprir seu propósito de vida não acontece de uma só vez ; é um processo contínuo de combinar coisas que realmente iluminam seu

Self criador. É como costurar uma colcha com os retalhos brilhantes de fascínio que você juntou. O "molde da colcha" nesta metáfora é o tempo — um dia, um ano, toda a sua vida. Preenchê-lo com uma colcha de retalhos original de coisas legais é a maneira como o seu *Self* criador constrói a vida que você deveria ter.

PADRÕES DA COLCHA DA SOCIEDADE

Embora eu nunca tenha costurado uma colcha de retalhos, passei boa parte da infância brincando sob retângulos de tecido esticados no chão, cercada pelos joelhos, panturrilhas e sapatos confortáveis das senhoras mórmons enquanto costuravam. Sei que algumas colchas de retalho são meticulosamente planejadas para se ajustarem a padrões estabelecidos séculos atrás, padrões estes com nomes maravilhosos como *Lone Star* (estrela solitária), *Jacob's Ladder* (a escada de Jacó), *Cathedral Window* (Janela da catedral) e *Bear Paw* (Pata de urso). Os tecidos para essas colchas são escolhidos especificamente para cada padrão, são dispostos com cuidado, montados em peças chamadas "blocos" e depois costurados e constantemente ajustados para manter a geometria perfeita.

É assim que somos ensinados a construir nossa vida. O processo parece simples: basta costurar as atividades consideradas importantes, práticas e lucrativas. Podemos escolher entre vários padrões familiares: o Magnata dos Negócios, que preenche o tempo fechando negócios e fumando charutos bem grossos; o Influencer Glamouroso, que passa o tempo todo se arrumando e sendo admirado; ou o Pai Perfeito ou a Mãe Perfeita, cujas vidas são costuradas a partir de dez mil horas preparando refeições orgânicas, mantendo a casa impecável e oferecendo atenção ininterrupta e cheia de carinho independentemente do humor dos filhos.

Ao crescer, a maioria de nós presume que seguirá os padrões que testemunha ao nosso redor. Ou que nos tornaremos um pouco caóticos e decidamos combinar padrões — por exemplo, criar uma colcha de retalhos que combine o Empreendedor de Sucesso e o Pai Perfeito. Tudo parece uma ideia maravilhosa até crescermos e começarmos a tentar fazer nossas vidas se encaixarem nesses moldes rígidos. E aí encontramos vários obstáculos.

Às vezes, os padrões que escolhemos são tão pouco atraentes para nosso *Self* criador que a simples tarefa de reunir os elementos necessários para eles requer "empurrões" fortes, sem "puxões" deliciosos e sedutores. Passamos anos em busca de carreiras que, na verdade, não nos despertam interesse genuíno.

Então tentamos pautar a vida com base nesses elementos e acabamos descobrindo que as colchas que costuramos parecem ásperas, desagradáveis e insuportáveis. Isso se aplica até mesmo àqueles que consideramos extremamente bem-sucedidos. Tive muitos clientes famosos que levavam uma vida desgastante, mesmo quando milhões de pessoas os invejavam e admiravam.

Costurar a vida a partir de tecidos que não nos agradam apenas para seguir padrões que não escolhemos é uma maldição para nosso *Self* criativo. Não é somente insatisfatório; é muito deprimente. Essa abordagem nos afasta da espiral de criatividade e nos coloca na espiral de ansiedade. O que conseguimos costurar é uma colcha que não possui beleza, maciez e não aquece.

Essa situação se tornou evidente para mim quando tentei alinhar os padrões da colcha Vida Acadêmica em Harvard com os da Mãe Mórmon. Quanto mais eu me esforçava para construir uma vida seguindo esses padrões, mais tudo desmoronava. Cheguei a ficar fisicamente doente e extraordinariamente ansiosa criando "blocos de retalho" que não me atraíam — e, ao tentar uní-los, eles se repeliram. Meu tempo estava tomado por uma mistura incompatível de cuidados com a casa, trabalhar, pós-graduação e a criação de três crianças com menos de 4 anos — tudo costurado com uma linha esfarrapada de privação de sono.

Em certo momento, percebi que todos os dias eu falhava em produzir até mesmo um único bloco de retalho que atendesse aos padrões da sociedade. Simplesmente não havia como moldar minha vida seguindo o padrão que haviam me ensinado. Desesperada, resolvi descartar todos os padrões e fazer algo que meus ancestrais pioneiros chamariam de "colcha maluca". No entanto, quando dei início ao processo, percebi que eu não estava enlouquecendo; ele estava me deixando mais feliz e mais equilibrada. Eu estava costurando uma colcha de *saúde*. Deu muito mais certo do que havia imaginado. Acho que vai funcionar para você também.

UMA ABORDAGEM DIFERENTE PARA COSTURAR A COLCHA DE RETALHOS

Contrariando a abordagem cuidadosa e pré-fabricada que envolve a confecção de uma colcha, algumas pessoas que acumularam sacolas cheias de retalhos decidem criar padrões completamente originais. Nesse método não há esquemas, padrões tradicionais, nem moldes pré-definidos. Os adeptos dessa abordagem apenas costuram a colcha seguindo o que encanta os olhos e as mãos, criando um design que ninguém jamais imaginou. É uma maneira singular de costura, característica do hemisfério direito. E mantendo a rejeição do hemisfério esquerdo aos métodos do hemisfério direito, as pessoas chamam as obras-primas resultantes de "colchas malucas".

O processo de costurar uma colcha maluca se inicia quando os artesãos escolhem um pedaço de tecido que amam, que desejam colocar próximo ao centro da peça já finalizado. Então eles encontram outro pedaço que parece combinar com o primeiro e os costuram juntos. Em seguida, acrescentam outro pedaço e depois outro, trabalhando do centro para fora em uma espécie de círculo — uma espiral de criatividade. Há muita experimentação, observação e reorganização. Os artesãos acabam tendo um remendo grande o suficiente para formar a colcha desejada. Por fim, cortam e arrematam as bordas.

Assistir a vídeos em que os artesãos ensinam essa técnica enche de alegria o coração do meu Sapo da Arte. Os artesãos usam frases como: "Veja o que agrada aos seus olhos", "Deixe as formas fluírem", "Se você não gosta de algo, desmanche sem medo", "Passe muito tempo reorganizando", "Tudo bem ficar torto", "Corte onde for preciso", "Você sempre pode mudar" e "Seja generoso de fato com tudo o que você faz".

Essas são as palavras de pessoas que, pelo menos momentaneamente, superam a ansiedade, adotam uma postura de bondade consigo mesmas e mergulharam na fase de "conexões" da espiral de criatividade. Elas ainda podem enfrentar momentos de ansiedade, porém não enquanto confeccionam essas colchas (e gravam os tutoriais). Elas demonstram apreciar o processo com a mesma intensidade que o cão de serviço de Frieda, Griffin, gosta de uma boa caça aos esquilos.

O hemisfério esquerdo pode achar isso desagradável. "Não é de admirar que sejam chamadas de 'colchas malucas'", pode pensar o seu *Self* que adora uma ordem. "Que insanidade simplesmente pegar o que atrai você e costurar!"

Ou não.

Sugiro que a maioria dos padrões de vida favorecidos por nossa cultura sejam as verdadeiras "colchas malucas", os conjuntos de tarefas desagradáveis que esgotam a mente e o coração. Não é nem um pouco saudável pegar tecidos que não gostamos e costurá-los em padrões pouco atraentes, ocupando todo nosso tempo com tecidos desconfortáveis e que não combinam uns com os outros. Não é saudável viver com pouco ou nenhum descanso, amor ou prazer. Não é saudável realizar atividades que, dia após dia, ano após ano, não nos iluminam. Não é saudável ignorar a curiosidade em relação ao que nos interessa e nos concentrarmos apenas no que nos dizem ser "ideal". Não é saudável obedecer a sistemas que exploram a humanidade e o planeta.

Aqui estão alguns retalhos de colchas que de fato são saudáveis: escutar os desejos do coração. Cuidar do nosso corpo da maneira que cuidaríamos de quaisquer outras criaturas inestimáveis. Aproveitar momentos de relaxamento com quem se ama. Ver a nós mesmos como filhos da natureza, não como seus soberanos. Ficar fora das espirais de ansiedade que envenenam nossa alegria e nos fazem justificar ataques, exploração e assassinatos. Investigar tudo o que nos faz dizer: "Nossa, isso é *muito* legal!"

Então, agora que você tem a sua sacola de retalhos de curiosidades, vamos continuar fazendo conexões. Vamos começar o processo de transformar a sua vida em uma colcha de saúde.

UMA AMOSTRA DA COLCHA DE SAÚDE

Para dar um exemplo brilhante de uma colcha de saúde completa — isto é, uma vida verdadeiramente sã —, vou mais uma vez recorrer a Griffin, o cachorro. Os "blocos de retalhos" que compõem os dias, as semanas e os anos de Griffin incluem o trabalho que ele nitidamente ama, a humana que ele adora, comida boa, muitas sonecas, brincadeiras diárias e ESQUILOS! Muitos, muitos esquilos! Provavelmente fileiras de peles de esquilo costuradas e caudas formando uma franja difusa em torno de uma colcha inteiramente à base de esquilos! De maneira alguma estou recomendando que você de fato use pele animal para confeccionar sua colcha de saúde. Eu só quero que você tenha o que Griffin, o cachorro, tem (e parece querer que Frieda também tenha): uma vida na qual *grande* parte da atenção se volta para identificar coisas fascinantes, aproximando-se delas e as juntando em padrões criados por você.

Se a sua vida é muito regrada, a colcha de saúde pode ser apenas um ponto luminoso no seu dia, um instante em que você sai da coleira para uma breve corridinha pelo quintal. Com o tempo, quando a "colcha" é incorporada à sua rotina, é possível adicionar outros retalhos da sua sacola, e a cada dia um pouco mais de tempo será dedicado a atividades que você ama. Sua colcha de saúde tem início com um pequeno retalho, mas logo pode estar cobrindo toda a sua vida com beleza e aconchego.

Por exemplo, Evelyn era gerente de recursos humanos e tinha um marido dedicado e duas filhas adoráveis. A vida perfeita se não levarmos em conta a depressão esmagadora e a ansiedade monstruosa. Em nossa primeira sessão, Evelyn olhava para o ambiente mostrando pouco interesse em qualquer coisa... até que mencionou o recital de dança das filhas. Por um instante, vi um pouco de luz nos olhos dela — não quando ela falava sobre as filhas em si, mas quando falava sobre a maneira como elas dançavam.

Pedi a Evelyn que falasse mais sobre a dança. Ela endireitou o corpo, dizendo que, na infância, era obcecada por dança e vivia praticando as coreografias sozinha em seu quarto. Ela assistia a todas as apresentações, filmes ou programas de TV relacionados à dança.

Depois pedi que reunisse itens relacionados à dança: fotos, vídeos, músicas. Na sessão seguinte, ela confessou, com um sorriso largo, que havia voltado a dançar sozinha em seu quarto. Ela timidamente chamou isso de "desperdício de tempo". Quando respondi que achava que poderia ser a coisa mais importante que ela havia feito em muito tempo, ela riu, mas seu rosto se iluminou ainda mais.

Resumindo: depois de algumas semanas, Evelyn se matriculou em aulas de jazz, o que a deixou muito mais feliz. Seu marido, curioso e intrigado, acabou concordando em se juntar a ela em uma aula de dança de salão. Isso deu nova vida ao casamento, e toda a família começou a dançar durante tarefas cotidianas como preparar o jantar ou arrumar a casa. No ano seguinte, Evelyn começou a ensinar dança para crianças no pequeno estúdio onde suas filhas dançavam. Mas o fato de que ela acabou ganhando um pouco de dinheiro com a dança não é a questão. O principal fator é que a depressão e a ansiedade diminuíram, e a família viciada em dança se tornou uma pequena comunidade alegremente conectada por curiosidade, criatividade e autoexpressão.

CRIE A SUA COLCHA DE SAÚDE

Seja qual for o tipo de colcha de saúde confeccionada a partir de seus passatempos favoritos, você não só aprenderá a fabricar uma vida criativa quanto *desaprenderá* a *evitar* fazê-lo. Seu hemisfério direito é uma colcha de saúde quase automático. Livre da ansiedade, estimulado pela curiosidade, ele automaticamente recolhe e conecta os elementos em composições inesperadas, assim como acabei de combinar a metáfora da caça a esquilos e da costura de colchas em uma metáfora maior — e, espero, visualmente atraente — e misturada. A imagem de uma colcha de pele de esquilo com franjas e caudas felpudas pode nunca ter passado pela sua cabeça. Mas aposto que agora a imagem veio para ficar. De nada.

Embora você possa não querer tentar literalmente fazer colchas, juntar as suas paixões autênticas em uma bela jornada vivida intensamente vai iluminar seu *Self* criativo. Na verdade, acredito que o processo de criar colchas de saúde é a nossa principal tarefa neste mundo. E se não aproveitarmos o processo de moldar nossa vida — ou pelo menos de nos sentirmos profundamente absorvidos por ela —, não estamos tecendo colchas de saúde. Então aqui estão algumas instruções sucintas.

Nova habilidade

TRABALHE NA SUA COLCHA DE SAÚDE

- **Escolha um item da sua sacola de retalhos de curiosidades que sempre chama a sua atenção.**

    Não precisa ser nada que renda elogios ou dinheiro. Pode ser uma foto, uma planta, uma música ou um tutorial de receita on-line. O único critério é que seja muito legal e que faça você realmente querer se concentrar nele.

- **Reserve entre dez a vinte minutos do seu dia para aprender mais sobre o item.**

    Você pode apenas ler sobre o item escolhido ou pode começar a fazer algo inspirado nele. De qualquer forma, encare como diversão. Sempre será possível "descartá-lo" caso não harmonize com o resto da sua vida.

- **Veja isso como a peça central do seu dia.**

    Mesmo que a atividade pareça incomum, e mesmo que não se encaixe em sua vida, não se trata de um "extra". *Esta é a peça central da vida que você está começando a criar.* Não é menos importante do que as atividades "normais". Na verdade, é mais importante.

- **Inclua o item em sua rotina diária por pelo menos uma semana. Em seguida, considere que outro item da sua sacola de retalhos pode combinar com ele.**

  Escrever livros é a peça central de uma colcha que comecei a tecer por volta dos 25 anos. Quase não tinha tempo para escrever — cerca de 10 a 30 minutos por dia —, mas me sentia fortemente "puxada" para a atividade. Então conheci outros aspirantes a escritores e formei um grupo que realizava encontros mensais. Comecei a ler algumas páginas de livros com o tema "como publicar um livro" algumas vezes por semana. E aqui estamos nós.

- **Aos poucos, costure "retalhos" mais interessantes em uma colcha maior e mais larga.**

  Ainda estou costurando minha colcha de saúde da "escrita". Estou fazendo isso neste exato momento, vasculhando a minha sacola de retalhos em busca de ideias que me ajudem ou interessem, cortando e moldando cada frase à medida que avanço. É muito difícil. É um barato. Não faço ideia de que horas são.

  Fui coach de outras pessoas que estavam construindo suas colchas de saúde, relacionadas a todos os tipos de atividades: criação de galinhas, preparação de molhos para macarrão, fotografia de insetos, escultura de sabão, preenchimento de cupons, radiestesia, assobio e empilhamento de pedras até que se transformem em montes interessantes, só para citar algumas. Interesses podem parecer bastante normais ou completamente bizarros para terceiros. O que importa é que eles estimulem a *sua* curiosidade e façam você querer continuar brincando com eles.

- **Não tenha medo de arrancar blocos que não estão funcionando, cortar aqueles que parecem muito grandes e reorganizar, reorganizar e reorganizar.**

  Em um aspecto da minha vida que surgiu a partir da escrita — o coaching —, ensino aos coaches de vida a adotarem a mentalidade de artesãos, que costuram pedaços de paixão no trabalho da vida deles e ajudam os outros a fazer o mesmo. Ironicamente, muitos coaches aspirantes tentam encaixar isso em um molde cultural de "trabalho". Falam sobre networking, como obter cartões de visita, ir a convenções e assim por diante. Se assuntos socialmente "normais" como esses são interesses para você no nível da caça ao esquilo, use-os. Caso contrário, basta encontrar algo incomum que você ama e ver como pode encaixá-lo em sua vida.

- **Permita que pareça estranho.**
  Lembre-se, se você seguir seu *Self* criativo em vez de um monte de normas sociais, parecerá estranho, mas se sentirá bem ao mesmo tempo. Concentre-se em "sentir-se bem". Caso esteja preocupado em parecer estranho, volte e acalme a sua criatura ansiosa. Na verdade...

- **Acalme a sua criatura ansiosa quantas vezes forem necessárias.**
  Todo esse processo é contracultural e é muito provável que você receba avisos severos e críticas intensas de seu próprio hemisfério esquerdo e das pessoas ao seu redor. Diversas vezes, você precisará acalmar a sua ansiedade e classificar as suas prioridades. Essa repetição (cair em espirais de ansiedade, acalmar a sua criatura ansiosa, mover-se rumo à curiosidade e à conexão) constrói a resiliência criativa. A repetição fará você se questionar cada vez menos se está ou não com medo.

A RIQUEZA DOS ARTESÃOS

Já testemunhei centenas de colchas de saúde metafóricas gerarem grande satisfação e realização em quem costurou o que amava nelas. Algumas dessas pessoas acabaram tirando seu sustento disso, e outras obtiveram um sucesso que foi além de seus sonhos mais loucos. Por exemplo:

- Zoe era uma jovem adulta que amava animais e acabou deparando com uma carreira de treinadora de cães para ajudar veteranos com TEPT.

Ela se saiu tão bem que os militares a recrutaram para usar seus métodos profissionalmente antes mesmo de ela terminar a faculdade.

- Claire sempre foi apaixonada por aprender e ensinar. Aos 30 anos, fundou uma ONG dedicada a construir centros de aprendizagem em áreas rurais da África do Sul, oferecendo a qualquer pessoa, de qualquer idade, a chance de aprender a ler, fazer contas e desenvolver habilidades profissionais. A primeira reunião contou com apenas três pessoas sentadas em caixas de madeira. Hoje, a organização ajuda milhares de crianças e adultos, muitos superaram contextos desanimadores e passaram a tirar notas brilhantes em testes padronizados. Quando não está incentivando professores e alunos, Claire percorre o mundo em busca de doadores.

- Xander é um mestre profissional dos games, tem tanto talento para criar mundos fictícios e armazenar informações em sua mente que grupos de jogadores pagam para tê-lo em seus jogos de tabuleiro on-line.

- Georgia decidiu educar os próprios filhos em casa e gostou tanto que abriu um negócio para ensinar outros pais a educar suas crianças em casa.

- Nonnelg começou a escrever em um blog sobre como lidou com o casamento, a criação dos filhos e a recuperação do vício. Com o tempo, ela acrescentou retalhos a essa peça central: escreveu livros que se tornaram best-sellers, administrou uma fundação filantrópica que arrecadou mais de 45 milhões de dólares para mulheres e crianças em crise, casou-se com uma jogadora de futebol feminino campeã mundial e estreou um podcast que se tornou o número um na lista de "Melhores de 2021" da Apple Podcasts.

Ok, *Nonnelg* é *Glennon* escrito de trás para frente. Refiro-me a Glennon Doyle, e se nunca ouviu falar dela, você não perde por esperar. Revelei a identidade dela aqui porque tenho certeza de que ela não vai se importar de ser mencionada como alguém que corre atrás de seus esquilos mais interessantes e que costura do centro para fora a colcha da vida.

Não estou dizendo que para viver seus sonhos é necessário se tornar um blogueiro famoso. A maioria das pessoas que acabei de mencionar não é rica. Todas elas passaram por muitos momentos em que se sentiram oprimidas e aterrorizadas e enfrentaram críticas de entes queridos e observadores casuais que lhes disseram que deveriam se acalmar e se concentrar em trabalhos comuns.

A diferença entre essas pessoas e as que nunca experimentaram costurar uma colcha de saúde reside no fato de que elas optaram em confiar em sua alegria sobrepondo-a às normas da cultura WEIRD. Vidas não criativas tinham tão pouca alegria que as esgotavam, como cães de serviço que nunca conseguem ir atrás de um único esquilo. As atividades criativas tiveram para elas o mesmo papel que a dança teve para Evelyn — quanto mais se concentravam em seus interesses reais, mais sentiam a curiosidade ressurgir. Isso as motivou a explorar conexões e buscar novas formas de realizar tarefas, serviços, empreender aventuras e participar de eventos inéditos. O que elas criavam transbordava de tanta energia criativa e entusiasmo que chamou a atenção de outras pessoas. Isso as conduziu a amizades, viagens, ideias de negócios e à formação de comunidades inteiras que compartilhavam suas paixões.

Curiosamente, muitas vezes o dinheiro se torna um simpático efeito colateral de libertar a compulsão do hemisfério esquerdo em acumular riqueza enquanto se prioriza o compromisso intenso com nossos impulsos criativos mais profundos. Se meus clientes e amigos decidissem ganhar dinheiro com suas paixões criativas, poderiam ter entrado na mentalidade de "acumulação" que alimenta as espirais de ansiedade. O que talvez acabasse com a alegria que sentiam. Mas, em vez disso, todas essas pessoas começaram a criar colchas de saúde como uma espécie de remédio, que a princípio experimentaram em pequenas doses e depois foram aumentando gradualmente. Elas acabaram monetizando suas paixões porque faziam por amor, não pelo dinheiro.

De qualquer forma, a maioria das pessoas que costuram colchas não acaba nadando na grana. Mas elas conquistam outro tipo de riqueza: a alegria de correr atrás de esquilos e a permissão para passar o tempo fazendo o que nutre seus corações e suas almas. O hemisfério esquerdo não costuma considerar isso uma razão boa o suficiente para se aventurar por caminhos desconhecidos, seguindo quaisquer esquilos que desejemos perseguir. Mas o hemisfério direito — ou seja, todo o cérebro atuando em harmonia — sim. O rei Midas, apesar de toda sua riqueza, morreu à míngua e sozinho. Uma colcha de saúde começa a se formar.

Ao observar pessoas que passaram anos costurando suas colchas, pessoas que podem até ter se tornado ricas e famosas ao longo do processo, talvez você pense que elas seguiram alguma fórmula para o sucesso, algo que deva ser imitado. Mas elas não começaram com grandes conquistas. Começaram fazendo algo, geralmente sozinhas, que as mantinha curiosas. Você não pode obter os resultados desejados replicando os *padrões* específicos da vida delas, apenas o *método* específico que elas usaram para moldar suas "colchas".

Esse método requer autenticidade absoluta. Tudo começa com a identificação de esquilos, ou seja, das coisas que despertam o fascínio. O processo se acelera quando reunimos essas coisas em uma sacola de retalhos de curiosidades. Ao colocarmos essas coisas no centro de nossa atenção diária, elas começam a moldar nossa vida. A colcha cresce à medida que você conecta, conecta e conecta tudo isso — cometendo muitos erros, observando e reorganizando, cortando as partes e juntando-as de novo.

Depois de anos fazendo isso, alcançamos altos níveis de excelência em quaisquer interesses incomuns e não ortodoxos acrescentados a nossa vida. E a motivação não é poder, riqueza ou *status*, mas a alegria de explorar os limites externos de suas capacidades inventivas. O *Self* criativo adora um desafio — um desafio de fato original, até mesmo visionário, do tipo que é muito difícil e incrivelmente satisfatório. Então enrole-se em sua colcha de pele de esquilo e venha. No próximo capítulo, vamos nos aprofundar na etapa seguinte da espiral de criatividade: a maestria.

8

MAESTRIA: LIBERTANDO O MÁGICO

No verão de 1949, o bombeiro veterano Wag Dodge liderou uma equipe de catorze bombeiros paraquedistas para combater um dos piores incêndios florestais da história do estado de Montana. Enquanto desciam uma fenda chamada Mann Gulch, uma rajada de vento fez com que o incêndio se alastrasse abruptamente. Dodge ergueu a cabeça e viu que as chamas estavam muito perto, avançando em direção aos bombeiros a cerca de 3,5 metros por segundo. Ele gritou para os colegas, que largaram os equipamentos e fugiram, porém não rápido o suficiente.

Em um instante terrível, Dodge percebeu que ninguém conseguiria escapar do fogo. Então fez algo que nunca tinha feito — algo que *ninguém* jamais havia sido treinado para fazer. Dodge parou de correr, acendeu um fósforo e incendiou a grama em um círculo ao seu redor. Ele gritou para que os colegas se juntassem a ele, mas na confusão, todos continuaram correndo. Dodge se jogou no círculo ardente de grama queimada, enfiou-se embaixo de um cobertor e esperou que o fogo passasse sobre ele. As chamas se alastraram ao seu redor, mas o círculo queimado não serviu como combustível, agiu como um corta-fogo. Os outros treze bombeiros morreram. Dodge sobreviveu quase ileso.

O que aconteceu com Wag Dodge naquele dia terrível mostra um aspecto da criatividade útil não apenas quando nos propomos a fazer algo original, mas também em circunstâncias extremas. Esse aspecto do pensamento criativo resulta da capacidade do hemisfério direito de associar aprendizados ao presente e apresentar ideias completamente novas.

Chamo isso de "libertar o mágico", não por acreditar em uma mágica de conto de fadas, mas porque, como diz Iain McGilchrist, mágica é como o hemisfério esquerdo chama qualquer coisa que não entenda.

Construir sua vida com criatividade e não com ansiedade pode levar você a se tornar tão focado em transformar sua realidade em uma colcha de saúde — isto é, em preencher seu tempo com coisas que ama — que vai se ver esticando todos os limites conhecidos. A espiral de criatividade levará você tão longe quanto a maioria das pessoas, mas você vai querer ir ainda mais longe. Em sagas heroicas clássicas de muitas culturas, este é o momento em que surgem os ajudantes mágicos. No cérebro, é quando despertamos o gênio mais profundo do nosso hemisfério direito.

Se você permitir isso, o cérebro será capaz de agir como Wag Dodge durante o incêndio de Mann Gulch. Tangenciando o pensamento consciente, o hemisfério direito de Dodge avaliou a situação, combinou memórias de muitas experiências anteriores, elaborou uma solução e a lançou em sua consciência como um lampejo de inspiração. Ele sabia que áreas queimadas não oferecem combustível para o avanço de um incêndio, então o fogo as ignora. Quando o cérebro de Dodge se tocou da velocidade e da direção do fogo, percebendo que ele não poderia fugir do desastre, trouxe à tona toda a sua experiência armazenada trabalhando com o combate ao fogo. Com clareza súbita e perfeita, Dodge compreendeu que tinha tempo suficiente para criar uma zona segura de emergência e sobreviver.

De novo, isso não é algo proposital — aconteceu mais rápido do que sua mente cognitiva poderia pensar. O cérebro agiu sozinho, em uma súbita explosão de percepção que os psicólogos chamam de "efeito eureca". *Eureca*, versão grega de "É isso!", foi o que, segundo dizem, o antigo matemático Arquimedes gritou ao encontrar a solução de um problema enquanto entrava na banheira para uma pausa. Em outras palavras, esse fenômeno ocorre há milênios na mente de pensadores, e pode acontecer com você se souber como acolhê-lo.

Depois de aprender a acalmar sua criatura ansiosa, acessar sua curiosidade e se conectar cada vez mais com seus interesses criativos, costurando uma colcha de retalhos de sanidade, você começará a viver em um estado de humor ligeiramente diferente, uma atitude consistente de investigação e invenção que difere da energia tensa usual de nossa cultura motivada pela ansiedade. Quando meus clientes começam a se aprofundar em suas paixões, fazendo conexões originais, às vezes surpreendentes, experimentam uma maior liberdade da ansiedade enquanto criam ideias e planos de vida antes inimagináveis.

Estar psicologicamente perdido em ansiedade, imerso em uma cultura dominada pelo pensamento do hemisfério esquerdo, pode não parecer tão urgente quanto um incêndio florestal, mas acredito que seja. Do ponto de vista individual, cada um de nós é confrontado com a questão crucial de encontrar significado e alegria. Coletivamente, estamos enfrentando problemas que surgem como o fogo que avançou em direção a Wag Dodge e sua equipe: mudanças drásticas em quase todas as indústrias, agitação política e polarização, devastação generalizada de ecossistemas que nos mantêm vivos. Felizmente, todos nós temos o equipamento interno necessário para resolver problemas da mesma maneira incrível e sem precedentes como aconteceu com Dodge no incêndio de Mann Gulch. Mas a ênfase mundial no pensamento dominado pelo lado esquerdo do cérebro, orientado pela ansiedade, nos faz esquecer como usá-lo.

O MÁGICO EM SUA MENTE

Quando afirmo que há um gênio escondido em nossa cabeça, não estou jogando conversa fora; eu me apoio em dados. Por exemplo, na década de 1960, a NASA encomendou um estudo para identificar "gênios criativos", buscando recrutar pessoas para diversas atividades espaciais.

Assim como o desafio da torre de espaguete, os testes de gênio da NASA foram facílimos para crianças de 3 a 5 anos. Dos 1.600 indivíduos testados nessa idade, 98% pontuaram como gênios criativos. No entanto, entre indivíduos com 5 anos ou mais, esse número caiu para 32%. Adicionando mais cinco anos, apenas 10% pontuaram. E, como os pesquisadores George Land e Beth Jarman observaram, quando os mesmos testes foram aplicados a 200 mil adultos, apenas 2% apareceram na categoria de gênio criativo. Os pesquisadores atribuíram o declínio ao sistema escolar e ao ambiente social que nos condicionam ativamente a *não* nos tornarmos os gênios que deveríamos ser por natureza.

É provável que você se enquadre no estudo da NASA, como a maioria das pessoas: começou a vida como um gênio criativo perfeitamente normal e se tornou uma pessoa anormalmente inconsciente do próprio brilhantismo. Percebi há muito tempo que, quando começo a falar sobre fazer uso da criatividade para moldar a própria vida, meus clientes ansiosos costumam entrar em pânico. "Ah, não, eu não!", dizem eles. "Eu não sou criativo! Não tenho nada de criativo!" Às vezes, chegam a dizer: "Sou idiota, nunca seria capaz de fazer algo assim." Meu coração se parte ao ouvir o quanto eles acreditam profunda e insanamente que isso é verdade.

A boa notícia é que o gênio criativo não pode ser destruído, apenas enviado para o exílio. O *Self* essencial que você identificou no Capítulo 4 tem acesso a todo o potencial do gênio abandonado. Todas as ideias e exercícios deste livro são destinados a ajudar você a se reconectar com ele. Agora chegamos ao ponto em que você pode aprender a amplificar a voz do hemisfério direito, a se libertar de limitações arraigadas e começar a criar uma quantidade normal de magia deslumbrante.

COMO DESPERTAR O SEU GÊNIO

Em primeiro lugar, é importante salientar que, se você quiser viver bem *sem* criatividade, da maneira como a maioria de nós foi ensinada, precisará de diversos golpes de sorte. Para começar, minha recomendação é que você nasça em uma família rica. Certifique-se de ser um homem cis branco e heterossexual neurotípico, sem qualquer trauma emocional e de ter um corpo magro e sarado, como o de um modelo de anúncio de cueca. Lembre-se de que pessoas poderosas fornecem muito dinheiro e mexem os pauzinhos para facilitar o caminho no sistema educacional dessas pessoas e as colocar em carreiras lucrativas.

Aí está, não é isso que dá certo?

Estamos tão acostumados a aceitar esse modelo de "sucesso" que a maioria de meus clientes, que não nasceram em berço de ouro, só conseguem imaginar construir a vida que desejam se ganharem na loteria. Outros lançam clichês do tipo "Talvez um parente rico perdido me deixe uma fortuna" ou "Vou ficar amigo de uma celebridade e então tudo vai ser maravilhoso". Eles estão brincando. Mais ou menos. No entanto, as piadas não são muito engraçadas, e na verdade essas pessoas de fato não aprenderam outras formas de criar uma vida feliz. O *Self* do gênio criativo delas está totalmente exilado. Elas vivem sob uma constante ansiedade esperando que fatores fora de seu controle proporcionem o que desejam.

Se você não faz parte de um seleto grupo de privilegiados, a vida pode parecer opressiva, injusta e extremamente difícil. Mas você também possui a capacidade de alcançar o sucesso de uma forma que não dependa de uma hierarquia social e que, em vez disso, desperte seu gênio criativo. Para isso, você precisa de quatro elementos: (1) situações que exijam que você enfrente problemas difíceis, (2) curiosidade baseada em interesses que o fazem querer reunir conhecimento e experiência, (3) uma dose de coragem e (4) um aparente impasse.

Essas são as condições que desencadeiam o efeito eureca. É possível ver todas elas na resposta de Wag Dodge ao incêndio de Mann Gulch. Ele tinha muito interesse no tema: passou anos combatendo incêndios, estudando, conversando e pensando sobre o assunto. Ele teve a coragem de enfrentar uma situação em que seu conhecimento e experiência foram testados. Então, quando as chamas se alastraram, Dodge se viu em um aparente impasse. Ele não conseguia escapar fisicamente porque o fogo se disseminou muito rápido. E não podia escapar *psicologicamente* porque era o chefe da equipe — não havia mais ninguém a quem recorrer ou com quem contar. O rojão todo ficou em suas mãos.

Ironicamente, é preciso que haja esse tipo de situação extrema para que consigamos deixar nosso gênio criativo sair da jaula. Antes de encontrar a solução, Dodge deve ter vivido um instante de puro medo — não ansiedade, mas o poderoso chamado à ação que surge em situações verdadeiramente perigosas. Nesses momentos, nossa mente verbal pode ficar quieta e vazia. No espaço que se abre quando o pensamento verbal é desligado, o hemisfério direito surge com uma ideia. Isso nem sempre acontece, mas, quando ocorre, pode mudar nossa abordagem a determinado problema, definitivamente.

Os homens de Dodge, talvez sem perceber a velocidade com que o fogo se espalhava, não conseguiam entender o que ele estava fazendo ou pedindo que fizessem. Mas diante de uma situação complexa, o hemisfério direito do cérebro de Dodge combinou tudo o que sabia com tudo o que podia observar e lançou uma solução em sua consciência. *Tcharam*!

O PODER DOS IMPASSES

Encarar os desafios dessa forma é o oposto de um modo de vida baseado na ansiedade. Na verdade, entender que dificuldades e impasses são componentes essenciais para que nossos cérebros deem saltos criativos me fez parar de me sentir tão ansiosa em relação aos meus problemas. Cheguei até a me preocupar menos com a questão da ansiedade. Percebi que é apenas nos limites externos de nossos conhecimentos e recursos que reside a necessidade pela pura inventividade, em vez de outra forma de inteligência — como o procedimento, por exemplo, a racionalidade ou mesmo a sensibilidade emocional. Para ativar nossos mágicos internos, temos que estar muito motivados e completamente perplexos. É por isso que a criatividade muitas vezes emerge de pessoas, ou de populações inteiras, que estão em situações difíceis. Tenho um amigo, que vou chamar de Joe, que trabalha como solucionador de problemas empresariais. Joe tem que ser engenhoso, porque sua paralisia cerebral o obriga a "pensar lateralmente" para conseguir encarar um dia típico. Quando os médicos disseram que poderiam implantar um dispositivo no cérebro dele para reduzir os efeitos da paralisia cerebral, ele recusou. Ele me confidenciou que ter que lidar com seu corpo diferente o dia inteiro, todos os dias, era o que mantinha sua mente afiada.

É por isso que a criatividade pode se desenvolver mais em pessoas — às vezes populações inteiras — que passaram por circunstâncias terríveis. Não estou sugerindo de forma alguma que essas pessoas tiveram a sorte de viver o inimaginável. Mas é fascinante observar, por exemplo, como os antigos chineses, que habitavam uma vasta planície propensa a inundações e sofreram com alagamentos por séculos, inventaram um sistema de irrigação tão sofisticado que os tornou uma potência mundial — e o sistema ainda é usado nos dias de hoje. Ou ainda, como os moradores do centro da Turquia, atormentados pela guerra, descobriram como abrigar 20 mil pessoas em uma impressionante cidade subterrânea de 18 andares. (O arranjo de poços de ventilação por si só já é um exemplo de pura genialidade.)

Às vezes, os tipos mais artísticos de criatividade surgem para ajudar as pessoas no pior cenário pragmático. Resmaa Menakem, que segue uma abordagem de terapia somática, lembrou-se de como a avó, com as mãos marcadas pela colheita de algodão, costumava cantarolar o dia todo — não apenas emitia uma melodia agradável, mas uma poderosa vibração que percorria o corpo inteiro. Menakem contou:

— Eu não acho que meu povo teria sobrevivido a 250 anos de estupro legalizado (estupro feito por prazer, por lucro, para vender meus ancestrais e seus filhos) se não fosse cantarolando, balançando, se movimentando e lançando olhares vibratórios por toda a terra. Isso é uma forma de arte.

A arte e a resolução de problemas estão ligadas da seguinte maneira: para lidar com os desafios práticos mais elementares, a mente humana pode alcançar altos níveis de invenção criativa. Quanto mais difícil o problema, mais o lado direito do cérebro recruta a engenhosidade para criar uma solução. De acordo com a minha experiência pessoal e a trajetória de vida dos meus clientes, notei que os saltos cognitivos com frequência ocorrem em momentos de grande dificuldade:

- Minha amiga Eva, que é massoterapeuta, viu seu negócio falir no início da pandemia de covid-19. Ela virou uma chavinha, aprendeu a costurar e começou a produzir e vender máscaras faciais muito legais para sustentar a si mesma e a filha pequena.

- Durante uma viagem à Europa, um batedor de carteiras roubou todo o dinheiro do meu cliente Shane, que se sentou na rua com seu violão amigo e conseguiu arrecadar o suficiente para comer e alugar um quartinho.

- Quando minha prima Lydia era uma jovem mãe trabalhadora, acordou certa manhã de inverno e deparou com a porta do carro congelada. Ela enfiou o jornal na fresta entre a porta e a carroceria do carro, ateou fogo ali e conseguiu chegar a tempo no trabalho.

A questão aqui é que, quando decidimos moldar nossas vidas com base na criatividade em vez da ansiedade, *os desafios que enfrentamos ajudam a estimular o processo criativo*. Essa é uma notícia maravilhosa, porque, mesmo que nos faltem recursos, os problemas nunca se esgotam. Se a sua vida é livre de problemas, volte a sua atenção criativa a problemas coletivos, como: guerras, injustiças e a ameaça de colapso climático mundial. Escolha um problema e acorde o seu mágico interior. Precisamos dele.

CORTEJANDO O EFEITO EUREKA

Na escola, fomos cuidadosamente ensinados a reprimir o nosso gênio criativo ao estudar todas as disciplinas de maneira lógica e linear. Quer estivéssemos fazendo cálculos ou escrevendo uma redação, era necessário seguir procedimentos consistentes, e eles tinham que ser os mesmos usados por todos. Esta é a abordagem preferida do hemisfério esquerdo para lidar com qualquer problema: descrever a situação usando linguagem e números, consultar especialistas que indicarão a forma correta de proceder e seguir com precisão o protocolo estabelecido. Não importa se a tarefa é misturar produtos químicos, gerenciar funcionários ou educar os filhos, é assim que o hemisfério esquerdo gosta de agir. Na verdade, ele acredita que não há outra maneira. Ele ficaria *chocado* ao saber que você encontrou um método diferente.

Aqui está ele.

Essa abordagem para a resolução de problemas de forma criativa não aplica diretamente conceitos e protocolos tradicionais. Em vez disso, estabelece as condições com maior probabilidade de acordar o mágico adormecido no hemisfério direito. O mágico então se encarregará de encontrar soluções que deixarão seu hemisfério esquerdo boquiaberto de tão surpreso. Vou explicar o processo em detalhes e, ao longo do restante deste capítulo, auxiliá-lo na sua aplicação. Você já leu sobre as etapas iniciais:

1. Acalme-se.

2. Perambule.

3. Deixe a sua mente pegar fogo.

4. Pratique com intensidade.

5. Fique preso.

6. Confie.

Vamos ver como você pode seguir todos esses passos ao construir sua colcha de saúde da vida mais bonita, prática e mágica.

PRIMEIRO PASSO: Acalme-se

A Parte Um deste livro teve como objetivo ajudá-lo a deixar de lado a ansiedade e fazê-lo ficar razoavelmente calmo. Estou mencionando isso novamente agora, repetindo mais uma vez o que venho dizendo *ad nauseam*, pois a *repetição é a forma de reprogramar o cérebro para que ele fique calmo e permaneça assim.*

Acalmar sua criatura ansiosa é como lavar as mãos: não leva muito tempo quando já se sabe como fazer, deve ser repetido muitas vezes ao dia e é essencial para evitar ser contaminado pela epidemia de ansiedade que assola a sociedade. Quando o cérebro se enreda nas histórias de medo e nos esforços para controlar a espiral de ansiedade, nossos gênios criativos são forçados a se esconder. Quando acalmamos todos os aspectos de nós mesmos, todas as nossas criaturas ansiosas, mantemos nossa lógica do hemisfério esquerdo, mas a combinamos com o insight do hemisfério direito.

Quando a vida se tornar desafiadora, escolha seus exercícios prediletos para promover a calma e use-os, use-os, use-os. Assim como a sorte favorece a mente preparada, a magia criativa favorece o cérebro calmo.

SEGUNDO PASSO: Perambule
Perambular e indagar-se são duas coisas que fazíamos quando éramos crianças de gênio criativo a quem raramente revisitamos quando adultos. Este é o modo de coleta na sacola de retalhos que exploramos no Capítulo 7. Aqui eu quero ressaltar o poder de *perambular* estimulando seu gênio interior. Se você não tem questões de mobilidade, nada supera o movimento físico por novos ambientes como forma de aumentar sua imaginação criativa.

Se você adora ir a lugares completamente novos, onde não fala o idioma ou não conhece os costumes, viajar pode despertar o verdadeiro fascínio, como o de uma criança em uma loja de doces, onde sua atenção é capturada por coisas que a população local nem percebe. Se não puder viajar para o exterior, tente perambular diariamente por pelo menos dez ou vinte minutos. Escolha um lugar de fácil acesso — uma rua da cidade perto de sua casa, um museu, uma livraria, uma feira de agricultores — e passeie por ali sem outro objetivo além de observar. Permita-se ser puxado pelo que chama sua atenção. Investigue. Ouça, espie, cheire e cutuque (se for permitido).

Se você não puder andar ou dirigir, ainda poderá perambular. Durante os anos que passei andando de muletas, quando fui forçada a desacelerar, notei coisas que nunca tinha reparado quando estava com as duas pernas saudáveis. Também descobri que muitos desconhecidos queriam me ajudar. (Isso, por si só, foi uma exploração impressionante.) E, como último recurso, navegar pela internet — desde que você explore lugares desconhecidos e aprenda coisas novas — é uma forma de o cérebro perambular enquanto o corpo permanece imóvel.

Independentemente de como vai fazer, perambular leva ao questionamento, e isso merece um espaço na sua agenda. Nunca pense que ceder ao prazer de sua criança interior de 5 anos por uma brincadeira sem objetivo é perda de tempo. Na verdade, é uma das melhores maneiras de resolver seus problemas mais urgentes.

TERCEIRO PASSO: Deixe a sua mente pegar fogo
No livro *O código do talento*, Daniel Coyle usa a palavra *ignição* para se referir ao momento em que presenciamos algo que desperta muito a nossa curiosidade e nos puxa para uma exploração mais profunda.

Ignição foi o que aconteceu com Josh Waitzkin (o campeão de xadrez da vida real retratado no filme *Lances inocentes*) quando ele tinha 6 anos e viu jogadores de xadrez se enfrentando em um parque. Aos 16 anos, Waitzkin era um grande mestre internacional de xadrez. Mas a história não terminou aí.

Quando jovem, ele teve outra resposta de "ignição" a uma arte marcial chinesa chamada *tuishou* (empurrar com as mãos), um esporte popular em Taiwan. Depois de anos de treinamento, Waitzkin reinou por cinco anos consecutivos como campeão dos pesos médios no Campeonato Nacional de Tai Chi Chuan com a prática de empurrar com as mãos. A genialidade pode nos conduzir a direções inesperadas.

Quando várias pessoas têm uma "ignição" ao mesmo tempo, uma onda de genialidade pode surgir em uma população. Muitas vezes, essa onda se torna visível alguns anos mais tarde, depois que os espectadores empolgados tiverem tempo de praticar as habilidades que presenciaram. Coyle menciona o caso das muitas tenistas russas de alto nível que surgiram vários anos após a partida da semifinal de Anna Kournikova em Wimbledon. Um fenômeno semelhante ocorreu na Coreia do Sul, onde jogadoras de golfe brilhantes surgiram depois que Pak Se-ri, de 20 anos, venceu o torneio de golfe McDonald's LGPA Championship.

Se você quiser realmente testemunhar a ascensão de grupos de gênios após eventos de ignição, maratone algumas competições televisionadas que exigem força ou habilidade. Experimente o *American Ninja Warrior*, no qual pessoas de todas as formas físicas, tamanhos e gêneros tentam vencer as mesmas pistas de obstáculos impressionantemente difíceis. Ou assista a *So You Think You Can Dance*, em que os participantes aprendem e executam coreografias complexas em pouquíssimo tempo. Se é fã de culinária, no *Great British Bake Off*, homens fortes choram de vergonha por conta de suas tortas (novamente, pesquise no Google).

Cerca de cinco anos após a estreia de cada um desses programas, a qualidade dos participantes disparou de forma impressionante. Certa vez, o *American Ninja Warrior* apresentou atletas universitários com fantasias chiques que caíram de cara no chão logo de primeira. Mas depois de alguns anos, o programa teve que aumentar o grau de dificuldade dos obstáculos, uma vez que os participantes, espectadores das primeiras temporadas, começaram a exibir agilidade semelhante à de esquilos estimulados por cafeína. Os dançarinos em temporadas posteriores de *So You Think You Can Dance* fizeram com que a primeira safra de gênios parecesse precisar de andadores. E embora um bolo ópera delicioso já tenha concedido o título de "Star Baker" no *Great British Bake Off*, ganhar essa honra em temporadas posteriores exigiu feitos como construir um motor de combustão funcional a partir de massa folhada.

Em todos esses casos, um certo número de espectadores foi inspirado pelo que viu na tela, então começou a escalar, dançar e assar bolos e tortas como se suas vidas dependessem disso. Essas pessoas estavam indo fundo. Elas tinham algo que os psicólogos chamam de "raiva para dominar", um impulso quase obsessivo de aprender certas habilidades. Com alguns anos de prática, o desempenho delas era inconcebível em comparação ao dos antecessores. Também foram extremamente criativas, inventando novos movimentos, obstáculos e receitas.

E praticavam. Nossa, como praticavam!

QUARTO PASSO: Pratique muito

Meu professor de artes marciais costumava dizer: "A prática não leva à perfeição. A prática torna algo permanente." Esse era o motivo pelo qual ele fazia seus alunos executarem cada novo movimento *muito lentamente, mas de forma perfeita*, mil vezes. Em seguida, passávamos para as próximas mil repetições, só que mais depressa. Por fim, deveríamos repetir o movimento mil vezes perfeitamente com o máximo de velocidade e força.

Coyle usa o termo "prática profunda" para descrever essa busca exigente e implacável pela maestria; outros pesquisadores preferem o termo "prática dedicada". Segundo evidências, praticar dessa maneira — esforçando-se em busca de um objetivo de alto padrão, em vez de apenas repetir exercícios rotineiramente — desloca o cérebro rumo à maestria em velocidades supersônicas. Apenas seis minutos de prática profunda acrescentam tanta destreza quanto um mês de prática comum.

K. Anders Ericsson, o psicólogo que cunhou a ideia de que são necessárias dez mil horas de prática para alcançar a maestria em qualquer habilidade, descobriu que a técnica funciona ainda melhor quando assume a forma de algo que ele chamou de "diversão dedicada". Ericsson descobriu que aprendemos melhor não quando estamos apenas fazendo exercícios, mas quando estamos realmente tentando *tocar* um instrumento, *praticar* um esporte, *jogar* xadrez ou qualquer outra ação (processo que pode acontecer em qualquer atividade que exija desenvolvimento de habilidades). Isso significa que, mesmo que o processo seja difícil, também é divertido.

Divertir-se enquanto satisfaz a raiva para dominar requer um equilíbrio delicado entre buscar a perfeição, mas ser muito gentil com nós mesmos — nos entregando a algum tipo de diálogo interno gentil (KIST) — mesmo quando não a alcançamos. De acordo com um estudo de 2023, nos divertimos ao máximo quando fazemos algo criativo por muito tempo e, em seguida, *abrimos mão* do controle do processo. Se você dirige, já deve ter passado por isso. No início, era difícil e até assustador, mas ao praticar a ponto de deixar de pensar em cada movimento, dirigir se tornou uma espécie de memória corporal que permitiu que você parasse de se concentrar com sua mente cognitiva. É assim que a *prática* dedicada se transforma em *diversão* dedicada.

De acordo com a pesquisa da psicóloga infantil Karyn Purvis, é preciso aproximadamente 400 repetições para criar uma sinapse no cérebro com o tipo de prática comum e cansativa que geralmente é o método escolar. Mas se a aprendizagem ocorrer durante um jogo ou uma brincadeira, são necessárias apenas de 10 a 20 repetições.

Embora o aprendizado de "diversões dedicadas" seja rápido, não há nada de preguiçoso no processo. Ao contrário de comer guloseimas à beira da piscina, aprender dessa maneira pode ser difícil e frustrante — embora também seja intensamente gratificante. A diversão dedicada provavelmente é necessária para alcançar o nível de maestria em quase qualquer atividade. Acredito que é a melhor maneira de conectar nossos cérebros à criatividade e à ansiedade.

Para conquistar habilidades e acessar a genialidade em seu cérebro, o primeiro passo é encontrar uma habilidade ou uma atividade que lhe interesse tanto que você queira dominá-la (isso é um pouco diferente das coisas intrigantes que devem ser colocadas na sacola de retalhos; é um desejo muito direcionado de alcançar a maestria). Em seguida, acenda a chama da ignição tomando como exemplo pessoas que fazem isso extremamente bem. Depois, dê o seu melhor para *replicar o mais alto nível de desempenho que você já viu*.

Alerta de spoiler: você vai falhar.

Então, em vez de jogar a toalha, acalme-se. Use o diálogo interno gentil (KIST). Observe onde você acertou e melhorou, mesmo que a diferença seja pequena. Convoque sua coragem e curiosidade ao reconhecer que não alcançou a perfeição que procurava e então descubra o motivo. Pergunte a si mesmo coisas como: *Por que não funcionou do jeito que eu pretendia? O que faltou? Onde foi que eu errei? O que eu poderia fazer melhor?*

Diversões dedicadas vão contra muitas de nossas suposições culturais sobre criatividade. Por exemplo, nosso viés do hemisfério esquerdo, que nos pressiona durante tarefas regradas e rotineiras, muitas vezes equipara a criatividade a uma espécie de espontaneidade desgovernada que não requer esforço ou disciplina. Conheço professores de arte e de escrita criativa que incentivam os alunos a simplesmente deixar a pintura ou a escrita fluírem, sem ter um objetivo final ou sem tentar executar "bem". É evidente que essa abordagem para projetos criativos é válida e útil — por exemplo, a escrita expressiva que sugeri no Capítulo 4 é uma ótima maneira de articular sentimentos e ter melhor compreensão de nós mesmos. Mas quando nos propomos a dominar algo, "apenas fazer qualquer coisa" não é um objetivo satisfatório. Isso não desperta os mágicos em nossos cérebros.

Quando eu era criança, possuída pela raiva para dominar, não queria apenas pintar usando os dedos, por mais divertido que fosse. Queria desenhar do jeito que meus artistas favoritos desenhavam. Em uma das minhas memórias de infância mais fortes, estou sentada no chão, usando fraldas, tentando e falhando, tentando e falhando, tentando e falhando em desenhar o nariz humano de frente e não de perfil. Depois de dias de esforço, criei uma espécie de formato em U bem ruim. Lembro-me de chorar de frustração quando fui forçada a reconhecer que era o melhor que eu podia fazer. Dez anos depois, apenas começando a usar carvão, eu estava me divertindo — muito — ao desenhar uma cópia do rosto da Madonna na pintura de Leonardo da Vinci, *A Virgem das Rochas*. Após dedicar cerca de 20 mil horas ao desenho, consegui um resultado bem semelhante ao original. Claro, meu esboço era apenas uma cópia, não uma invenção. Mas quando olhei para o que acabara de fazer, comecei a chorar de novo. Eu enfim tinha desenhado um nariz que eu poderia de fato aceitar!

Mas, para mim, a experiência significava mais do que apenas aquele resultado. Quando olhei para o lindo rosto na obra de da Vinci, vi o amor em si. Ser capaz de reproduzir aquilo queria dizer que, se eu tentasse bastante, um dia poderia colocar no papel o que sentia em meu coração. Meu *Self* de Sapo da Arte, sempre ardendo pelo desejo de se expressar, sentiu um alívio enorme.

Quatro anos depois, comecei a minha primeira aula de desenho na faculdade. Fiquei emocionada quando o professor, o já mencionado Will Reimann, pediu a todos os alunos que desenhassem linhas retas e círculos perfeitos. Não eram linhas meio retas e círculos meio redondos, mas linhas *realmente* retas e círculos *realmente* redondos. Ele pediu que desenhássemos os melhores círculos que fôssemos capazes e depois que verificássemos: esse círculo está *de fato redondo*? Tem protuberâncias, amassados, saliências? Tente de novo. Veja se você consegue eliminar os solavancos e amassados. Verifique de novo. Tente de novo. Verifique de novo. E assim por diante.

Eu estava no paraíso. Sabia que tinha encontrado um ótimo professor e que ele me incentivaria a aprender habilidades que eu queria muito dominar. Aquela aula libertou a minha mente para abordar tudo como uma diversão dedicada, e eu adorei. Então fiquei um pouco chocada quando, anos depois, pedi aos participantes de um seminário de criatividade que fizessem esse exercício, e a resposta foi uma resistência apavorada. Muitos participantes começaram a resmungar, apreensivos. Uma mulher — juro por Deus, não estou exagerando — levantou-se e gritou:

— Eu não vim aqui para esse tipo de besteira! Vim para ouvir você me elogiar por tudo o que faço!

(Devolvi o dinheiro a ela, mandei-a embora e registrei isso como a minha própria "prática dedicada" na arte de realizar seminários.)

Acredito que elogiar as pessoas pelo que fizeram é uma boa ideia quando estamos usando atividades criativas para passar tempo ou curar feridas emocionais. Mas apenas rabiscar — ou soprar em um saxofone que "berra", ou pressionar aleatoriamente as teclas do computador, ou anotar números que não contam nenhum tipo de história — não exige que entremos na espiral de criatividade. Não é tão prazeroso quanto a maestria. E com certeza não nos afasta da ansiedade. Na verdade, pode ser que a faça piorar.

Em 2007, a psicóloga de Stanford Carol Dweck relatou que, quando as crianças eram elogiadas por serem superdotadas, inteligentes ou talentosas, ficavam ansiosas. Elas buscavam tarefas que "provassem" seu brilhantismo e evitavam as que não lhes proporcionariam isso. Outros alunos acreditavam em desenvolver habilidades, e não apenas em ter talento. De acordo com Dweck, eles "entenderam que até Einstein e Mozart tiveram que se esforçar ao longo de anos para se tornarem quem eram". Quando esses alunos assumiram desafios, continuaram tentando, falhando e tentando de novo até se aproximarem dos níveis de habilidade que desejavam. Eles acessavam a raiva para dominar, depois despejavam a energia em diversões dedicadas — não em garantir ansiosamente que não despencariam de seus pedestais.

Elogie muito a si mesmo e aos outros, mas direcione esse elogio à prática dedicada e à diversão profunda. Quer experimentar? Vamos replicar essa tarefa da minha matéria favorita na faculdade. Mesmo que não almeje ser um artista, ele abrirá a conexão do seu cérebro com seu gênio criativo. Como a professora de arte Betty Edwards diz em seu guia original clássico, *Desenhando com o lado direito do cérebro*:

> Desenhar (...) pode ter uma dupla vantagem. Primeiro, ao obter acesso à parte da mente que funciona em um estilo propício ao pensamento criativo e intuitivo, você aprenderá uma habilidade fundamental das artes visuais: colocar no papel o que vê diante dos olhos. Em segundo lugar, você aumentará sua capacidade de pensar de forma mais criativa em outras áreas da vida.

Caso esteja tentando aprender sobre planejamento de festas, ciência dos foguetes, educação parental ou qualquer outra habilidade complexa, seu mágico interno usará qualquer prática dedicada que você empreenda para aprimorar seu gênio criativo em todas as áreas. Vamos nessa!

Nova habilidade

UM POUCO DE DIVERSÃO DEDICADA

1. Desenhe um quadrado e um círculo à mão livre na página a seguir ou em uma folha de papel à parte.

2. Observe onde no quadrado as linhas não estão exatamente retas e o círculo não é exatamente redondo. Compare-os com uma borda reta ou um objeto circular.

3. Tente de novo — à mão — e veja se você consegue deixar seu próximo quadrado e círculo mais perfeitamente quadrados e redondos. Faça quadrados e círculos maiores. Desenhe-os com *perfeição*.

4. Se você for capaz de fazer quadrados e círculos perfeitos de qualquer tamanho com facilidade, desenhe um autorretrato. Não a partir de uma fotografia, mas de um espelho. Certifique-se de acertar o nariz!

5. Continue se esforçando para desenhar algo difícil até atingir a perfeição, até começar a se sentir tão frustrado a ponto de querer desistir.

6. Tente de novo depois de dormir um pouco. O cérebro terá passado a noite fazendo novas conexões neurais. É possível notar um salto nos níveis de habilidade e conforto.

7. Tente algo ainda mais difícil. Sempre trabalhe até chegar a um *impasse*, a necessidade final para despertar seu gênio criativo.

Um círculo perfeito	Um quadrado perfeito

QUINTO PASSO: Fique preso

Ocorre um sentimento de impasse quando atingimos os limites de nossa capacidade em qualquer tentativa. Não é o fim de todas as opções, mas é o fim de todas as opções *aparentes*. Esse é o ponto em que as espirais de criatividade de nossos cérebros podem surgir com ideias que nunca tivemos antes.

A maioria de nós permite que a ansiedade nos afaste de situações difíceis em que não temos muita qualificação ou certeza de como seguir em frente. Dominamos habilidades básicas para editar um vídeo on-line, mas resistimos quando o programa usado nos exige uma técnica mais complexa que nos obriga a ler instruções ou assistir a um tutorial. Escrevemos um livro de memórias como um presente para nossa posteridade, mas entramos em pânico quando alguém sugere que um editor leia o rascunho e proponha melhorias. Memorizamos algumas músicas no piano e as tocamos razoavelmente bem, mas decidimos que aprender a ler partitura, por mais incrível que seja, está além de nossa capacidade.

No momento em que recuamos diante de um desafio criativo, nossa vida começa a encolher. Mas, se permanecermos no jogo criativo, explorando alternativas, bagunçando e fazendo uma nova tentativa e bagunçando de novo (mas melhor), podemos desencadear saltos de insight e descoberta nas profundezas misteriosas de nossos hemisférios direitos. Atingir um impasse leva a uma sensação que chamo de "bolhas cerebrais", um sentimento bruto acompanhado de frustração emocional. Esse não é um sinal de que devemos parar. É um sinal de que estamos despertando nosso gênio criativo.

É o que os alunos de Zen budismo fazem ao deparar com um *koan* confuso do tipo: "Qual é o som de uma mão batendo palmas?" Eles olham para uma parede vazia, concentrados no *koan*, sem sequer pensar, à espera do salto de insight que faz surgir uma nova maneira de enxergar o universo. É o que Albert Einstein fazia em seu tempo livre no escritório de patentes, constantemente empurrava sua mente para compreender verdades estranhas, como sua percepção de que o tempo passa mais devagar com o aumento da velocidade física. Foi o que a prodígio do violino Min Kym fez enquanto se esforçava para fazer música de qualidade incrível e descobriu que ela também tinha que utilizar a relatividade: em dado momento, Kym aprendeu que, como não conseguia mover os dedos rápido o suficiente para tocar certas passagens, ela precisava esticar o tempo desacelerando a mente. "Se você consegue ver o tempo passado, deixe o tempo se alongar, e aí você pode tocar tudo", escreveu Kym mais tarde.

Eu não teria pensado nisso.

Esses saltos impressionantes de genialidade são as percepções que surgem com as novas conexões de nossas mentes, em que neurônios que antes estavam distantes se juntam. O cérebro direito tem, na verdade, um tom mais pálido de cinza do que sua contraparte do lado esquerdo, porque contém neurônios muito mais longos, intensamente fortificados com uma substância branca chamada mielina (assim como usamos borracha ou plástico para encapar fios elétricos, o corpo usa a mielina para reter a eletricidade em um neurônio). Ao desafiar mentes e corpos para além do nosso nível de habilidade, o cérebro começa a unir esses nervos longos, conectando cada vez mais bits de conhecimento em um processo chamado "transferência distante".

A capacidade de aplicar o aprendizado de uma área a outra completamente diferente significa que *tudo o que experimentamos serve de material para nossas mentes criativas e geniais.* É por isso que aprender a desenhar um círculo perfeito pode, de fato, ajudá-lo a se tornar um melhor contador, compositor ou mergulhador de águas profundas. Quando Josh Waitzkin se tornou campeão de artes marciais, ele fez "transferências distantes" do xadrez que o ajudaram a elaborar estratégias e pensar vários passos à frente. Então ele passou a investir, onde agora aplica habilidades de jogar xadrez e de empurrar com as mãos para ganhar muito dinheiro.

Eu vi as pessoas fazerem todos os tipos de transferências distantes, primeiro em suas mentes, depois em suas vidas externas. Caroline usou as habilidades que adquiriu como esquiadora profissional para construir uma empresa de consultoria de grande sucesso.

— Para esquiar bem, é preciso lançar o corpo na linha de queda, a última coisa que o corpo quer fazer. Mas assumir esse "risco" é exatamente o que mantém o esqui sob o esquiador e em segurança. Na consultoria, também é assim: de cara, abordo os problemas que meus clientes *menos* querem enfrentar. Mas à medida que "se inclinam" para essas questões, percebem que o risco bem planejado é o caminho para o sucesso, e é estimulante — disse ela.

Bailey começou a faculdade como um aspirante a poeta, depois logo foi arrebatado pela ciência e levou para o estudo da botânica a mesma precisão que aplicava na escrita de sonetos. Durante anos, Ezra trabalhou como programador antes de escrever e publicar um romance sobre um jovem hacker que solucionava crimes. Olivia é médica, mas obtém uma renda significativa criando e vendendo cerâmica.

A arte não precisa despertar o seu mágico, mas qualquer manifestação artística que você ame pode ser o pontapé inicial para a construção de superautoestradas no hemisfério direito. Will Reimann é mestre em ajudar pessoas a fazer isso, forçando conscientemente os alunos a situações que exijam transferências do lado direito do cérebro para a obtenção de novas habilidades.

Quando cheguei ao estúdio de Will e comecei a tentar desenhar linhas mais retas e círculos mais redondos, já fazia anos que brincava intensamente com lápis, material que permite muitos truques legais: sombreamento suave, linhas que variam em espessura ou desaparecem gradualmente, alto contraste entre traços suaves e fortes. Eu curtia todas essas técnicas. Certa tarde, eu estava usando-as no estúdio quando um objeto pousou no meu caderno de rascunho. Era uma caneta de desenho técnico, um instrumento que faz uma linha totalmente preta de largura invariável. Assustada, olhei para cima e vi Will sorrindo para mim.

— De agora em diante, use isso — disse ele, acenando com a cabeça para a caneta.

NOSSA, como eu odiava aquela caneta! Você não tem ideia, eu tinha que desenhar. Precisava. Na época, era a única forma de acalmar a ansiedade que parecia explodir em mim. Mas aquela caneta roubou todas as minhas técnicas favoritas. Sem sombreamento suave. Sem variação na largura das linhas. Sem esboços delicados. Lutava contra a caneta o dia todo e sonhava com ela a noite inteira. Fiz muitos, muitos desenhos ruins. Eu fiquei de fato bem presa.

Então, um dia, enquanto rabiscava durante uma aula para acalmar a mente, notei uma textura interessante que acidentalmente surgiu quando movimentei a caneta de modo diferente. Uma luz se acendeu no meu cérebro.

Hum, pensei, semicerrando os olhos. *Isso, sim. Funciona.*

A partir desse momento, comecei a usar canetas de desenho técnico de uma nova maneira. Meus métodos surgiram do meu próprio cérebro e de diversões dedicadas, não de exemplos técnicos que eu já tinha visto. Esbocei com pontos e vetores imaginários e sombreei com todos os tipos de linhas. Mais tarde, risquei um item da minha lista de desejos: venci uma exposição de arte com jurados com aquela caneta.

Um dia, quando a caneta já havia se tornado minha melhor amiga, mais uma vez fui para o estúdio vazio meio sem vontade de praticar um pouco o desenho. Enquanto eu pontilhava e fazia hachuras, outro objeto pousou no meu caderno de rascunho. Um pincel de aquarela. Olhei para cima e vi Will exibindo seu melhor sorriso diabólico.

— Bem-vinda ao inferno — disse ele.

Eu o xinguei bastante, e nós dois rimos. Ele estava me empurrando para um novo conjunto de impasses. Ao me encaminhar para o que ele sabia que eu não poderia fazer, estava me ensinando a desenhar, a ser criativa, a evocar flashes de mágica em minha própria mente. Ele estava me ensinando a viver.

SEXTO PASSO: Confie

Você não pode matar seu gênio criativo, mas pode bloqueá-lo ao tentar controlar, de maneira ansiosa, o processo de resolução de problemas. Você foi ensinado a fazer isso a vida toda. Claro, eu entendo que, quando se está tentando alcançar algo difícil e se chega a um impasse, quase certamente a ansiedade vai surgir. Nesse momento, *é preciso sair da espiral de ansiedade*. Talvez não seja possível eliminar todos os impulsos de ansiedade do cérebro. Mas dá para acabar com a espiral usando as habilidades de acalmar criaturas e depois *parando de tentar controlar os resultados*.

Uma forma de fazer isso é esvaziar a mente, assim como fazem os praticantes de meditação zen ou como Wag Dodge pode ter feito ao ver o fogo se aproximando bem depressa. Um método mais confiável e agradável é usar o que chamo de "abordagem Monty Python". *Monty Python's Flying Circus* é um programa inglês de esquetes de comédia, famoso por vincular as esquetes com a importante transição "E agora vamos para algo completamente diferente!" Empurre-se para o impasse e, em seguida, faça algo completamente diferente. Vá andar de patins, monte um quebra-cabeça ou treine seu caranguejo eremita para que ele aprenda próprio nome. Deixe seu hemisfério direito trabalhar.

Não me lembro de quando comecei a usar essa abordagem, mas me recordo de perceber que, quando deixo de lado um problema complicado para fazer algo completamente diferente, de repente vejo uma solução. Pensei nisso como se meu cérebro estivesse pondo um ovo. Se a ideia de usar a mágica profunda que habita as profundezas de sua mente inconsciente parece intimidante, imagine que o gênio criativo é uma galinha. Ele elimina ideias do jeito que uma galinha põe ovos — *plop!* —, e você não precisa saber exatamente como ou por quê. Esse processo é mágico, mas também é humilde e prático. Tente com o exercício a seguir.

Nova habilidade

CONFIE NA GALINHA

1. Use o seguinte processo na próxima vez que se sentir preso em um problema: seja um desentendimento com um ente querido, um enigma de lógica ou um prazo apertado. Se quiser aprender esse processo aqui e agora (o que vai aprimorar sua habilidade em solucionar os problemas que surgirem), pense em um problema pequeno, mas persistente, que você gostaria de resolver, como parar de perder meias toda vez que lava a roupa ou como se destacar em uma festa. Ou, como terceira opção, você pode tentar resolver um ou mais problemas que listei a seguir.

    - *Como posso montar um look novo e despojado usando apenas as roupas que já tenho e outros itens disponíveis em minha casa?*

    - *Como posso ganhar um dólar [ou iene, ou peso etc.] de uma fonte completamente nova hoje ou amanhã?*

    - *Que tipo de jogo posso criar para uma ou mais crianças que seja educativo e encantador e que também as mantenha ocupadas durante uma hora?*

    - *Que tipo de refeição posso preparar para a minha família ou amigos que seja nutritiva, deliciosa e custe pouco?*

    - *O que posso postar nas redes sociais sobre uma situação frustrante que aconteceu comigo hoje de uma maneira que faça meus amigos darem risada?*

- Que músicas posso adicionar a uma playlist que faça com que alguém que eu amo se sinta [nomeie a emoção: melancólico, energizado, inspirado, furioso, apaixonado, nostálgico etc.]?

2. Pense no problema escolhido até que as ideias se esgotem. Em seguida, escreva um breve pedido à sua galinha mágica interna. O pedido deve ser como esse:

Querida Galinha Mágica, preciso de novas ideias para resolver [escreva o seu problema aqui]. Comece a trabalhar no desenvolvimento de uma ideia e, em seguida, mande-a para o meu cérebro. Atenciosamente, Eu

3. Faça algo completamente diferente. Pegue seu celular ou um caderno e faça anotações se uma ideia aparecer em sua mente.

4. Continue fazendo coisas completamente diferentes até que uma ideia surja.

UMA VIDA MÁGICA

É incrível observar pessoas que se sentiam sem vida e sem inspiração despertarem seu gênio criativo. Tive o privilégio de testemunhar isso muitas vezes. Vi em primeira mão que andar por aí com o mágico interior bem acordado enche a vida de luz, calor e energia.

Ao dominar essa faceta da espiral de criatividade, você começará a notar diversos elementos que despertam seu interesse. Algumas faíscas vão se acender em uma verdadeira raiva para dominar. A diversão dedicada vai reconectar os circuitos elétricos em seu cérebro, combinando flashes de conexão e compreensão de todas as partes de sua vivência. E quando menos esperar, uma percepção repentina surgirá em sua mente, ensinando verdades que antes estavam ocultas — verdades que *ninguém* pode ter percebido antes.

Em comparação, uma vida dominada pela ansiedade parece muito monótona. Depois de viver por um tempo como um mágico criativo, você pode começar a encarar o retorno à ansiedade como uma escolha. Cada vez mais, você sentirá que pode simplesmente se recusar a entrar na espiral paralisante e inferior da ansiedade. Você saberá que, em vez disso, pode escolher se voltar para a curiosidade e subir as espirais rumo a novas experiências e horizontes. O gênio criativo é incrivelmente desafiador — e completamente normal. É a forma como fomos projetados a pensar e viver. Ele o levará direto ao fogo e, em seguida, o entregará à segurança com lampejos de inspiração. Isso pode motivá-lo a encontrar maneiras de evitar a espiral de ansiedade para sempre.

E é aí que a verdadeira diversão começa.

Parte Três
A CRIAÇÃO

9

QUEBRANDO AS REGRAS DO SEU PAPEL, FOCANDO A SUA MISSÃO

No início dos anos 2020, com o Black Lives Matter (Vidas Negras Importam) e outros movimentos ativistas voltados à justiça social ganhando força, comecei a procurar alguém para ficar encarregado do setor de diversidade da pequena empresa que administro on-line. Como meu trabalho (ser coach e treinar coaches) está diretamente relacionado a ajudar pessoas a pensar de forma diferente, eu queria que os valores de diversidade, equidade e inclusão (DE&I) permeassem tudo o que fazíamos. Meus colegas e eu procuramos bastante pela pessoa certa. Acabei me reunindo por chamada de vídeo com as outras três pessoas que compõem a equipe de liderança da minha empresa e uma consultora de DE&I chamada Yvonne Jackson.

Àquela altura, todos nós já tínhamos visto como a internet aumenta a tensão social. As discussões on-line podem começar com algumas pessoas ansiosas dando coices verbais umas nas outras e, em seguida, quase instantaneamente, se transformar em brigas cruéis que destroem amizades e famílias. E é aí que o assunto fica, digamos, propenso a qualquer tipo de opinião. Quando se trata de discutir questões relacionadas a violação, opressão e assassinato, é difícil entrar em campo sem receber uma enxurrada de críticas. Perguntamos a Yvonne como ela encararia essas situações enervantes e como nos ensinaria a lidar com elas com sabedoria.

— Bem, o que mais a assusta? — perguntou Yvonne.

— Acho que pode ser cometer um erro — afirmei. — Posso fazer algo errado.

— Pode? — perguntou Yvonne, erguendo as sobrancelhas. — Ah, não tem "pode". Você *vai* cometer erros. *Milhares*. E você vai lidar com pessoas que estão com raiva de você. É verdade. *Com raiva. De. Você.* Não tem outro jeito.

Ela sorriu para nós do outro lado da tela do computador e, estranhamente, senti uma ponta de felicidade, que não parecia vir do currículo de Yvonne, embora fosse muito impressionante. Vinha de sua simples presença. Ela irradiava calma, confiança e compaixão.

— E... você acha isso... agradável? — perguntei, com os olhos semicerrados.

Yvonne riu por um longo período.

— *Agradável* é uma palavra forte — respondeu ela. — Agradável, não. Mas alegre, sim. Porque acho que alegria é o que se sente quando se está "em uma missão". E se eu não estiver em uma missão, se eu não estiver na minha alegria, não vou durar muito. Acho que isso vale para todos. Se todos nós não conseguirmos encontrar a nossa alegria e a nossa missão, acabaremos fazendo parte de toda a calamidade que vem acontecendo há séculos.

A entrevista terminou, Yvonne saiu da reunião e olhei para os quadradinhos dos meus três colegas na tela, como se estivessem na abertura de *A família Brady*.

— O que você acha? — perguntei a Jennifer, minha CEO. — Podemos nos dar ao luxo de contratá-la? — Sempre fui uma ignorante na parte de finanças, então cruzei os dedos, esperando que ela dissesse sim.

— Eu acho — disse Jennifer lentamente — que não podemos nos dar ao luxo de *não* a contratar.

A comemoração foi unânime.

A MISSÃO É SUA, CASO DECIDA ACEITÁ-LA

O tema deste capítulo trata do que acontece quando a busca pelo fim da ansiedade o conduz a uma espiral de criatividade tão grande que você se encontra com seu verdadeiro *Self*, completamente "em uma missão". O senso de propósito e de realização que emerge nesse momento é tão delicioso que, apesar das pressões sociais, a sua curiosidade continuará fazendo você encontrar um jeito único de existir.

Esse é o primeiro indício da sensação que eu chamo de "misturar-se à criação". Como já mencionei, é uma expressão estranha, em parte porque, em nossa cultura, poucas pessoas abordam esse tema. Favorecemos discussões sobre como competir, produzir, progredir e agradar o hemisfério esquerdo. Mas ao explorar os seus interesses criativos a ponto de *dominar* uma habilidade ou um projeto, haverá períodos em que até mesmo o árduo trabalho da maestria vai se transformar em felicidade plena. Há uma sensação de retorno a esse estado de paz, que é, ao mesmo tempo, intensamente ativo, um prazer feroz no processo e um profundo contentamento que nos faz perceber que encontramos parte do propósito fundamental da vida. A razão mais frequente pela qual as pessoas buscam minha consultoria é que elas querem redescobrir esse senso de propósito, mesmo que não se lembrem de tê-lo. "*Qual* é o sentido tudo isso?", questionam sobre suas vidas em geral. "Eu só vou para o trabalho, volto para casa e me preparo para repetir tudo de novo." Ou: "Amo muito os meus filhos, mas será que passar o dia levando-os para cima e para baixo e lavando as roupas deles é o meu destino para a vida toda?" Ou: "Trabalhei muito para ganhar um prêmio pelo meu trabalho, mas agora que consegui, fico pensando: *E daí*? Parece tão sem sentido."

Por outro lado, as pessoas que seguem seu gênio criativo inato nunca perguntam: "E daí?" O "e daí" é um fascínio inato, que, como disse o poeta Emerson, "a beleza é a própria desculpa para sua Existência".

Quando Damion deixou o emprego de vendedor no setor de varejo e se tornou mecânico, ele me disse:

— Eu costumava olhar para o relógio ansioso para que o expediente acabasse. Agora continuo olhando para ele, mas porque sempre desejo ter um pouco mais de tempo para me dedicar a um projeto.

Carolina, terapeuta ocupacional que atende crianças com deficiência, disse:

— Eu não me incomodo de limpar os narizes catarrentos dos pequenos e acalmar birras, porque ajudar as crianças a desenvolver habilidades para a vida toda sempre foi o que mais me fascinou.

A sensação de estar "em uma missão" depende das habilidades conectivas e interpretativas do hemisfério direito, ela joga para escanteio a nossa ansiedade, a nossa tagarelice mental e o nosso senso de tempo. Como Hesíodo mencionou sobre alcançar qualquer tipo de maestria: "Quando se atinge o topo, então fica fácil, embora seja difícil."

Para nos concentrarmos de modo consistente nessa ideia de estar "em uma missão", devemos realizar três ações. A primeira é nos separarmos dos papéis sociais que estamos seguindo, a menos que estejam perfeitamente alinhados à nossa missão. A segunda é relaxar o controle de nossa mente a respeito de tudo o que conhecemos — na maneira verbal, controladora e mecânica como o hemisfério esquerdo sabe das coisas (falaremos sobre como "deixar pra lá" nas próximas páginas). A terceira é adotar uma nova abordagem para realizar tarefas, que consiste em *fazer* absolutamente nada. Ou talvez eu devesse dizer "não fazer" nada. Isso soa confuso? Não se preocupe. Depois de experimentar a ideia, você vai entender exatamente o que quero dizer.

Vamos começar com os trabalhos, que podem ou não se encaixar na definição convencional que temos.

PARA ENCONTRAR O SEU PROPÓSITO, ROMPA COM A DIRETIVA PRINCIPAL

Quando as pessoas comentam que querem se livrar da ansiedade ou que anseiam por um propósito, raramente percebem que esses objetivos são dois lados da mesma moeda. Como vimos, viver em uma cultura predominantemente materialista e dominada pelo hemisfério esquerdo não apenas provoca ansiedade, como também exclui a capacidade do hemisfério direito de perceber contexto, conexão e beleza. Quando isso acontece, perdemos nossa noção de significado. O lema da cultura WEIRD ("Você existe para acumular coisas!") motiva por meio do medo e da escassez, enquanto nos tira o propósito e a alegria.

Acalmar a ansiedade e se concentrar na criatividade pode nos levar a uma reconexão com todo o nosso cérebro, resultando em uma felicidade enorme. E, em algum momento, qualquer que seja a atividade criativa a qual nos dedicamos também nos torna parte de um movimento contracultural. Essa entrega nos conecta com o Mistério, com a sensação de que desempenhamos um papel em um espetáculo universal que vai muito além de nossas vidas particulares. Temos a impressão de que estamos sendo guiados, impelidos, apoiados. A criação em si se torna o trabalho de nossas vidas, e a criação, por sua vez, parece agir em nossas vidas.

Muitos de meus clientes carentes de propósito sentiram essa conexão com a criação em algum momento — mas a maioria deles imediatamente voltou atrás. Por exemplo, Pete adorava viajar, conhecer pessoas novas e trocar ideias a respeito de diferentes culturas. Ele tinha um emprego incrível como gerente de contas em um banco internacional, mas, embora aproveitasse a experiência de viajar ao redor do mundo, o trabalho exigia que tivesse uma residência fixa. Pete se sentia entediado e sem vida. E me pediu para ajudá-lo a encontrar mais prazer no trabalho.

Em vez de dar a Pete um novo exercício de visualização ou método para definição de metas, pedi que ele imaginasse uma maneira de viajar pelo mundo, começando *no dia seguinte*, sem ter que se preocupar com economizar dinheiro ou mexer na poupança. Depois de uma risada incrédula (ele pensou que eu estivesse brincando, mas eu lhe assegurei que estava falando sério), Pete teve a ideia de viajar pelo mundo ensinando inglês em vários países. Alguns amigos dele fizeram isso e adoraram. Pete se iluminou como um letreiro em néon enquanto discutia essa possibilidade "audaciosa e insana". Então, de repente, as luzes se apagaram e Pete murchou na cadeira.

— Eu não posso largar meu trabalho, a grana é muito boa — disse ele.

Lynette, professora de ioga, estava frustrada em dar sempre a mesma aula.

— Quero ensinar as pessoas a fazer ioga de uma forma que realinhe a *vida*, não apenas o corpo delas — disse-me ela. — Eu descobri um método de colocar isso em prática. Sei como funciona. Estou morrendo de vontade de compartilhá-lo.

Quando conversamos sobre a possibilidade dela começar uma nova série de aulas, acrescentando sua visão sobre a prática tradicional de ioga, Lynette ficou tão animada que disse:

— Eu tenho que desacelerar, estou hiperventilando! — Então a ansiedade dela deu as caras de novo. — Mas que direito tenho de ensinar coisas que acabei de *inventar*? — perguntou ela. — Se eu fizer isso, as pessoas vão pensar que sou muito autocentrada. E talvez nem funcione para todos!

Tive variações dessa conversa com literalmente centenas de pessoas. Elas começam a se conectar à sua verdadeira curiosidade, aos talentos e potenciais intrínsecos, à sua raiva a ser dominada, e o mundo inteiro se abre em uma aventura fabulosa. Então, de repente, a alegria desaparece e as pessoas se fecham. Depois sempre dizem algo como: "Óbvio que eu adoraria viver assim", anunciam, melancólicas, com raiva ou de forma ansiosa. "Seria incrível. Mas a questão principal é que é muito arriscado. Primeiro, tenho que poupar o máximo de dinheiro possível. Depois talvez consiga me divertir um pouco.

Esta é a história favorita contada em nossa cultura materialista, obcecada pela produtividade e dominada pelo hemisfério esquerdo, a respeito da vida de cada um. *Não é possível ficar todo feliz, iludido e motivado por um propósito! Você não é capaz de se conectar com a criação, seja lá o que isso signifique! Você precisa acumular mais coisas!*

Eu, com certeza, concordo que precisamos de bens materiais para sustentar a nós mesmos e as nossas famílias. Mas a nossa sabedoria convencional faz disso um pacote: para *sobreviver*, devemos aceitar a natureza catastrófica do pensamento e comportamento WEIRD. Devemos servir a um sistema que não tem motivação além de acumular riqueza, que nos trata como engrenagens de uma máquina, sem que haja espaço para criatividade ou singularidade.

Percebi que indivíduos que primeiro buscam um propósito tendem a encontrar maneiras de se sustentar. Mas quem está concentrado em ganhar dinheiro antes de procurar um senso de missão nunca sente que já possui riqueza o suficiente. Já fui mentora de gente que, apesar de não ter dinheiro na conta, conseguiu financiar grandes aventuras na vida, e de gente com milhões de dólares que continuava dizendo que precisava de um pouco mais antes de se sentir livre para buscar o verdadeiro propósito.

A chave para quebrar esse padrão cultural é lembrar que, quando nos dedicamos à nossa missão de vida, desfrutamos de grande motivação interna. Ao nos libertarmos desse modelo e deixarmos nossos hemisférios direitos resolverem essa questão, somos mais capazes de enxergar novas maneiras de financiar nossa vida. Também deixamos nossa criatividade livre para nos ajudar a fazer trabalhos antigos de novas maneiras. Segundo uma das pessoas mais aventureiras que conheço, "depois de saber *o que* você quer experimentar, é fácil descobrir *como* fazer isso".

Isso vai contra o cânone do hemisfério esquerdo. O Primeiro Mandamento da cultura WEIRD é "Ganharás muito dinheiro antes de pensares no propósito da tua vida". Mas não é verdade. Uma sociedade que realmente acredita nesse lema e que nunca considera alternativas criativas nos ensinou isso à força.

Você pode perceber a influência desse tipo particular de socialização quando as pessoas ganham muito dinheiro repentinamente e ainda não se sentem livres para buscar a felicidade. Em um estudo de 2010, Scott Highhouse, da Bowling Green State University, descobriu que 85% dos norte-americanos que ganharam na loteria permaneceram no mercado de trabalho. Alguns reduziram a carga horária para meio expediente, mas 63% continuaram fazendo o que sempre fizeram. Por quê? Embora seja possível que eles simplesmente adorassem o trabalho, essa não foi a justificativa que apresentaram ao explicar suas escolhas aos pesquisadores. Em vez disso, afirmaram que:

- Eles tinham "identidades baseadas no trabalho". O que significa que se definiam pelo emprego escolhido — sentiam que *eram* suas profissões. A ideia de desistir parecia uma aniquilação.

- Eles tinham uma "capacidade de absorção de estímulo estreita". Os respectivos empregos eram a principal fonte de estímulo. Não conseguiam pensar em nada mais interessante para fazer.

- Temiam o desconhecido. Estavam aterrorizados diante da ideia de ter que preencher o tempo sem os empregos formais.

- Tinham uma "culpa induzida pela ética do trabalho". Os pesquisadores descobriram que esses indivíduos sentiam que só podiam justificar sua existência por meio de uma profissão. Nas palavras de Highhouse, eles viviam de acordo com a regra social de "produza ou, se não fizer, pelo menos sinta-se culpado".

Todas essas explicações têm origem na ansiedade: o medo de perder a identidade, ficar entediado, enfrentar o desconhecido ou sentir culpa. Mesmo com muito dinheiro em mãos, os ganhadores da loteria, em sua maioria, disseram que ainda estavam motivados pelas regras baseadas nesse transtorno. Não há nada de errado em ter um emprego e, se você encarar o seu trabalho como "propósito", espero que não peça demissão. Mas quando as pessoas me dizem que o dinheiro é o único empecilho para a busca por uma vida significativa, eu me pergunto se o verdadeiro problema é ficar preso à ansiedade.

TRABALHANDO "COM PROPÓSITO"

Assim como algumas pessoas têm muito dinheiro ou empregos invejáveis, mas não conseguem encontrar propósito, podemos encontrar o nosso propósito sem precisar acumular mais dinheiro ou ter empregos que se encaixem perfeitamente em nossa missão na vida. Só precisamos nos desvencilhar da busca desenfreada por dinheiro da cultura WEIRD, nos acalmar até que consigamos sentir o que desperta nosso interesse e, em seguida, encontrar modos de aproveitar o tempo desenvolvendo nossos interesses à medida que eles se transformam em verdadeiras paixões.

De novo, aqueles que vivem assim se tornam extremamente criativos em buscar o próprio sustento. Subvertem papéis sociais típicos, muitas vezes inventando identidades de carreira que nunca existiram antes. Descobrem como se sustentar e a seus dependentes, mas direcionam a maior parte do esforço mental na criação de experiências que enriquecem suas vidas de várias maneiras, que vão além da questão financeira.

Por exemplo, depois que Chuck foi demitido de seu emprego como consultor de gestão, sua família teve que se mudar para uma casa menor e reduzir drasticamente os gastos. Então o filho adolescente de Chuck, Ben, decidiu participar de um concurso que envolvia a construção de um protótipo de foguete. A iniciativa despertou o amor de Chuck pela engenharia criativa. Juntos, os dois vasculharam ferros-velhos e o lixão da região em busca de materiais. Além disso, divulgaram o projeto nas redes sociais e começaram a receber doações de outros fãs do tema.

— Antes de perder o emprego, eu acharia que precisava de um dinheiro a mais para ajudar Ben em um projeto como esse; e *nunca* teria tirado um tempo para me juntar a ele. Em vez disso, conseguimos fazer tudo sem custo, nos divertir juntos e promover alguns avanços reais de engenharia. Foi a maior alegria e propósito que experimentei em décadas — comentou Chuck.

Posteriormente, Chuck começou a trabalhar como coach de carreira para engenheiros que se sentiam estagnados ou desmotivados, o que fez com que ele voltasse a ter uma renda.

Já testemunhei esse tipo de alegria e criatividade em pessoas com diferentes missões de vida. Leah, uma enfermeira que sofria de insônia, juntou-se a mais dois profissionais da área da saúde para organizar retiros que ajudam pessoas exaustas a dormir melhor. Laura tornou-se uma chef vegana em seu tempo livre, oferecendo seus serviços a profissionais preocupados com a saúde que estavam muito ocupados ganhando dinheiro e não tinham tempo para cozinhar para si uma refeição saudável. Barney presta consultoria a proprietários de residências e empresas para otimizar o consumo de energia dos imóveis deles, muitas vezes gerando uma economia significativa em dinheiro enquanto alimenta sua paixão por diminuir o impacto do uso de combustível fóssil no planeta.

Depois de começar a viver na espiral de criatividade, você encontrará soluções engenhosas para todos os tipos de problemas, do mais específico ao mais universal. E esse trabalho — ou melhor, essa brincadeira profunda — vai parecer intensamente significativo. Yvonne clama por sua principal alegria diretiva e insiste em não fazer nada que não lhe traga felicidade. Você pode chamar seu senso de propósito de fascínio, absorção, lugar feliz ou missão de super-herói. Seja qual for o termo escolhido, essa maneira de resolver problemas e sustentar uma vida significa que você está quase sempre "em uma missão". Você é o Sapo no carro, extasiado, sentindo o vento no rosto.

Vá aonde quer que esse sentimento o leve, e haverá momentos em que você vai se esquecer de todas as suas razões socialmente programadas para realizar ações. Você vai se esquecer de se preocupar com os suspeitos de sempre — dinheiro, identidade baseada no trabalho, experiência limitada, medo do desconhecido e "culpa induzida pela ética no trabalho". Você pode, de fato, se esquecer de *toda* a identidade — pelo menos sua identidade como um ser pequeno, isolado e vulnerável. Em vez disso, será arrastado para o fluxo da criação, tornando-se inteiramente seu *Self* — aquele que é calmo, objetivo, confiante, curioso, corajoso, conectado, criativo e compassivo. E os *Selves* de outras pessoas vão querer participar também.

Isso pode levar a uma maneira totalmente nova de ganhar a vida — falaremos mais sobre esse assunto no Capítulo 10 — ou torná-lo excepcionalmente valioso no seu trabalho atual, ou em capturar a atenção de pessoas que reconhecem a qualidade extraordinária de seu esforço. Quando você está vivendo na espiral de criatividade, muitas pessoas percebem que não podem se dar ao luxo de *não* contratar você.

SUA MISSÃO *VERSUS* SEU PAPEL

Lembre-se de que essa maneira radicalmente criativa e voltada para a missão de agregar valor ao mundo não é tolerada pelo pensamento do hemisfério esquerdo. As pessoas dirão que isso é estranho, porque as culturas WEIRD são estruturadas para fazer com que seres humanos que têm um bom desempenho escolar, realizam um trabalho "produtivo", quer gostem ou não, criem os filhos para seguir o mesmo ciclo e, depois, morrer. Elas querem que nos encaixemos em papéis rígidos e socialmente estabelecidos. Querem que todos nós sejamos moldes.

Permita-me explicar.

Caso você queira fazer uma escultura de argila de uma figura humana, é possível pegar um molde e pressionar a argila dentro dele até que todas as curvas e fendas sejam preenchidas. Outra maneira é construir uma armadura — uma espécie de boneco palito, geralmente feita de arame. Com esse método, coloca-se argila ao redor dessa estrutura e acrescenta-se camadas até chegar ao formato correto. Com um molde é possível chegar a um número infinito de esculturas quase idênticas. Com a armadura, nunca será possível ter duas esculturas exatamente iguais.

O papel social é como um molde, projetado para transformar muitas pessoas em cópias quase idênticas. Cada papel requer tarefas, características e formas específicas de se vestir e falar. Cada cultura atribui papéis, e os membros dessa cultura tentam se encaixar em alguns deles. Meus clientes com frequência mencionam seus papéis e as responsabilidades que são inerentes a eles: a boa menina deve permanecer doce e complacente, o durão não pode desmoronar e pedir ajuda, o executivo badalado nunca deve deixar os subordinados conseguirem o que querem, o pai perfeito nunca deve perder a paciência, o herói que se sacrifica não pode reclamar ou exigir justiça, o influenciador glamouroso não pode envelhecer, o generoso benfeitor não pode se dar ao luxo de cuidar de si mesmo e o conquistador nunca demonstra — ou talvez nem tenha — misericórdia.

Todos reconhecemos esses papéis — são tropos culturais. Todo mundo sabe que um ministro não deve agir como um astro de rock, que não deve agir como um soldado, que não deve agir como uma babá, e assim por diante. A verdade é que a maioria de nós poderia desempenhar *todos* esses papéis ou sair de qualquer papel já concebido. Mas, na maioria das culturas, essa não é uma prática bem vista.

As regras dos papéis sociais podem ser estranhas, inúteis e completamente arbitrárias. Mas recebem apoio de uma massa crítica de pessoas que defendem que *as coisas devem ser feitas de determinada maneira*. Por exemplo, acabei de ver no X, o antigo Twitter, o post de alguém chamado Noah (@NoahDoNotCare), que escreveu: "Eu acidentalmente disse 'maior' em vez de 'grande' no Starbucks, e me levaram pra trás da loja e atiraram na minha perna." (Um esclarecimento: trata-se de uma piada. Os funcionários do Starbucks não atiraram na perna de Noah. Só tiveram vontade de fazer isso.)

A razão para haver uma reação tão negativa quando alguém quebra uma regra relacionada aos papéis pré-estabelecidos é porque as pessoas estão obedecendo à regra social que diz: "Todos devemos manter os nossos papéis!" Elas mesmas estão tentando desempenhar papéis sociais específicos. Ao longo da vida, a maioria das pessoas experimenta a abordagem de "pressionar a argila para dentro do molde". É provável que isso tenha começado antes mesmo de nascerem. Tive clientes que, quando eram pequenos, viam os pais encherem seus quartos com cartazes das universidades da Ivy League que eles deveriam frequentar, ou com equipamentos esportivos que deveriam usar em nível profissional, ou com parafernália religiosa. Principalmente a última.

Se você quiser pressionar alguém *com força* para que se encaixe em um molde, use a religião. Escolha uma que siga o antigo lema do hemisfério esquerdo: "Nosso caminho é o *único* caminho!" Se demostrarem curiosidade, mate-a com um dogma justo. Viver em Utah ajuda.

Há apenas um pequeno problema em usar regras sociais rígidas para moldar alguém: se pressionar demais, é capaz de o molde quebrar. Você pode, na verdade — o horror dos horrores —, libertar alguém. Qualquer papel que aumente a pressão pode ter esse resultado, seja religioso ou não. Quando o molde quebra, a pessoa que foi empurrada para dentro dele ganha a liberdade de acessar seu mais profundo senso de missão, a armadura em torno da qual pode construir uma vida verdadeiramente única. Depois disso, as regras dos papéis sociais se tornam basicamente inúteis. Essa pessoa nunca mais vai agir como qualquer outra, nunca mais.

QUEBRANDO O MOLDE

Foi o que aconteceu com Yvonne. Certo dia, depois de ela ter se tornado a minha coach pessoal e profissional de diversidade, equidade e inclusão (DE&I), perguntei como ela conseguia trabalhar em um campo tão volátil com um prazer tão persistente e óbvio. Será que ela nunca ficava ansiosa?

Yvonne riu ainda mais do que o normal.

— Ah, vai por mim, eu poderia ser um poço de ansiedade se não tivesse mecanismos de enfrentamento. Mas aprendi a me conduzir para uma direção diferente. Porque eu sei o que é estar pra baixo. E quando você sabe o que é estar pra baixo, intimamente, não tem outra escolha a não ser buscar a sua alegria — disse ela.

Depois ela me contou uma história.

Décadas atrás, Yvonne, então com 22 anos, sentou-se desorientada em uma reunião tensa e silenciosa da igreja, esperando que os líderes religiosos saíssem da sala onde estavam decidindo o destino dela. Yvonne havia acabado de confessar publicamente seus "pecados", em especial o fato de ter começado um relacionamento com outro homem enquanto estava separada, mas ainda não divorciada, do ex-marido.

Os líderes religiosos voltaram para a capela e anunciaram, com seriedade, que Deus lhes dissera que Yvonne não estava arrependida o suficiente. Ela foi desassociada, um processo semelhante à excomunhão. A partir daquele momento, a comunidade deveria evitá-la, inclusive seus amigos e familiares. Uma simples interação com Yvonne passaria a ser um pecado passível de punição.

— Eles me disseram que entrei naquela sala viva e saí morta — lembra Yvonne.

"Morta" é um papel social interessante. Por um lado, é uma boa prática aceitar a natureza impermanente de todas as coisas. Por outro, significa *não* receber qualquer tipo de apoio social. Esse era o objetivo: condenar Yvonne ao ostracismo. Ao afastar todos que poderiam amá-la e defendê-la, a igreja intensificou a pressão social que faria qualquer um de nós se comportar exatamente como nos foi ordenado. Era esperado que Yvonne rastejasse de volta ao molde, que se esforçasse para se encaixar na forma desejada e mantivesse as regras de sua religião para sempre.

Mas não foi o que aconteceu.

Os anos seguintes foram extremamente difíceis. Sendo uma mulher negra, Yvonne sempre enfrentou a rotina diária exaustiva do racismo e do sexismo. Então, seus amigos, conhecidos e até mesmo sua família a rejeitaram.

— Disseram que eu não era nada, eu era tratada como nada — contou ela. Yvonne abriu seu sorriso contagiante. — E estou tão feliz, porque se isso não tivesse acontecido, eu ainda acreditaria no que me ensinaram. Em vez disso, fiquei obcecada em descobrir o que era verdadeiro para mim. Quando conquistei essa clareza interior, eu estava livre.

Aos poucos, Yvonne começou a encontrar uma identidade mais profunda do que qualquer papel social. Em vez de voltar para a igreja, ela começou a remendar uma vida de colcha de retalhos de saúde. Assumiu uma série de trabalhos, guiada pela intuição que preencheu o espaço outrora reservado ao dogma religioso. Para Yvonne, essa orientação veio na forma de alegria. Sem as restrições dos papéis sociais, ela se voltou para qualquer coisas que lhe desse uma sensação de aconchego interior.

Yvonne se sentiu especialmente atraída por ajudar a erradicar a injustiça e a discriminação, vivenciada por ela de mais formas do que a maioria é capaz de imaginar. Refletindo sobre as próprias experiências, ela desenvolveu métodos para ajudar os outros a se conectarem além das fronteiras culturais, étnicas, religiosas, entre outras. Yvonne reviveu seu amor pelo design — ela já havia frequentado a escola de arte — e criou o próprio site e manuais de treinamento. Ela entrou e saiu de vários empregos, adquirindo habilidades e competências na gestão de organizações.

— Eu não sabia o que estava fazendo *conscientemente*, mas sempre tive uma noção de onde precisava aparecer — disse-me ela.

Por fim, Yvonne se sentiu atraída a estudar propriamente Diversidade, Equidade e Inclusão (DE&I).

— Aquilo não me soava bem! — disse ela rindo. — Eu *não* queria entrar naquela seara. Essas coisas são difíceis!

Mas por mais estranho que parecesse, era para essa direção que a alegria de Yvonne parecia estar guiando-a. Ela me descreveu a área como um conhecimento persistente e inexplicável, uma atração magnética de seu coração que desafiava todos os protestos em sua cabeça. Então lá foi ela, quebrando as regras dos papéis corporativos dos Estados Unidos ao largar mais um emprego (um cargo lucrativo e de prestígio na Apple) para abrir a própria empresa de consultoria.

Foi o que levou à reunião por chamada de vídeo entre Yvonne, minha equipe e eu. Ainda não paramos de comemorar. Não conseguimos acreditar na sorte que tivemos ao encontrá-la — uma pessoa que ouviu que não era nada e que foi tratada como tal, perfeitamente adequada para nos ajudar e nos ensinar, esse gênio criativo que não poderíamos nos dar ao luxo de *não* contratar.

Nunca houve momento mais propício para romper com moldes sociais que nos limitam e criar uma vida guiada pela curiosidade e pela alegria. Vivemos em tempos de mudanças sociais incrivelmente rápidas, que estão se intensificando a cada dia. Setores inteiros estão entrando em colapso enquanto outros surgem — por exemplo, o venerável mercado editorial foi completamente transformado pela fácil disponibilidade de informações na internet. A indústria hoteleira foi abalada pelo Airbnb. Os shoppings, antes com multidões, agora estão às moscas em algumas regiões, já que quase todo mundo faz compras on-line.

Enquanto isso, a comunicação constante e o compartilhamento de experiências, possibilitados pela tecnologia, permitem que os indivíduos encontrem pessoas dispostas a apoiá-los no rompimento com os papéis sociais que foram moldados para preencher. Pessoas que estão explorando diferentes identidades de gênero agora podem encontrar amigos que compartilham da mesma experiência. Artistas de todas as áreas podem se encontrar e interagir com pessoas que tenham interesses em comum. Figuras parentais de crianças neurodivergentes podem se reunir e pensar em maneiras de transformar a sociedade para atender às necessidades de seus filhos, em vez de forçá-los a atender à definição de "normal" estabelecida por determinada cultura.

O que quero dizer é que quase todos os papéis sociais existentes estão sendo colocados em xeque, modificados, rompidos ou disponibilizados. Novos jeitos de viver e alcançar propósitos estão surgindo em todos os lugares, como veremos nos capítulos seguintes. Mas, para aproveitar essas oportunidades — até mesmo reconhecê-las —, primeiro precisamos começar a romper com as regras que estamos seguindo apenas para nos mantermos alinhados a papéis socialmente aprovados. A busca por aprovação é um comportamento baseado na ansiedade, alimentado pela crença do hemisfério esquerdo de que existe apenas uma maneira de viver. Aqui está um exercício para ajudar você a libertar-se da ansiedade como motivação básica e imaginar quem você pode se tornar ao seguir seu senso de curiosidade, criatividade e conexão.

Nova habilidade

QUEBRE AS REGRAS DO SEU PAPEL

1. Complete as frases a seguir com coisas que você sempre faz, **não por realmente gostar delas, mas por querer que os outros e você mesmo pensem bem a respeito.**
Escreva isso no primeiro espaço em branco. No segundo, anote o que você acha que as pessoas pensariam a seu respeito caso deixasse de

fazê-las. (Quando preencher o segundo espaço em branco, talvez ouça as vozes das pessoas que socializaram você.)

EXEMPLOS:

Eu sempre [atividade] *me levanto quando o sol nasce.*
Se eu não fizesse isso, as pessoas pensariam que sou [julgamento] *um pedaço de cocô preguiçoso.*

Eu sempre [atividade] *uso sapatos caros e desconfortáveis.*
Se eu não o fizesse, as pessoas pensariam que sou [julgamento] *igual a um bárbaro.*

Eu sempre [atividade] _____
_____.
Se eu não fizesse isso, as pessoas pensariam que sou [julgamento] _____
_____.

Eu sempre [atividade] _____
_____.
Se eu não fizesse isso, as pessoas pensariam que sou [julgamento] _____
_____.

Eu sempre [atividade] _____
_____.
Se eu não fizesse isso, as pessoas pensariam que sou [julgamento] _____
_____.

Agora escreva coisas que você *nunca* faz, mesmo que queira fazer. Você se abstém de fazer essas coisas **não porque são ilegais ou imorais, mas porque tem medo do julgamento de terceiros se você as fizesse.**

EXEMPLOS:

Eu nunca [atividade] *me defendo.*
Se eu fizesse isso, as pessoas pensariam que sou [julgamento] *egoísta e exigente.*

Eu nunca [atividade] *reclamo.*
Se eu fizesse isso, as pessoas pensariam que sou [julgamento] *fraco e chorão.*

Eu nunca [atividade] _____
_____.

Se eu fizesse isso, as pessoas pensariam que sou [julgamento] _____
_____.

Eu nunca [atividade] _____
_____.

Se eu fizesse isso, as pessoas pensariam que sou [julgamento] _____
_____.

Eu nunca [atividade] _____
_____.

Se eu fizesse isso, as pessoas pensariam que sou [julgamento] _____
_____.

2. Em seguida, preencha a coluna à esquerda copiando tudo o que acabou de escrever. Depois, vá para a coluna da direita e pense no que você *real e verdadeiramente* prefere fazer.

COLUNA A: O QUE FAÇO PARA CUMPRIR O MEU PAPEL	COLUNA B: O QUE PREFERIRIA FAZER
Exemplos:	*Exemplos:*
• Eu sempre me levanto quando o sol nasce. • Eu sempre uso sapatos caros e desconfortáveis. • Eu nunca digo o que penso. • Eu nunca demonstro tristeza. 1. 2. 3. 4. 5. 6.	• Eu gostaria de dormir até me sentir descansado. • Eu gostaria de usar havaianas. • Eu gostaria de pedir mais mingau no café da manhã. • Eu gostaria de chorar no ombro de alguém. 1. 2. 3. 4. 5. 6.

3. Agora pense em algo da coluna B que você poderia fazer hoje (em outras palavras, uma ação que se encaixe dentro do que você considera moral, mas que está *um pouco* fora das normas de seu papel). Dito de outra forma, você honestamente não acha que há algo de errado em fazer ou deixar de fazer isso, mas as pessoas que socializaram você não aprovariam.

EXEMPLO:
Hoje eu poderia quebrar minhas regras de papéis sociais, talvez: *tirando uma soneca no meio da tarde, usando havaianas para trabalhar, dizendo ao meu eu adolescente para parar de tocar bateria à noite, reclamando com todos que conheço sobre o quanto eu odeio neve etc. etc.*

AGORA É A SUA VEZ:
Hoje eu poderia quebrar as minhas regras de papéis sociais:
_____
_____

4. Faça o que quiser. Quebre as regras. Você provavelmente vai se sentir muito ansioso em relação a isso. Apenas respire, acalme sua criatura ansiosa e mantenha o foco.

5. Repita diariamente.

A recompensa ao aprender a viver dessa forma é que nos tornamos cada vez mais conscientes das coisas bonitas que queremos costurar em nossas colchas de sanidade. Ao mesmo tempo, quase como uma reflexão tardia, nos vemos ampliando a nossa zona de conforto, mudando o nosso comportamento de maneiras que nos nutrem e deixando a ansiedade para trás. As ações que vêm de nosso âmago (e não de moldes sociais) alimentam nosso interesse, aumentam nosso vigor físico e mental e acalmam nosso coração. Quanto mais quebrarmos as regras de papéis sociais, maior será a probabilidade de combinarmos os elementos certos para criar missões de vida mais significativas. Ninguém pode nos fornecer os mapas para essas missões. Devemos atraí-los nos unindo à energia da criação pura.

UNINDO-SE À CRIAÇÃO PARA CONQUISTAR A SUA MISSÃO

Agora que vimos como os papéis sociais nos impedem de encontrar nosso propósito e começamos a refletir sobre formas de nos libertar de nossos moldes específicos, vamos ver como a vida pode parecer para além do mundo das pessoas moldadas, onde cada um de nós cria com base em um próprio senso único de propósito.

A maioria das pessoas cientes de que não está vivendo sua missão de vida vai procurar logo de cara novos papéis que se encaixem perfeitamente sem que eles exijam grandes alterações ou imaginação: um trabalho diferente, uma casa em um clima mais ameno, um novo relacionamento. Se você fez uma mudança como essa e aterrissou em uma vida perfeitamente alinhada com sua missão de vida, eu não poderia estar mais feliz por você. Pode parar de ler! Volte para a sua grandiosa vida!

Mas a maioria das pessoas é mais parecida com a caixa do supermercado onde fui fazer compras quando cheguei de viagem. Ela me perguntou por que eu precisava de tantas coisas, e eu respondi que estava na África do Sul em um safári para ajudar as pessoas a mudarem de vida.

— Uau! — disse ela com os olhos arregalados. — Como conseguiu esse emprego?

— Hum... Eu não consegui, na verdade, — Eu meio que... inventei.

Após fazer as compras, no caminho de casa, eu me lembrei de como os meus amigos e eu estávamos nervosos enquanto "costurávamos" um pedaço da colcha de saúde com base no nosso amor pelos animais e pela natureza, no nosso compromisso de restaurar os ecossistemas, nas nossas tentativas de encontrar a felicidade, no amor que sentíamos um pelo outro e no nosso senso de missão. Cada um de nós ajudou a criar esse "pedaço da colcha" (o retiro de safári de mudança de vida) que se tornou um belo componente da vida de cada um. E embora, para a maioria dos nossos clientes, seja incrivelmente inconveniente viajar até a selva africana, há muitas pessoas que sentem que não podem se dar ao luxo de *não* se inscrever no safári.

O filósofo Frederick Buechner definiu vocação ou missão de vida como "o lugar onde a alegria profunda se encontra com a necessidade do mundo". Meu cliente Pete deparou com esse encontro: ele adorava viajar e sabia que poderia ensinar inglês para pessoas que queriam muito aprender o idioma. A professora de ioga Lynette me disse:

— Eu *sei* que poderia ajudar as pessoas a se tornarem mais saudáveis com as práticas que inventei.

E ela sabia que muitas pessoas estavam ávidas para se sentirem melhor. Apenas o medo de Pete e de Lynette em deixar papéis tradicionais e criar alternativas um tanto originais os impediam de entrar nessa interseção poderosa entre alegria e serviço.

Quando meus amigos e eu decidimos fazer retiros de safári, não tínhamos ideia se conseguiríamos ganhar dinheiro. Tínhamos apenas fé, muitas vezes sucumbindo a ataques terríveis de ansiedade. Você provavelmente vai se assustar, como sempre acontece comigo, quando começar a se afastar das normas culturais criando uma maneira mais direta de seguir a sua missão. Mas isso não ocorrerá por causa de uma ameaça física real em um ambiente, como um incêndio ou um ornitorrinco enfurecido (os ornitorrincos têm apenas cerca de 60 centímetros de comprimento, mas podem atacar você com as esporas venenosas que ficam em suas patas traseiras). Em outras palavras, não se trata de medo verdadeiro, saudável e útil. É só a ansiedade. Quando ela surgir, enfrente-a sem medo com as habilidades que aprendeu até aqui neste livro e siga em frente.

Viva assim, e você pode acabar encontrando uma missão que ninguém jamais imaginou. Use o exercício anterior — aquele que o ajuda a identificar as coisas não gratificantes que está fazendo, que fogem da convenção social, e o incentiva a escolher alternativas gratificantes — repetidas vezes. Busque e mude todas as convenções de papéis que pareçam tóxicas ou exaustivas. Troque-as por qualquer coisa que capture seu interesse, e quero dizer *qualquer* coisa. Peça de colcha por peça de colcha, você descobrirá que pode costurar muitos desses interesses até construir um modo de vida que lhe traga profunda alegria e ajude a nutrir o corpo ou a alma de outras pessoas.

Depois de criar uma vida baseada na colcha de saúde, você pode dar um nome à sua maneira de viver. Ouvi dizer que Leah, a enfermeira que ajuda pessoas com insônia, se autodenomina "a Dama do Sono". Meus amigos na África do Sul chamam o trabalho deles de "restaurar o Éden"; outros se referem a eles como curandeiros de habitats. Não é raro que as pessoas comecem a chamar as outras por títulos inesperados. Eu ainda fico envergonhada pelo rótulo de "coach de vida", que não existia quando eu era criança, nem mesmo quando eu estava no doutorado. Ser "coach de vida" está *muito* distante das normas acadêmicas; é o tipo de título que faz os acadêmicos tradicionais quererem levá-lo para fora e atirar na sua perna. Mas o papel de "professora de Harvard" me fazia sentir caótica e ansiosa. Quando decidi abandonar essa carreira e seguir a minha curiosidade em busca de alegria, eu enfim me senti "com propósito".

A maioria dos meus amigos vive assim. Alguns deles alcançaram grande sucesso por não se limitarem a papéis socialmente definidos. Na verdade, eles nunca permanecem muito tempo em uma posição reconhecida e são recompensados financeiramente por grande parte do que fazem por prazer. Eles seguem a curiosidade, permitem que ela cresça na raiva para dominar e acabam criando algo completamente original.

Estou prestes a fazer algo que fui aconselhada a não fazer: vou descrever algumas pessoas *muito bem-sucedidas*. "Não vá por aí", disseram. "É difícil se identificar com o grande sucesso. Mantenha as coisas simples." Mas vou descrever essas pessoas sem usar pseudônimos, para que você saiba que um grande sucesso é muito possível quando rompemos com nossos moldes sociais e começamos a construir nossas vidas a partir de sentidos mais profundos de significado.

- Liz, infeliz em seu papel de esposa suburbana e sem querer dar o próximo passo socialmente aceito, o de mãe, direcionou toda a sua energia para a única coisa que despertava uma pequena chama de curiosidade em seu cérebro: o desejo de aprender italiano. Se você quiser saber o que aconteceu depois, leia *Comer, rezar, amar*.

    Quando conheci Liz, ela me disse que quase sempre ia para onde a curiosidade a levava. Ela tinha ficado obcecada por jardinagem (isso mais tarde apareceu em seu romance *A assinatura de todas as coisas*). Depois, durante o meu mês de Sapo da Arte, enviei para Liz uma foto de um quadro meu. Ela ficou tão entusiasmada que ficou acordada a noite toda desenvolvendo um baralho completo de 72 cartas de tarô. Liz não tinha planos de lançar ou vender seu novo baralho. Ela apenas adora criar.

- Alex cresceu na África do Sul sob o regime do *apartheid*. Na infância, a família dele passou por dificuldades financeiras tão sérias que a única maneira de Alex comer era seguir uma galinha até que ela pusesse um ovo.

Quando jovem, ele rompeu com as normas sociais racistas de seus ancestrais brancos ao se tornar aprendiz de Renias Mhlongo, um brilhante rastreador de animais da tribo Shangaan. Os dois se tornaram melhores amigos e rastreadores tão lendários que são recrutados para ajudar os conservacionistas a localizar e proteger grandes predadores no mundo todo. Alex e Renias fundaram uma "academia de rastreadores", que treina jovens de áreas rurais para que eles consigam empregos como guias de safáris usando antigas habilidades de rastreamento. Mais tarde, Alex abriu uma empresa que fornece um mingau nutritivo a escolas, para que todas as crianças possam obter na merenda escolar os nutrientes recomendados para o dia, motivando os pais a ajudá-las a ter acesso à educação formal.

- Conheci Susan quando ela foi nomeada editora-chefe da *O, The Oprah Magazine*. O burburinho no escritório era de que ela era uma "ameaça tripla", bem-sucedida como designer de arte, jornalista e editora. Como eu era uma das colunistas mensais da revista, fui a Nova York me encontrar com ela. A expectativa era falarmos sobre o nosso trabalho. Não falamos.

  Eu tinha acabado de ler *The Devil's Teeth*, o emocionante livro de Susan sobre grandes tubarões brancos, e queria saber mais. Após a nossa conversa sobre tubarões, passamos a falar de ondas gigantes, da inteligência dos golfinhos e do sonho de Susan de um dia mergulhar em um submersível até o fundo do mar (ela transformaria cada um desses tópicos em livros best-sellers). Quando percebemos que esgotamos nosso tempo sem sequer mencionar o trabalho, consideramos marcar um almoço para o dia seguinte. Mas Susan não pôde ir. Ela teria que perder sua aula de esgrima.

Como já disse, estou trazendo essas pessoas extremamente bem-sucedidas como exemplos porque quero que você veja o que pode acontecer quando nos comprometemos a viver de forma criativa, projetando vidas que nos preencham com um senso de propósito. Nenhuma dessas pessoas começou com um mapa definido de sua missão. Nenhuma delas alcançou sucesso financeiro logo de cara. Alex nunca esquece como é passar fome. Liz se lembra de gentilmente ter chutado um rato para fora de um buraco no chão do carro da família enquanto passavam de carro pela floresta congelante de Connecticut. Quando comentei sobre o quanto Susan é humilde e realista, ela riu e disse:

— Eu nunca tive a pretensão de ser impressionante. Só estou feliz por estar aqui.

Essas pessoas sempre tiveram vidas ricas e abundantes, independentemente de ter dinheiro ou não. Todos tiveram muitos empregos e relacionamentos enquanto criavam suas colchas de saúde. Mas nunca esperaram que qualquer trabalho ou papel de social *fosse* sua missão. Repetidas vezes, elas tiveram a coragem de deixar o conforto da convenção estabelecida e de enfrentar críticas e retrocessos. Todas sentiram como se estivessem pulando de um penhasco. Todas sentiram medo do desconhecido. E, em algum momento, todas sentiram que desapareceram por completo. Na verdade, essa foi a grande recompensa.

Agora, deixe-me explicar.

QUANDO O EGO SE DISSOLVE NA CRIAÇÃO

Na manhã que sofreu um acidente vascular cerebral, Jill Bolte Taylor estava no chuveiro observando a mão apoiada nos azulejos do banheiro. Enquanto seu hemisfério esquerdo piscava, esses objetos continuavam mudando de aparência. Primeiro, Jill via os azulejos e a mão, como de costume. Então, seu cérebro esquerdo apagava, e ela via os azulejos e a mão se tornarem nuvens de energia misturada. Não havia separação entre eles — entre qualquer coisa. A realidade era apenas um campo interconectado de energia vibratória.

Jill não estava alucinando. Seu cérebro não estava "inventando" o que via a partir do hemisfério direito. Ela estava simplesmente observando a realidade sem a *edição* e a *simplificação* do hemisfério esquerdo. A versão "nuvens de energia" do mundo se alinha à descrição da realidade que a física moderna nos apresenta. Mas *ver* isso com os próprios olhos é considerado estranho em sociedades WEIRD. E acharíamos que isso prejudicaria o desempenho prático. No caso de um AVC grave, é verdade. Mas quando invocamos nosso hemisfério direito para criar nosso caminho pela vida, recebemos dicas irresistíveis de como é se misturar com a criação — e isso com frequência é associado ao desempenho *máximo*.

Isso é o que Jill descreve sentir quando está esculpindo: um senso de unidade com a pedra, com a figura que ela está moldando, com o próprio ato de criar. Yvonne se sente a personificação da alegria, mesmo ao atravessar territórios emocionais turbulentos. Liz revela que, quando não sente vontade de escrever, começar o mais rápido possível a leva a um lugar onde as barreiras se quebram, e ela se dissolve na criação da história. Durante suas expedições de rastreamento de animais, a mente de Alex fica tão quieta e focada que desaparece, tornando-se uma parte indistinguível da paisagem e dos animais. E quando Susan atingiu seu objetivo e viajou quilômetros abaixo da superfície do oceano em um minúsculo submarino transparente, ela me confessou que não sentiu medo algum. Ela se sentiu segura, como se fizesse parte do mar e conectada a uma força universal compassiva, completamente indiferente à sua existência individual.

Duvido que tenham ensinado você a encontrar maneiras de desaparecer na criação. Em culturas WEIRD, isso não existe. Mas muitas tradições antigas ensinavam as pessoas a dissolver suas identidades de modo deliberado enquanto realizavam qualquer tarefa. Elas cultivam a sensação que surge quando superamos a ansiedade, desaparecemos de nós mesmos e sentimos algo incomensurável nos usando como ferramentas de criação.

A coisa mais próxima que as sociedades WEIRD têm desse tropo cultural pode ser a imagem da Força ajudando Luke Skywalker a atirar seu torpedo de prótons contra a Estrela da Morte (acredito que nossa necessidade de nomear essa experiência, de "confiar na Força", é parte do que fez *Star Wars* ser tão bem-sucedido). Os antigos taoístas chineses descrevem isso como *wei-wu-wei* (ação sem ação ou agir sem agir). A intenção deles era permitir que a "ação sem ação" surgisse em todas as áreas de suas vidas, como Luke permitindo que a Força guiasse *todas* as suas ações, desde pilotar um foguete até almoçar.

Não há uma tradução fácil para *wei-wu-wei*, porque a experiência é, em última análise, indescritível. No entanto, ela pode acontecer e acontece com todos nós, mesmo que de maneiras ínfimas, porque nosso sistema nervoso tem a capacidade inerente de fazer isso.

Um exemplo que já mencionei é a habilidade de dirigir um carro. Os motoristas experientes não precisam pensar conscientemente em um movimento toda vez que pisam no freio ou giram o volante. E você deve ter tido a experiência de reagir a um imprevisto — um animal atravessando a pista, por exemplo — antes que sua mente consciente captasse o que estava acontecendo.

Se você faz qualquer tipo de trabalho tridimensional que exija o pensamento do hemisfério direito, como jardinagem, construção ou culinária, já deve ter sentido que o solo, a madeira ou a comida na panela estão "pedindo" o que precisam de uma forma que é impossível de descrever. Os romancistas podem ver seus personagens dizendo coisas inesperadas. Os pintores falam sobre telas "querendo" certas cores e formas. Um cirurgião cardíaco uma vez me disse:

— Há um momento em que o corpo do paciente começa a me mostrar o que ele quer que minhas mãos façam. Não faço ideia de como descrever esse sentimento, mas não deixo de seguir as instruções.

A ação sem ação surge sobretudo quando dedicamos muitas horas para aperfeiçoar alguma habilidade criativa e depois *paramos de tentar controlar* o que estamos desenvolvendo. Esse é um feito paradoxal, um equilíbrio perfeito entre habilidades integradas e total relaxamento. Mas fomos projetados para alcançá-lo. Aqui está um exercício para ajudar você a começar.

Nova habilidade

AÇÃO SEM AÇÃO

1. Escolha algo que você queira fazer. Pode ser algo manual, como construir um objeto, ou abstrato, como compor uma música, ou ambos. Pode ser dançar, reformar o seu carro ou qualquer atividade criativa de que goste.

2. Encontre exemplos de pessoas que fazem esse tipo de coisa *com maestria*.

3. Comprometa-se profundamente enquanto desenvolve sua tarefa — o objeto, a música — assim como os mestres fazem.

4. Se esse pensamento o deixar ansioso, acalme sua criatura ansiosa, conecte-se com a curiosidade e siga em frente. Recuse-se a ser dissuadido.

5. **Agora mude sua atenção quatro vezes: suba alto, desça fundo, vá embora e volte para dentro.**

SUBIR significa rondar a sua mente e se aproximar cada vez mais, como um falcão circulando cada vez mais alto, até que você possa ver o propósito final que está tentando servir ao fazer isso.

Por exemplo, quando estou trabalhando com Yvonne, constantemente tentamos "dar zoom" para analisar nosso objetivo final de criar uma empresa que ajude a catalisar uma sociedade mais justa.

DESCER significa voltar à tarefa diante de você. Permaneça inteiramente focado em fazer com que essa pequena tarefa o leve ao propósito que você acabou de ver do alto.

A minha equipe e eu vamos de aspirações sofisticadas a tarefas práticas: escrever um texto para colocar em nosso site, tirar uma foto, qualquer que seja o pequeno passo que devemos dar para seguir nossa missão mais elevada.

IR EMBORA significa exatamente isso. Levante-se e caminhe, leia um romance, nade em um rio, jogue Dungeons & Dragons com seus amigos ou veja como fica sua sala de estar quando você está de cabeça para baixo. Faça algo que o obrigue a parar de pensar em suas tarefas baseadas em missões.

VOLTAR PARA DENTRO significa retornar àquela série de pequenas tarefas que levam ao seu propósito mais elevado, mantendo a mentalidade relaxada e aberta de um andarilho. As tarefas podem parecer diferentes agora. Você as verá sob novos ângulos. Conectará coisas novas. Vai transferir ideias que surgiram enquanto perambulava para resolver problemas que antes o confundiam.

A insistência de Yvonne na alegria é um desses golpes de genialidade. "Anda, vamos, agora", diz ela. "Você pode encontrar uma maneira de se animar fazendo isso. Incrível? Nem sempre. Divertido? Com certeza."

6. Repita até começar a sentir que algo está pensando, falando ou se movendo *em* você, sem ter que se esforçar para isso. Pode ser apenas um flash no início, mas a cada vez que você praticar, sentirá mais momentos de ação sem ação. Aos poucos, seu cérebro vai se conectar a esse estado como sua maneira favorita de seguir em frente.

O JOGO DA CONSCIÊNCIA

Não posso fazer você experimentar essa sensação estranha e maravilhosa de se dissolver na criação, então, de novo, *tente fazer o exercício anterior em vez de apenas lê-lo*. Compare a sensação com a de manter as regras de seu papel social, seja ele qual for. Para a maioria de nós, viver rigidamente sob os papéis disponíveis em sociedades onde o lado esquerdo do cérebro predomina nos deixa sem objetivo, exceto "justificar nossa existência através do trabalho". Mas misturar-se com a criação, permitindo que nós mesmos sigamos a curiosidade e a criatividade do hemisfério certo, é delicioso o suficiente para ser um fim em si mesmo.

Tente se lembrar de um instante de maestria relaxada — uma jogada inspirada em campo ou em pista de esqui; a primeira vez que seus dedos encontraram automaticamente um acorde do violão; a estranha ousadia que o fez superar a timidez e dizer a coisa certa para a pessoa por quem logo se apaixonaria; o súbito florescimento de uma nova ideia, *gadget*, grupo ou evento —, lembre-se de como foi experienciar essa sensação. Imagine sentir isso com mais frequência, sentir *o tempo todo*.

Esse rio constante de descobertas felizes é comum? Claro que não! É possível? Há milhares de anos, as pessoas têm comprovado que sim.

Em algumas filosofias indianas, o próprio universo é visto como um produto desse tipo de energia absorvente e deliciosa, conhecida pela palavra *Lila*, ou "jogo divino". O cosmos consciente, reconhecendo sua própria identidade por meio de diversas formas, está criando a realidade por pura alegria. Quando nos tornamos conscientes desse sentimento e percebemos a força da criação dirigindo nossas ações, sentimos um choque de admiração que os sábios indianos chamam de "esplendor do reconhecimento". A Força dentro de nós se vê como se fosse uma só Força ao nosso redor: o encontro divino com o divino, transformando-se em uma nova forma.

Liz Gilbert gosta de contar a história de uma dançarina que conheceu e que foi escolhida para interpretar Joana D'Arc em *Seraphic Dialogue*, uma das obras mais emblemáticas da grande coreógrafa Martha Graham. Na época, essa estrela da dança em ascensão tinha apenas 18 anos e ficou em êxtase e extremamente ansiosa por ter sido escalada como Joana. Na noite de estreia, enquanto esperava que a cortina se abrisse, ela teve um verdadeiro ataque de pânico.

— Orei para que o chão se abrisse e me engolisse — disse ela a Liz. — E aí (...) aconteceu isso. Eu desapareci. E Joana D'Arc entrou em cena.

A dançarina não quis dizer que estava literalmente possuída pelo espírito da heroína francesa morta há tanto tempo. Ela quis dizer que a Força — qualquer que fosse a força que impulsionasse a verdadeira Joana D'Arc, bem como o fictício Luke Skywalker — pareceu assumir gentilmente o controle de seu corpo e de sua mente.

Ao analisar indivíduos que experimentavam um senso de unidade com toda a criação, Andrew Newberg e Eugene d'Aquili descobriram que esses meditadores alcançavam estados de êxtase quando duas partes do cérebro ficavam quietas: uma que é responsável pela sensação de separação do restante do universo e outra que gera a sensação de controle. Perder nosso senso de identidade e nosso senso de controle? Credo! Esse é o pior pesadelo do hemisfério esquerdo! Fomos socializados para evitar essa situação por toda a vida!

Mas, minha nossa, o hemisfério esquerdo realmente sabe dançar.

Quando começamos a romper com os papéis sociais e nos entregamos à energia da criação universal, seguindo o que quer que nos ilumine, sentimos essa experiência transcendental. Isso não se limita a momentos em que estamos diante de uma plateia. Pode ocorrer com a mesma intensidade quando estamos regando plantas, participando de uma reunião, aprendendo um idioma, brincando com nossos filhos ou escrevendo um e-mail para um amigo.

Se você acalmar a ansiedade e se distanciar dos papéis que lhe foram impostos para ir em direção às ações que lhe trazem alegria, acabará em cada vez mais lugares onde sua alegria profunda encontra a fome profunda do mundo. Isso vai motivá-lo a lutar pela maestria, porque é indescritivelmente cativante, o ápice da *diversão*.

Em dado momento, ao subir, descer, ir embora e depois retornar a uma tarefa, é possível que acabe esquecendo de controlar alguma coisa. Você pode só confiar na Força. E então, parafraseando Eleanor Roosevelt, você fará coisas que acha que não é capaz de fazer — porque não será você quem as fará. Não haverá barreira entre você e o resto da criação. Você terá voltado para o seu *Self* altruísta.

10

CONSTELAÇÃO DE UM ECOSSISTEMA

Se alguém estivesse dirigindo por West Sussex, Inglaterra, em algum momento da década de 2010, poderia ter deparado com um homem baixo e despretensioso andando pela estrada, catando lixo e colocando-o em grandes sacos plásticos. Quem dirigia nessa rota com frequência pode ter visto esse homem em várias ocasiões, especialmente porque ele costumava percorrer mais de 30 quilômetros por dia, apanhando e ensacando tudo, desde animais mortos até torradeiras quebradas.

Sem informações adicionais sobre o catador de lixo, não surpreende descobrir que sua história de vida seja difícil. Vindo de uma família de seis irmãos, ele era pequeno para sua idade, afligido por tiques e compulsões que hoje provavelmente seriam diagnosticados como TOC ou síndrome de Tourette. Desde a infância, ele já sabia que era gay e vivia com medo de que os outros percebessem — temor que se provou justificado mais tarde, quando o pai descobriu sua homossexualidade e o expulsou de casa. Na juventude, o catador de lixo pulou de um interesse a outro até encontrar algo a que pudesse se dedicar: as drogas. Quase qualquer substância que tivesse efeito sobre a mente servia, embora ele preferisse a metanfetamina. Ele financiava o vício e ganhava a vida fazendo bicos, principalmente limpando casas e apartamentos.

Coitadinho, você deve estar pensando após saber de tudo isso. É de partir o coração observar aquele homem, agora na casa dos 60 anos, caminhando por aí e se embrenhando em matagais cheios de espinheiro para pegar latas de refrigerante e sacos plásticos com fezes de cachorro. O que você provavelmente não teria imaginado é que ele também é proprietário de várias casas, as quais decora com pinturas originais de artistas como Picasso, e que às vezes contrata um jatinho quando tem algum imprevisto de viagem. Limpar os acostamentos das estradas é apenas seu *hobby*.

O homem se chama David Sedaris. Ele é famoso por escrever ensaios humorísticos, que lê em voz alta em apresentações esgotadas no mundo todo. Normalmente, não é fácil ganhar dinheiro com esse tipo de trabalho. Quando for assinar sua carta de demissão, o pessoal do RH não vai perguntar: "Você já pensou em escrever ensaios humorísticos sobre sua vida e depois lê-los em voz alta?" Mesmo para autores de sucesso, que são casos muito raros, a maioria dos recitais de livros atrai públicos pequenos. A única pessoa que consigo pensar que teve uma carreira parecida com a de Sedaris é Mark Twain, mas Twain não tinha como concorrentes a televisão, a internet ou os audiolivros. E ele certamente nunca fez recitais na China ou na Romênia. Sedaris lota espaços aonde quer que vá, da Ópera de Sydney ao Carnegie Hall.

Esse sucesso não é proveniente de seguir as regras, bajular as pessoas certas e escalar a escada do sucesso. Sedaris quebrou as regras a torto e a direito. Ele fez o que gostava, desde usar drogas a faxinar (um obsessivo e compulsivo por limpeza, escolheu o trabalho não apenas porque precisava do dinheiro, mas porque gostava). Acima de tudo, ele se *recusou a parar de criar*. Ao longo do tempo, ele escreveu tanta prosa estranha e engraçada e ficou tão bom em recitá-las que mais de 15 milhões de pessoas compraram seus livros. E mesmo após alcançar fama e fortuna, Sedaris continuou fazendo exatamente o que queria — inclusive limpar estradas quilômetro por quilômetro.

UM NOVO ECOSSISTEMA

Poderíamos encarar a carreira de Sedaris como mero acaso, uma história em um milhão, de alguém que teve sucesso apesar de se entregar à sua excentricidade. Mas, após testemunhar em primeira mão como centenas de clientes e amigos se tornaram bem-sucedidos em carreiras improváveis, não enxergo dessa forma. Acredito que Sedaris é rico e famoso *porque* ele se entrega à excentricidade. Ele se tornou o centro de uma rede abundante e solidária de pessoas, ideias, eventos e riqueza financeira que se forma naturalmente em torno de quem vive de forma criativa. Eu chamo o processo de se conectar com uma rede como essa de "constelação de um ecossistema econômico" e acredito que todos podemos fazer parte de uma.

Este capítulo discutirá como você pode constelar uma nova maneira de viver — e de ganhar a vida — à medida que passa menos tempo explorando as espirais de ansiedade e dedica mais tempo seguindo as espirais de criatividade. "Constelar" significa reunir, é um processo semelhante ao das abelhas que se reúnem em torno das flores, ou ao dos turistas, em torno dos artistas de rua. Quanto mais você se permite incorporar seu gênio criativo singular, mais pode se tornar o centro de um sistema que não apenas alimenta sua alma, mas também gera fortuna. Sem querer, você pode criar um jeito único de prosperar.

ECOLOGIA NATURAL *VERSUS* ECONOMIA WEIRD

Em primeiro lugar, o que eu quero dizer com "ecossistema"? Um ecossistema — por exemplo, uma selva ou um recife de corais — é uma rede de seres vivos na qual cada componente constantemente responde a todos os outros componentes e ao ambiente no entorno. Durante a maior parte da história da humanidade, nós, humanos, como espécie, vivemos como componentes cooperativos dos ecossistemas. Os khoisan, que habitaram o sul da África por um período mais longo do que qualquer outro grupo em qualquer outra região, sobreviveram por *milhares de anos* dessa maneira. Em temporadas de chuvas, procuravam plantas comestíveis. Já na estação seca, era fácil caçar animais em bebedouros.

Quase todos os povos "pré-modernos" que conhecemos reconheciam a importância da cooperação com seus ecossistemas locais. Mas houve exceções; na Ilha de Páscoa, as pessoas cortaram todas as palmeiras, destruindo o ecossistema de tal forma que muitos acabaram comendo uns aos outros, morrendo de fome, ou os dois.

Mas a maioria das sociedades tradicionais era composta por pessoas inteligentes que entendiam que não é uma boa ideia saquear e destruir o ecossistema do qual se faz parte. Como um xamã peruano certa vez me disse:

— Dê-me um peixe, eu como por um dia. Ensine-me a pescar, eu comerei a vida toda. Ensine-me a manter os peixes vivos e saudáveis, e meus descendentes comerão para sempre.

Acredito que podemos construir sistemas cooperativos em pequena escala onde quer que estejamos no mundo, na sociedade e na economia. Grande parte deste capítulo será dedicada a mostrar como você pode fazer isso. Na verdade, levando em consideração o atual momento da história, constelar o próprio ecossistema econômico não é apenas uma boa ideia; é uma forma de evitar perigos à medida que a economia predominante em nosso planeta entra em colapso sob o peso de suas próprias criações.

A JAULA DE FERRO DO MUNDO WEIRD

— Olha, também não gosto das reuniões do corpo docente — diz um colega que chamarei de Dr. Delmer Fancyhat. Ele deu o sorriso tolerante que um professor gentil concede a uma docente de 30 anos como eu.

— Mas se você puder cerrar os dentes e aguentar por apenas alguns anos, vai conquistar a mesma estabilidade que eu. — Fancyhat gesticulou ao redor de sua sala, decorada de livros e papéis, uma foto da esposa e dos filhos e a bosta de dinossauro fossilizada que ele recebeu como uma pegadinha. — Estou preparado para passar a vida toda aqui. Vale a pena a tristeza.

— Tudo bem — respondi. — Eu... compreendo.

Isso é verdade no sentido de que eu escutava o que saía da boca de Fancyhat. Quanto ao argumento dele, para mim, fazia tanto sentido quanto a oferta do mapeador cerebral para "tratar" a minha atenção baseada em interesses. O simples pensamento de passar o resto da vida travando pequenas batalhas intelectuais, escrevendo textos que seriam lidos por uma média de sete colegas entediados e contenciosos me aterrorizava.

— É que eu... — Fixei os olhos no cocô de dinossauro. — Eu simplesmente não consigo.

Fancyhat recostou-se na cadeira, exasperado.

— Bem, então acho que você nunca será nada além da recatada esposa de um docente.

A forma como ele expressou sua opinião foi uma dádiva. Na vida acadêmica verbalmente cautelosa, poucas vezes se ouve uma comunicação tão direta. As palavras de Fancyhat me renderam uma história que vale a pena contar repetidas vezes, como estou fazendo agora, e tenho muita gratidão.

Eu pensei em Fancyhat com frequência nos anos seguintes. Pensei nele enquanto estava às voltas com o orçamento que me permitiria publicar o meu primeiro livro. Pensei nele quando soube que tinha sido demitido, com ou sem estabilidade (nunca vou saber exatamente por quê). E pensei em Fancyhat no ano em que percebi que tinha acabado de pagar mais impostos do que o valor total que ganhei durante meus anos de carreira acadêmica.

Mas, na época daquela conversa, eu não era tão confiante. Na verdade, concordei com Fancyhat que eu deveria manter o meu emprego sensato, lutar pela estabilidade, ou seja, ter o pacote completo. Mas eu estava física e psicologicamente esgotada. Minhas doenças autoimunes me impossibilitavam de ficar sentada, em pé ou usar as mãos por longos períodos de tempo. A energia mínima que eu tinha precisava ser direcionada aos meus três filhos pequenos. E, mesmo naquele dia assustador, eu sabia que a economia do mundo moderno estava mudando e que até empregos "seguros" não seriam seguros para sempre.

Como alguém próximo ao topo da pirâmide econômica, Fancyhat não compartilhava a minha inquietação com relação à segurança no emprego. Ele acreditava que sua configuração financeira o sustentaria para sempre. Ele ignorou realidades desconfortáveis, como o fato de que muitos membros do quadro fixo da faculdade estavam sendo demitidos com certa frequência e de que boa parte de nossos sistemas econômicos estavam começando a rachar, fragmentar e desmoronar. Duvido que tenha imaginado um mundo sem o sistema social que sempre conheceu — aquele projetado para colocar algumas pessoas ricas e privilegiadas no topo de uma pirâmide econômica.

Esses poucos privilegiados — homens brancos donos de propriedades — eram "todos os homens" que Thomas Jefferson tinha em mente quando escreveu "todos os homens são criados iguais" enquanto era servido por pessoas que ele considerava sua propriedade. A economia do mundo WEIRD, inclusive a instituição da escravidão, foi estruturada para manter homens como Jefferson ricos devido à exploração do trabalho alheio.

E funcionou. Funcionou perfeitamente. Nos séculos seguintes, os ricos ficaram mais ricos e os pobres continuaram gerando uma riqueza à qual não tinham acesso. Ah, claro, isso causou revoluções em lugares como a China e a antiga União Soviética. Mas essas revoltas simplesmente substituíram um grupo de exploradores por outro, empurrando muitos dos que antes eram privilegiados para as massas famintas. Como disseram na China quando conduzi pesquisas lá na década de 1980: "Sob o capitalismo, o homem explora o homem, mas sob o comunismo, é o contrário."

Essa realidade ainda é vantajosa se você estiver entre o 1% da população que, no momento em que este artigo foi escrito, detém *metade da riqueza do mundo*. Na verdade, o sistema é muito favorável aos 10% dos adultos mais ricos, que detêm 85% de toda a riqueza do planeta. As coisas são menos empolgantes se você pertencer aos outros 9/10 da população, que precisam dividir os 15% restantes dos recursos econômicos do mundo.

Na virada do século XX, tudo isso foi previsto pelo "pai da sociologia", Max Weber, que descreveu como seriam os empregos modernos muito antes que fossem generalizados. Weber era fascinado pela economia norte-americana por ter observado que as pessoas que a criavam eram movidas pela crença religiosa de que Deus sempre concedia riqueza aos justos. Então a economia foi criada com a obsessão pelo acúmulo de riqueza. Caminho que um dia levaria a empregos limitados e especializados que maximizariam a eficiência e o lucro.

Weber chamou isso de "a jaula de ferro do racionalismo" e afirmou que um dia todos os humanos seriam puxados para ela, esmagando sua individualidade. Então ele se afastou por alguns anos, acometido pela depressão, insônia e ansiedade. Em outras palavras, ele fez um excelente trabalho ao prever um futuro em que quase todos acabariam em uma jaula forjada pelo hemisfério esquerdo, para depois serem arrasados pelos problemas emocionais típicos de alguém confinado nesse tipo de prisão. Ele morreu em 1920 aos 56 anos, possivelmente vítima de uma pandemia mundial de gripe, que ele não havia previsto. Ninguém consegue pensar em tudo.

COMO E POR QUE A JAULA DE FERRO ESTÁ ENTRANDO EM COLAPSO

Na verdade, embora a mente brilhante de Weber vislumbrasse corretamente o desenvolvimento de empregos mecânicos, ele não mencionou a característica mais paradoxal da jaula de ferro: ela não foi projetada para dar subsídios à vida. Seu foco implacável no dinheiro ignora o fato de que os seres humanos não são naturalmente concebidos para depender do dinheiro, mas sim de sistemas biológicos. Porque *somos* sistemas biológicos.

Esse pensamento estava martelando na minha cabeça enquanto eu ouvia Delmer Fancyhat e pensava na minha saúde complicada e nos meus três filhos. Eu sabia que a carreira de professor, como a maioria dos trabalhos do tipo jaula de ferro, baseava-se no pressuposto de que cada acadêmico teria um ativo invisível não valorizado pelo sistema: uma "recatada esposa de um docente".

Sem a dedicação integral e não remunerada da recatada esposa de Fancyhat para cuidar da família, toda a existência dele desmoronaria. O emprego do tipo jaula de ferro não poderia existir sem esposas recatadas, porque não há um aspecto nele que envolva cuidar das pessoas, como criar filhos, confortar os doentes, ajudar os idosos e criar os laços emocionais de que todos precisamos para permanecer sãos. A sra. Fancyhat, como milhões de outras pessoas "recatadas" não remuneradas, desempenhava todas essas funções de graça. Mas o marido (e ela mesma) foram condicionados a valorizar apenas empregos que geram dinheiro sob o modelo da jaula de ferro. Esses trabalhos, em sua maioria, não podem ser feitos enquanto cuidamos simultaneamente de nossos corpos, uns dos outros ou do meio ambiente.

Então eis a ironia: bilhões de pessoas se forçaram a fazer trabalhos miseráveis, pensando que isso é o necessário para que se mantenham vivos e sustentem suas famílias. A curto prazo, essa parece ser a verdade. É certamente o recomendado por qualquer espiral de ansiedade que se preze. Mas, a longo prazo, começaremos a usar nossas mentes criativas brilhantes para *cuidar da vida* ou acabaremos como os moradores da Ilha de Páscoa, destruindo as condições necessárias para nossa sobrevivência.

Em suma, não precisamos continuar nos submetendo a trabalhos de jaulas de ferro para que todos possamos sobreviver; muitos de nós precisam *abandoná-los* para que todos possamos sobreviver.

Quando essa ideia me ocorreu pela primeira vez, senti como se estivesse correndo por uma pista, dando tudo de mim, quando de repente percebi que a linha de chegada estava exatamente na direção oposta. Foi confuso no início. Isso contraria a nossa sabedoria convencional, e não há um caminho demarcado em direção a ela dentro da lógica dominada pelo hemisfério esquerdo da nossa sociedade atual. Mas cada vez mais pessoas estão escapando de suas jaulas de ferro, seja porque não podem tolerar as condições ou porque a mudança social e os avanços tecnológicos estão destruindo todas as prisões de ferro que dominaram o século passado.

Enquanto escrevo isto, setores que nossos avós viam como permanentes e estáveis estão desaparecendo ou mudando de configuração. Inclusive setores que costumavam ser robustos como agricultura, manufatura, serviços postais, serviços hoteleiros, serviços de táxi, consultoria financeira, editoras e todos os meios de comunicação impressos, além de centenas de outros. Recentemente, recebi um e-mail de uma pastora dizendo que todos os outros pastores agora estão usando inteligência artificial para escrever seus sermões — sermões *muito bons*.

— Como posso competir? — perguntou ela. Antes disso, eu nem sabia que os pastores precisavam competir, mas é claro que, em nosso sistema social, eles devem. E aqueles que usam a tecnologia mais recente estão vencendo a corrida.

Operar nesse cenário não requer robótica ou trabalhos repetitivos de linha de montagem. Requer criatividade. Se nos afastarmos da ansiedade e nutrirmos nossa criatividade, podemos usar tecnologias emergentes para fazer quase qualquer coisa.

O QUE O MUNDO PRECISA AGORA É DE CRIATIVIDADE

Em 2005, Daniel Pink publicou *A Whole New Mind: Why Right-Brainers Will Rule the Future* [*Uma mente totalmente nova: por que os destros governarão o futuro*, em tradução livre]. A ideia básica apresentada no best-seller era que os aspectos analíticos e metódicos do mundo dos negócios seriam cada vez mais automatizados e que os ativos mais valiosos no futuro seriam qualidades associadas ao lado direito do cérebro, como a capacidade de brincar, demonstrar empatia, criar significado, projetar coisas e contar histórias. O trabalho de Pink foi criticado por simplificar demais as funções do cérebro. O mesmo pode ser dito de qualquer livro que enfatize a disparidade entre os hemisfério direito e esquerdo (incluindo este), embora eu obviamente acredite que a simplificação pode ser muito útil. No entanto, ninguém criticou as previsões de Pink *por nem chegarem perto de explorar o bastante.*

Por exemplo, Pink propôs que "o mestrado em artes é o novo MBA", que os formados em artes se tornariam *commodities* mais importantes do que aqueles que se formaram em ciências. Ele não previu que todos os diplomas acadêmicos se tornariam cada vez menos úteis no mercado de trabalho — que a faculdade poderia se tornar irrelevante para a carreira das pessoas. Mas, em

2016, Charles Sykes, membro sênior do Wisconsin Policy Research Institute, escreveu o seguinte: "Enviar um jovem para uma universidade privada agora é como comprar uma BMW por ano — e jogá-la de um penhasco." Ele citou os custos exorbitantes e o fato de que, em vez de garantir um emprego, a universidade deixa muitos recém-formados totalmente despreparados para o mundo real.

Pink também previu que as grandes empresas contratariam cada vez mais profissionais cujo "raciocínio privilegia o lado direito do cérebro". O que ele não antecipou foi que as grandes empresas começariam a entrar em colapso à medida que novas tecnologias permitissem que pequenas empresas ou até mesmo indivíduos superassem a concorrência e as desvalorizassem. E, como Weber, Pink não poderia ter previsto que as pandemias mundiais se tornariam cada vez mais prováveis à medida que as pessoas invadissem os ecossistemas naturais e entrassem em contato com novos microrganismos. As pandemias, como todos sabemos até agora, aceleram muitas transições sociais, mudam permanentemente setores como turismo, trabalho administrativo, cassinos, academias, mercados, restaurantes e muitos outros.

Todas essas listas encantam meu pequeno Sapo da Sociologia, então permita-me jogar apenas mais uma no seu colo. (É óbvio que tenho um Sapo da Sociologia! Você acha que eu estaria escrevendo este livro se não tivesse?) Aqui estão alguns dos empregos que surgiram do nada quando muitas grandes empresas começaram a fracassar:

- gestão de comunidades digitais;

- desenvolvimento de sites e aplicativos;

- arte tridimensional;

- análise de marketing digital;

- desenvolvimento de jogos;

- hospedagem no Airbnb;

- pesquisa freelance;

- aulas virtuais;

- design de interface de usuário;

- edição de vídeo;

- entrega de refeições por meio de aplicativos

- leitura de ensaio humorístico-pessoal, setor lucrativo que inclui David Sedaris.

Muitos desses empregos são paliativos para uma economia de bicos, na qual as pessoas se viram sem direitos básicos, como plano de saúde ou licença remunerada. Não são ideais, mas são um sinal de que as grandes empresas, antes necessárias para serviços como produção e entrega de alimentos, estão sendo substituídas por fornecedores menores e mais ágeis.

Para muitas famílias, ganhar o suficiente para cuidar de crianças, enfermos, pessoas com deficiência e idosos agora requer pelo menos duas pessoas trabalhando em tempo integral. E lembre-se: esses empregos "normais" foram *projetados para pessoas que supostamente teriam esposas donas de casa*. É por isso que um dos setores que mais cresce em nossa economia é o de "auxiliares de enfermagem e cuidadores". Uma vez que nós, organismos biológicos, nos destruímos em um sistema econômico que pressupõe que funcionamos como máquinas, nossas necessidades físicas e psicológicas ficam desamparadas. Precisamos desesperadamente do tipo de apoio que as pessoas "pré-modernas" ofereciam umas às outras simplesmente vivendo e trabalhando em estreita conexão.

Quando estiver lendo isto, ainda mais indústrias tradicionais terão desaparecido, substituídas por pessoas que não precisam de nada além de celulares e de seus interesses de gênio criativo para ganhar a vida. As ações delas não se encaixam no padrão de um trabalho do tipo jaula de ferro, no qual um homem soca o despertador, trabalha sem reconhecimento e recebe uns trocados para levar para casa para a recatada esposa.

Se o plano for depender da economia da jaula de ferro para se sustentar para sempre, essa é uma má notícia. Mas se estiver disposto a colocar a sua energia em projetar uma vida e uma carreira como seres fundamentalmente criativos, a notícia não poderia ser mais maravilhosa.

No restante deste capítulo, vamos explorar maneiras de retornar ao modelo de ecossistemas naturais para substituir a pirâmide de riqueza extremamente injusta, desumana e em colapso da nossa cultura. Comece com isto: quando você imagina como ganhar a vida; não pense em fábrica. Pense em floresta. Vou apresentar alguns exemplos para ilustrar o que quero dizer.

COMO ECOSSISTEMAS ECONÔMICOS PODEM FUNCIONAR

Emma Gannon está desempregada. Ela já teve um emprego — por um tempo, trabalhou na área de publicidade, depois atuou como redatora de revistas. Mas nos últimos anos, Emma teve muitas fontes de renda, como um podcast, ensino virtual, publicação independente, palestras, links de afiliados e uma plataforma de newsletters chamada Substack. Recentemente, ela vendeu os direitos de seu podcast para a plataforma de resumos de livros Blinkist. Emma explica seu processo de desenvolvimento de carreira em livros como *The Success Myth* e *The Multi-Hyphen Method: Work Less, Create More, and Design a Career That Works for You* [*O mito do sucesso* e *O Método Multi-Hyphen: Trabalhe menos, crie mais e gere uma carreira que funciona para você*, em tradução livre].

— Eu sempre tenho diversas fontes de renda, e mesmo que cada fonte não gere grandes somas, ao juntar tudo, me sinto muito segura — disse Emma durante o almoço em um restaurante de Nova York.

Como seres vivos em um ecossistema, diferentes elementos da carreira de Emma têm altos e baixos. Para ela, isso não é um problema; ela se adapta livremente à variação constante e muda seu foco dependendo dos próprios interesses variáveis. Por exemplo, Emma parou de gravar seu podcast de grande sucesso não porque ia mal, mas porque sentiu o foco de atenção mudando.

— O podcast não era mais a minha paixão — disse ela. — Eu sentia a minha garganta fechar quando chegava perto do microfone. Tudo o que eu queria era me dedicar ao Substack.

Em um ano, a renda proveniente do Substack passou de "grana extra" para um nível de ganhos que era o suficiente para sustentar Emma. Mas ela continua a oferecer a sua genialidade ao mundo de várias maneiras, por amor, não por dinheiro, e oferece muitos serviços de graça.

— Às vezes, só de não haver pressão e transação financeira, já se torna mais divertido — disse ela. — Se der errado, quem vai se importar? Se as pessoas não gostarem, quem vai se importar? Então é um bom termômetro.

Ela cobra pelos serviços quando tem certeza de que eles são valiosos e interessantes para os outros. A maneira como ela descreveu seu processo revelou ser um exemplo clássico de "diversão dedicada":

> Minha carreira é como ondas sonoras que entram e eu apenas troco os botões. É algo como: "Isso está funcionando melhor, então... aumenta, aumenta a temperatura. Isso está desaparecendo. Diminui." Sinto que estou brincando. Tudo isso é diversão.

Isso não significa que Emma não trabalhe pesado para dominar qualquer ofício que exerça para ganhar dinheiro.

— Não me sinto confortável com a coisa toda de "Ah, vou largar o emprego para virar TikToker" — disse ela. — Não é disso que estamos falando.

Ela acredita em dominar habilidades que são genuinamente valiosas.

— Um negócio próspero tem início quando você simplesmente pensa *Isso parece divertido* — revelou ela —, mas depois é preciso experimentar para ver o que funciona. Dizem que só obtemos renda de uma certa maneira, que precisamos ir a um escritório e realizar um trabalho. Mas estamos em um universo infinito de oportunidades... Você pode ganhar dinheiro fazendo o que gosta.

A sua lista de passatempos favoritos e impulsos criativos pode ser totalmente diferente da de Emma. Mas como a tecnologia agora nos coloca em contato com pessoas com interesses em comum, *algo* que gostamos de fazer — talvez várias coisas — vai ser interessante para alguém. Se permitir que a criatividade floresça ao dominar um ofício até chegar ao ponto em que se pode agir sem agir, os esforços terão valor real para os outros, que ou vão querer o que foi criado ou vão desejar aprender como criar.

O ecossistema econômico de David Sedaris lembra, em certo sentido, o de Emma Gannon: ambos se sustentam na criatividade contínua por meio de livros, artigos, histórias, performances e gravações que destacam uma escrita e visão de mundo peculiares.

Vimos um exemplo muito diferente, mas não menos relevante, no meu amigo Alex van den Heever, apresentado no Capítulo 9. Alex ganha a vida rastreando animais, preservando a natureza, fazendo mingau, treinando guias de safári, dando palestras e escrevendo. Todas as atividades realizadas por ele fazem parte de sua missão pessoal, e cada uma fortalece as outras — por exemplo, uma criança que se beneficiou do mingau nutritivo pode crescer com a consciência da paixão de Alex pela reabilitação ambiental, e talvez mais tarde ela se junte à academia de rastreadores e forneça novas informações e histórias para os livros e palestras de Alex. Ele não planejou isso, mas como todas as atividades fluem de seu âmago criativo, elas acabam se retroalimentando, como os componentes de qualquer ecossistema.

Já vi muitas pessoas construírem ecossistemas econômicos — o que Emma Gannon chama de "o método multifacetado" — ao explorar diversos interesses criativos. Rob combina seu amor por esportes ao ar livre, do esqui e surfe à escalada, com uma paixão pelo autoconhecimento. Seus clientes o contratam não apenas para se tornarem melhores atletas, mas também para enfrentarem seus medos físicos, habilidade que usam para enfrentar e acalmar seus demônios internos. Cecily adora cozinhar e compartilha seus projetos de panificação na internet para centenas de clientes, que pagam alguns dólares por mês para assistir ao vivo ela criando e demonstrando novas receitas. Owen e Greg são irmãos que compõem e tocam as próprias músicas. Embora eles nunca tenham assinado com uma gravadora, a conta do Patreon rende uma quantia fixa regularmente.

Todas essas pessoas estão sempre experimentando novas plataformas, expandindo interesses e habilidades de monetização que têm há anos. Elas não criaram novos empregos em jaulas de ferro; constelaram novos ecossistemas que esperam que evoluam com o tempo e pretendem deixar que sua carreira evolua junto a eles.

— É uma coisa viva — disse Rob sobre seu próprio ecossistema. — Vai mudar. Tudo está sempre mudando. Isso é certo. Se você conseguir parar de se concentrar em trabalhos como os de nossos avós, vai enxergar a beleza de sempre ser desafiado a mudar e deixar que as mudanças em você transformem a sua maneira de viver.

COMO COMEÇAR

Eu gostaria de dizer que no dia em que deixei a vida acadêmica estava no escritório de Delmer Fancyhat me sentindo confiante e segura. Mas, na verdade, parecia prestes a ter um ataque de pânico. Nos dias seguintes à minha saída, a ansiedade só aumentou. Tentei pensar em outras possibilidades de trabalho, mas lidando com meus problemas de saúde e com filhos para criar, nada passava pela minha cabeça.

Acabei fazendo algo que gostaria que todos fizessem: lidar com a ansiedade como um problema em si antes de ter uma fonte de renda. Paradoxalmente, essa abordagem foi o que possibilitou o meu sustento. Quando parei de alimentar as espirais de ansiedade e seguir a minha criatividade, também encorajei outras pessoas a fazer o mesmo, e muitas estavam interessadas — tão interessadas que se ofereceram para me contratar. O que agora chamo de carreira foi se formando gradualmente, quase como se eu não soubesse como isso aconteceu.

Agora sei que esse modo de viver não apenas é possível, como de fato funciona. Mas também sei que é preciso muita coragem e fé. Todos os dias encontro mais pessoas que estão prontas — às vezes desesperadas — para abandonar suas jaulas de ferro e viver de forma mais criativa. Muitas vezes, a única coisa mais forte do que o desejo delas é a ansiedade. Essas pessoas foram socializadas para favorecer o hemisfério esquerdo do cérebro, com toda a espiral de ansiedade que vem junto. E querer romper as regras do papel social atrai muita negação e pressão negativa de quem as cerca. Aqui está minha tarefa preferida para pessoas que se identificam com essa situação: alimente os pássaros.

Nova habilidade

CONSTELAÇÃO DE UM ECOSSISTEMA LITERAL

1. Se puder, compre um comedouro de pássaros. Caso contrário, basta pregar um prato de metal em um galho e enchê-lo com sementes de girassol ou polvilhar mistura para pássaros no peitoril da janela de seu apartamento.

2. Mantenha o recipiente das sementes limpo e fresco.

3. Observe como os pássaros *não* aparecem para se alimentar.

4. Até aparecerem.

Passei essa tarefa para Marielle, uma psicóloga escolar, que morava próximo a mim durante o tempo que morei em Phoenix. Muitas vezes me perguntei se a capital do Arizona recebeu esse nome porque os verões eram tão quentes que os pássaros podiam explodir espontaneamente em chamas se voassem para perto dos limites da cidade. Talvez o calor tenha sido uma das razões pelas quais Marielle se sentiu esgotada e deprimida. Embora ela quisesse administrar o próprio centro de aprendizagem para crianças em estado de vulnerabilidade, ela sentiu que estaria financeiramente mais segura mantendo o emprego mal remunerado, mas estável, no sistema escolar público.

Marielle estava tão exausta e tão acostumada a seguir ordens que, quando eu lhe disse para lidar com seus medos financeiros alimentando os pássaros, ela mal questionou o motivo. Mas eu pedi mesmo assim. Queria que ela visse como oferecer algo verdadeiramente nutritivo atrai seres que precisam desse alimento, da mesma forma que eu acreditava que os pais precisavam da capacidade de Marielle para ajudar seus filhos.

A tentativa inicial de Marielle para alimentar os pássaros foi um fracasso estrondoso. Ela a princípio pendurou o comedouro em um lugar que não podia ser visto do ar. Passou-se uma semana. Nenhum pássaro. Dez dias. Nada. Até que um dia Marielle percebeu que deveria realocar o comedouro em um local mais visível. No dia seguinte, ela viu alguns pardais ingleses; uma semana depois, rolinhas-carpideiras. Quando avistou o primeiro pintassilgo-americano brilhante e pequeno, Marielle foi fisgada. Resumindo: ela acabou aprendendo muito sobre os pássaros locais e distribuindo diferentes tipos de alimentos. Ela atraiu centenas de lindas criaturinhas, incluindo raros papagaios e um bando de agapórnis verdes e rosa que escaparam de um pet shop e se estabeleceram no deserto.

As coisas não pararam por aí — com ecossistemas, elas nunca param. Depois que Marielle aprendeu, experimentou e incluiu itens mais interessantes em sua estação de alimentação de pássaros, pequenas raposas, coiotes e animais parecidos com porcos chamados taiaçuídeos começaram a visitar o comedouro. Se ela tivesse continuado a expandir o ecossistema que se formou em seu modesto quintal, provavelmente teria visto algumas onças-pintadas. Talvez um dragão.

Enquanto observava um ecossistema literal se formar ao redor do comedouro, Marielle passou a acreditar que os pais de fato pagariam para ter sua ajuda. Ela começou a desenvolver o que chamou de "processo lúdico", voltado para resgatar a felicidade e a autoestima de crianças que odiavam a escola. Ela ofereceu seus serviços on-line aos pais da região. No início, ninguém se inscreveu... até alguém se inscrever.

Os primeiros clientes de Marielle eram amigos; segundo ela, não contava de fato. Mas seu trabalho se mostrou tão poderoso que essas pessoas encantadas a indicaram para outros possíveis clientes, o boca a boca se espalhou, até que o negócio de Marielle prosperou a ponto de ela conseguir deixar o emprego para dedicar seu tempo não apenas ao trabalho com as crianças de um modo que realmente as ajudava, mas também a permitindo sonhar com novas ideias para expandir seus serviços. Uma terapeuta esgotada ofereceu suporte a um grupo de crianças esgotadas e a pais sobrecarregados e, no processo, criou um ecossistema econômico próspero.

Ao alimentar os pássaros — literalmente e depois figurativamente — você despertará a criatividade que guiará você a lugares onde a sua alegria profunda se encontra com as necessidades do mundo. Mas primeiro você vai precisar afastar a sua mente dos cargos do tipo jaula de ferro que você sempre chamou de "trabalho". Na verdade, pare de pensar em termos de cargos; a carreira que você cria pode nem ter um nome. Em vez disso, concentre-se em atividades que coloquem seu sistema nervoso em uma paz "verde profunda" e permita-se escorregar rumo à criatividade sem palavras do hemisfério direito.

ENERGIA, ÁGUA E ESPAÇO: AJUDANDO O SEU ECOSSISTEMA A FLORESCER

Como Michael Crichton escreveu em *Jurassic Park*: "A vida encontra um caminho." Os ecossistemas emergem até em ambientes mais inóspitos do que Phoenix, como os mares profundos e escuros ao redor das fontes hidrotermais. Se você deixar de limpar a sua geladeira por algumas semanas, vai encontrar uma nova gama de espécies e interações interessantes acontecendo lá dentro, sem qualquer contribuição adicional da sua parte.

Esse processo é chamado de *autopoiese*, que significa "a capacidade de um sistema vivo se manter e se renovar". Não podemos *fazer* autopoiese, somente a inteligência da natureza é capaz. Mas ele acontece de forma constante, implacável e imparável.

Os ecossistemas biológicos se constelam onde esses três elementos se encontram: energia, água e espaço. Você tem um conjunto metafórico desses mesmos componentes. A energia é o seu desejo, o anseio profundo pelo que você de fato quer. A água é a sua criatividade que flui das fontes profundas de seu gênio pessoal surgindo de formas que nem você mesmo pode prever ou entender por completo. Por fim, o espaço em que o seu ecossistema econômico pode se formar é sua vida útil, esse precioso período de tempo durante o qual você habita o planeta.

Este livro não trata apenas de mostrar como gerenciar a ansiedade enquanto operamos em um sistema que (1) é hostil à vida humana e (2) está desmoronando. O objetivo é ajudá-lo a ir muito além da ansiedade, criando as condições que levarão à autopoiese da sua melhor vida possível.

Se você seguir todas as sugestões que compartilhei até agora, acredito que criará as condições necessárias para manter o seu ecossistema econômico florescendo. Acalmar a criatura ansiosa remove as toxinas internas, as histórias assustadoras e imprecisas que a ansiedade inventa. Então você pode começar a despertar a sua curiosidade e brincadeira de criança — mas com os recursos e o conhecimento de um adulto. Quando você começa a passar mais tempo concentrado no que o ilumina (possivelmente rompendo as regras do papel social), algumas pessoas vão desaprovar, mas outras vão ficar curiosas. Essas pessoas vão se tornar clientes, parceiras e colaboradoras.

Se você conseguir superar a ansiedade por tempo suficiente, não será capaz de impedir que sistemas de energia e valor, incluindo o dinheiro, se constelem ao seu redor. Você vai identificar ideias e se sentir atraído por pessoas que realmente lhe interessam. Você vai se sentir confortável com a fluidez de um ecossistema, a maneira como diferentes partes dele aumentam e diminuem. Sua verdadeira carreira começará a exibir a própria autopoiese de modo surpreendente: formando-se, crescendo e desenvolvendo novos recursos quase sozinha, como o mofo na parte de trás da sua geladeira. A vida encontra um caminho. A sua vida também vai.

O OLHAR VAZIO DO GÊNIO: OFERECENDO A "MISTURA PARA PÁSSAROS" QUE ATRAI RENDA

Em 2020, passei o ano inteiro me recuperando de uma cirurgia complicada no pé. Meu corpo estava transtornado: uma perna atrofiada, a outra com câimbras provocadas pela sobrecarga, e minhas costas e quadris sofrendo com espasmos musculares. Comecei a praticar pilates porque permite que eu me exercite sem ter que ficar de pé.

Um dia, o meu professor de pilates, Ray, disse:

— Você precisa ir à minha fisioterapeuta.

— Já fiz fisioterapia antes — respondi hesitante. — Normalmente, acabo me sentindo pior. Eu tenho um corpo instável. Não tem um funcionamento normal.

— Hum — disse Ray, olhando para o nada. — Bem, Bridget não é uma fisioterapeuta normal. Ela é mais como... mágica.

O próprio Ray é mágico. Tentei fazer pilates com outros professores e *odiei*. Mas Ray parecia saber instintivamente como me ajudar a tensionar o meu corpo o suficiente para fortalecê-lo sem causar danos.

Demorou semanas, mas enfim consegui um horário na agenda lotada de Bridget Sanphy. Ela é uma mulher de fala mansa, na casa dos 30 anos, de cabelos e olhos castanhos e porte físico de uma onça-parda. Bridget me perguntou sobre minha cirurgia recente e minha decrepitude geral, depois me observou mancando para "ver como me movimentava". Havia algo quase irritante sobre o vazio de sua expressão, o aspecto de seu silêncio. Senti os pelos dos meus braços se eriçarem.

— Ok — disse ela depois de alguns minutos. — Tente isto.

Bridget então demonstrou uma série de exercícios, que parecia ridiculamente fácil quando ela a executou, mas que me transformou em um *hobbit* suado, ofegante e trêmulo. Um homem que estava por perto colocando compressa de gelo no joelho ponderou com Bridget:

— Você vai ter que mandar aquela mulher para o hospital.

Mas ela não teria que fazer isso. Eu tinha fortes suspeitas de que ela estava tentando me matar.

No dia seguinte, percebi que havia anos que a sensação no meu corpo não era tão boa.

Eu não podia me dar ao luxo de *não* contratar Bridget. Comprometida com a boa saúde e abençoada com uma pitada de masoquismo, voltei ao estúdio dela semana após semana, grunhindo durante muitos exercícios que pareciam tortura; tenho certeza de que são ilegais. Mas também eram milagrosos. Milhares de pequenas dores que eu já havia aceitado começaram a desaparecer.

Nitidamente, Bridget era muito bem qualificada. Mas sua capacidade de me ajudar tanto e tão depressa, excedia em muito a dos diversos médicos e fisioterapeutas com quem eu tinha me consultado. Um dia, perguntei-lhe como ela sempre sabia o que de fato curaria as minhas várias pontadas de dor e lesões.

Bridget fez uma pausa. Ela olhou para baixo e para a esquerda, o que geralmente indica a ativação do hemisfério direito. Depois de um tempo, voltou a olhar para cima e disse devagar:

— Observo o movimento do corpo de uma pessoa e, em seguida, sinto uma intuição se manifestar no meu próprio corpo. Eu testo para ver se estou certa, e partimos daí.

— Quando foi a última vez que seu palpite estava errado?

Bridget pensou de novo e depois sorriu timidamente.

— Pra ser sincera, eu não me lembro.

Ao longo da minha vida adulta, tenho entrevistado pessoas "fora da curva" como Ray e Bridget, que são tão boas no que fazem que clientes chegam para eles como tentilhões em busca de um comedouro de pássaros. Entrevistei artistas, chefs, físicos, músicos, contadores, agentes literários, organizadores de casas, produtores de filmes, jornalistas, comediantes e organizadores de eventos — qualquer habilidade é válida, desde que o entrevistado tenha se tornado bem-sucedido apenas por oferecer seu passatempo favorito ao mundo.

Várias vezes, observei os mesmos comportamentos em Bridget e nessas pessoas: uma quietude interior quase irritante; olhos arregalados e inexpressivos; o olhar que desvia, em geral para a esquerda, ao pensar na resposta para uma pergunta.

Quando imito essa expressão, os neurônios-espelho em meu próprio cérebro se ativam e me lembram das vezes em que faço a mesma coisa. Em geral, isso acontece quando estou apenas caminhando ao ar livre, mas também quando estou desenhando, escrevendo, treinando ou meditando. Na verdade, quando de fato tenho que resolver um problema urgente, deliberadamente adoto o "olhar do hemisfério direito". Mencionei ele no Capítulo 2 quando pedi que você suavizasse o foco de seu olhar, perdendo o foco agudo do estado de alerta do sinal amarelo e entrando no estado amplo e contemplativo de um animal em repouso.

Quando alguém gera "trabalho" a partir desse estado, as pessoas percebem. A reputação se constrói no boca a boca: "Você realmente precisa conhecer essa pessoa. Parece até magia." É por isso que há pacientes que esperam semanas para ver Bridget, embora existam muitos outros fisioterapeutas por aí. É por isso que Marielle tem uma lista de espera de um ano para suas oficinas com responsáveis e alunos. É por isso que as pessoas ficam alegres ao se inscreverem no Substack de Emma Gannon, embora a internet esteja repleta de concorrentes. É assim que David Sedaris lota o Carnegie Hall em uma época em que quase ninguém vai a recitais.

A SUAVE MAGIA DA CONSTELAÇÃO

A autopoiese é um atributo central da natureza, mas, quando ocorre, pode se parecer muito com magia. Já se passaram trinta anos desde o dia em que Delmer Fancyhat me condenou à vida de uma recatada esposa de um docente. Durante esse tempo, à medida que aprendi a confiar na natureza, coisas inexplicáveis aconteciam comigo com cada vez mais frequência. Isso ainda me surpreende.

Por exemplo, quando comecei a fazer pesquisas para escrever este livro, fiquei especialmente obcecada pelo trabalho de Jill Bolte Taylor, Richard Schwartz (fundador da terapia de IFS), que mencionei com frequência aqui, e pelo de Gavin de Becker, cujo livro clássico *A virtude do medo*, publicado pela primeira vez no fim dos anos 1990, ainda se destaca como o melhor guia para eliminar a ansiedade enquanto se honra o medo saudável. Nunca encontrei com eles pessoalmente, mas durante a pesquisa, quando estava isolada em minha casa no lockdown, todos os três entraram em contato comigo do nada.

Ninguém sabia o tema de minha pesquisa. Ninguém sabia os trabalhos em que eu estava especialmente interessada. No entanto, sem *qualquer* esforço da minha parte, acabei tendo longas conversas com eles e recebi a incrível dádiva de rascunhar sobre suas genialidades. Jill e eu passamos muitas horas conversando a respeito do cérebro e sobre como formar ecossistemas econômicos. Gavin me enviou um e-mail no exato momento em que eu estava dizendo a um amigo que queria reler os livros dele. Não consigo me lembrar por que Richard me procurou; ele simplesmente me procurou. Obviamente, há razões lógicas pelas quais eles se conectaram comigo. Mas parece muito mais magia.

Por fim, o último conselho que tenho para dar a você enquanto se propõe a criar uma carreira que supere a ansiedade é o seguinte: deixe-se relaxar na magia. Na maioria dos livros infantis ou romances de fantasia, fazer mágica é um esforço cansativo, que faz as veias saltarem na cabeça do mago e deixa o herói exausto. Só conheço um escritor, Philip Pullman, da trilogia Fronteiras do Universo, que descreve de forma diferente. No primeiro romance da série, *A bússola de ouro*, Lyra, a heroína, aprende a ler uma bússola mágica adotando a atenção suave guiada pelo hemisfério direito que vi em tantos gênios.

> [Lyra] descobriu que se (...) olhasse para ela de uma maneira particularmente preguiçosa, o ponteiro logo começaria a se mover de propósito (...) Balançava suavemente de uma figura para outra (...) Ela sentia uma calma profunda e agradável, diferente de tudo o que conhecia.

Acredito que seja assim que a "magia" realmente aconteça. Ela nos transforma em torres de satélite, sentindo e transmitindo boas ideias como Bridget, a fisioterapeuta. Isso atrai pessoas e condições de que precisamos, e *o processo parece uma "calma profunda e agradável", não um esforço terrível*. Se você está comprometido em viver sem ansiedade, vai acabar indo tão fundo em seu hemisfério direito que vai deparar com o encantamento. Não sigo uma religião, mas acredito no metafísico. Afinal, o amor é metafísico, assim como nossas esperanças e sonhos. As realidades metafísicas não apenas existem, mas são aspectos primordiais da natureza, essenciais para a vida fora da jaula de ferro. Para terminar este capítulo, aqui está um exercício que o ajudará a explorá-las à medida que você constela o seu ecossistema econômico.

Nova habilidade

USE A MAGIA DO VERDE PROFUNDO PARA CONSOLIDAR SEU ECOSSISTEMA

---

1. Entre em um estado "verde profundo".

Use todas as técnicas de alívio da ansiedade que acalmem o seu sistema nervoso. Use todas as técnicas de respiração, todos os tipos de diálogo interno gentil (KIST) e todos os vislumbres. Lembre-se dos momentos mais relaxantes da sua vida e concentre toda a sua atenção neles. Entre na energia do sinal verde, conforme vimos no Capítulo 3, e depois na energia verde *profunda*.

2. **Permaneça bem relaxado e imagine um ecossistema natural que lhe agrade.**

    Pode ser o oceano, as montanhas, uma floresta, uma savana ou o delta de um rio. Imagine como era esse ecossistema há 10 mil anos. Observe como o ecossistema é equilibrado e responsivo; cada parte cuida da outra ano após ano, século após século.

3. **Perceba a sensação geral desse sistema pacífico e autossustentável.**

    Imagine o seu corpo sendo preenchido pela energia desse ecossistema, como se ela estivesse dentro de você. Sinta-a cantarolando e prosperando. Imagine-a como seu próprio estado interno. Você é o prado, a savana, o recife de coral.

4. **Imagine a sua vida ideal daqui a três ou quatro anos.**

    Nesta fantasia, você não tem uma enorme quantia de dinheiro no banco, mas tudo o que precisa para *realizar qualquer desejo verdadeiro é financiado automaticamente*, da mesma forma que o sol dá energia às flores ou a água cai do céu em uma floresta tropical.

5. **Acalme a sua criatura ansiosa novamente.**

    Se o desejo por ter esse tipo de vida suscitar alguma preocupação ou pergunta ansiosa (*Como posso construir isso?* ou *Onde vou conseguir o dinheiro?*) ou até mesmo levar à empolgação (*Ai, eu gostaria que isso acontecesse!* ou *Espero ter isso!*), acalme a criatura ansiosa. Volte para a paz e tranquilidade do verde profundo.

6. **Faça esta pequena meditação todas as manhãs e/ou noites por pelo menos uma semana.**

Então, à medida que vive cada dia, observe como as coisas relacionadas ao seu jogo imaginário começarão a "surgir" devido ao treinamento de sua atenção. Anote-as em um diário ou caderno.

7. **Espere e permita que os elementos da sua vida ideal se constelem ao seu redor.**

Se você começar a ter pensamentos ansiosos (*Por que ainda não está acontecendo?* ou *Onde vou conseguir o dinheiro?*), apenas acalme a sua criatura ansiosa, acalme a sua criatura ansiosa, acalme a sua criatura ansiosa.

Quando começar a viver assim, o cérebro continuará deslizando em direção à ansiedade — é o que o meu faz. Se deixarmos a ansiedade assumir o controle, todo o processo de autopoiese pode entrar em curto-circuito. Não veremos nossos desejos tentando constelar, porque eles estarão escondidos atrás das histórias de medo geradas pelo hemisfério esquerdo. Não se preocupe. Se perceber que isso está acontecendo, use os processos descritos neste livro para retornar ao seu estado verde profundo de calma. Caso esteja ansioso em relação a dinheiro, lide com a ansiedade antes. Quando retornar à paz, você será capaz de atrair e lidar com o dinheiro de modo muito mais eficaz.

Na verdade, superar a ansiedade reverterá a forma como você aprendeu a enxergar o dinheiro. Mesmo que você ainda precise de trabalhos do tipo jaula de ferro para pagar o aluguel ou a escola dos filhos, sua mente vai permanecer aberta às suas paixões naturais, e as ideias para se entregar a elas podem muito bem se transformar em novas maneiras de ganhar a vida.

Você se surpreenderá ao perceber que, quando seu foco principal é viver uma vida com propósito, o dinheiro se torna uma consequência disso, as questões financeiras se tornam menos assustadoras. E quando você começa a ganhar dinheiro por meio da criatividade, do propósito e de uma imaginação livre, os altos e baixos da vida financeira são muito menos angustiantes. Você sentirá que as estações mudam, que as marés vêm e vão. Tudo faz parte do equilíbrio natural que mantém os ecossistemas funcionando indefinidamente.

Ao passar mais tempo na esfera da criatividade, você também perceberá oportunidades para suprir suas necessidades de maneiras diversas — todas alinhadas ao seu mais profundo senso de propósito. Você terá ideias que não lhe ocorriam antes, e além de ter um contato inicial com elas, se sentirá inclinado a explorá-las. E então começará a experimentar esta magia incrível e benéfica: a sensação de que o mundo se move em sua direção, como se a vasta inteligência da natureza estivesse explorando *você*.

Quando isso acontecer, você perceberá que se sustentar tem menos a ver com acumular dinheiro e mais a ver com financiar um estilo de vida criativo. Não se trata de socar o despertador, sofrer e passar horas miseráveis em um trabalho do tipo jaula de ferro. Tem a ver com se perder na magia verde profunda enquanto caminha por qualquer estrada que escolher, recolhendo o lixo, cuidando do seu pedacinho de mundo, aproveitando o ar fresco e refletindo sobre o que você pode criar em seguida.

11

A MENTE DO TIPO "NÃO SEI"

Aqui está algo para refletir: o seu corpo tem, no máximo, 7 anos. Por meio da regeneração celular, todo corpo humano libera e substitui cada átomo que o compõe a cada sete anos. Todas as formas físicas que você chamou de "eu" há mais de sete anos — o "você" que passou pela puberdade, que aprendeu a dirigir, que adquiriu aquela infeliz tatuagem — eram feitas de outros átomos. Até mesmo a tatuagem, embora infelizmente ainda aparente ser a mesma, é composta por moléculas diferentes das que foram originalmente aplicadas em sua pele. Uma pele totalmente diferente da que você exibe agora.

Então, se nenhum átomo do seu corpo atual estava presente durante todas essas experiências passadas, o que se lembra delas? O que sobreviveu a esses eventos? A sua consciência, o que quer que isso signifique. É extremamente difícil estabelecer uma definição verbal de consciência, porque não podemos compreendê-la, contá-la ou descrevê-la claramente. Apenas a usamos. Nós apenas *somos* elas.

A maioria dos cientistas afirma categoricamente que a consciência é criada pelo cérebro. Segundo a sabedoria convencional, a vida surgiu da sopa primordial, evoluiu dos animais que eram *meio* conscientes e, por fim, deu origem à incrível máquina do cérebro humano, que gera todas as maravilhas da consciência à medida que a experimentamos. Outros cientistas, seguindo as complexidades da física quântica, têm uma visão oposta: a matéria não faz a consciência; a consciência é que faz a matéria. Concordo com essa versão, mas independentemente de acreditar que a consciência origina a matéria ou vice-versa, a relação entre elas ainda é um grande mistério.

Um mistério ainda maior é como a nossa consciência *individual* surgiu e como ela continua regenerando o corpo ano após ano. Não consigo entender. Ninguém consegue. Como disse o filósofo Jerry Fodor: "Ninguém tem a menor ideia de como qualquer coisa material poderia ser consciente. Ninguém sabe nem como seria ter a menor ideia de como qualquer coisa material poderia ser consciente."

Tudo isso é apenas para dizer que a sua própria existência é um mistério. E uma vez que você supera a ansiedade, pode encontrar o Mistério de uma forma que mudará a sua vida. Neste capítulo, discutirei a mudança de perspectiva que às vezes é chamada de "despertar". Se decidir explorar *bastante* a sua criatividade, acredito que essa experiência indescritível pode muito bem acontecer com você.

O QUE É DESPERTAR?

O "despertar" é um dos muitos termos usados para descrever uma transformação drástica na maneira de um indivíduo experimentar a realidade. Embora muito raro, esse fenômeno tem sido relatado por pessoas do mundo inteiro, ao longo da história. Também recebe outros nomes: "iluminação", "insight", "realização", "libertação" e provavelmente milhares de outros termos em idiomas vivos e extintos. Todas as pessoas despertas concordam que a linguagem não pode descrever por completo a experiência, mas suas tentativas são notavelmente consistentes, não importa a cultura a que pertençam.

Os sábios nos dizem que, no momento do despertar, tudo de repente parece diferente. O universo deixa de ser uma coleção de objetos sólidos e separados; se revela como um campo indivisível de energia viva: um ser interconectado. Tudo nele compartilha uma consciência infinitamente compassiva. A pessoa desperta *se torna* essa consciência, não mais se identificando como um corpo vulnerável, mas como a consciência olhando através da forma física.

É fácil perceber a semelhança entre as histórias relatadas de despertar e, por exemplo, a forma como Jill Bolte Taylor descreve a percepção do hemisfério direito. No entanto, a maioria das pessoas que relataram essas experiências não teve um AVC. Algumas acalmaram sua mente inquieta por meio da meditação, até que a sensação fosse a de se dissolver em plena percepção do momento presente. Outras sofreram tanto com histórias internas dolorosas que, em instantes de graça, superação ou pura exaustão, as partes narrativas de suas mentes enfim se desprenderam e experimentaram uma profunda sensação de libertação de suas aflições individuais e interconectadas com todos os aspectos de um universo benevolente.

Depois de décadas estudando o despertar sob todos os ângulos que encontrei, começo a suspeitar que ele envolve mudar a identidade de uma mentalidade fortemente dominada pelo hemisfério esquerdo para uma visão de mundo que fundamenta o senso do *Self* (ou "não *Self*", como muitas pessoas despertas dizem) nas percepções do hemisfério direito. É um pouco como mudar a estação de rádio: ao mudar nosso foco de atenção, captamos diferentes "músicas", diferentes percepções. As duas versões da realidade sempre transmitiram o tempo todo em frequências paralelas. *Isso não significa que o próprio cérebro seja a fonte suprema da mente consciente, assim como um rádio não é a fonte suprema de Bach ou Beyoncé*. Nessa analogia, o cérebro é simplesmente o transmissor de diferentes maneiras de perceber a realidade.

Ainda que a mente não desperta não seja capaz de ver a realidade da percepção desperta, o oposto não é verdadeiro: as pessoas que estão despertas podem acessar todas as informações que chegam por meio dos sentidos e do pensamento lógico. Após se recuperar do AVC, Jill Bolte Taylor fez questão de nunca abandonar por completo a parte de sua mente que a deixara em êxtase durante o derrame. Em *Whole Brain Living*, ela descreve como se conectar com o hemisfério direito, identificando sua perspectiva sábia e calma como ponto de vista principal e cuidando amorosamente das ansiedades do hemisfério esquerdo. Ela chama isso de "convocar uma reunião no cérebro", ou juntar todas as perspectivas de várias partes do cérebro para acalmá-las e confortá-las, reconhecendo que cada parte tem um papel, mas designando seu hemisfério direito calmo como o líder que reúne e orienta o restante.

Acredito que, como Jill, as pessoas despertas ao longo da história aprenderam a utilizar todo o cérebro. Mas, uma vez que alcançam esse feito, elas se identificam com a consciência não física, e não com seus corpos físicos. E essa visão do mundo parece muito mais real e razoável do que a maneira anterior. Elas se sentem calmas, seguras e amadas por todo o universo. Tudo simplesmente faz mais sentido, nossa vida cotidiana aparece depois que despertamos de sonhos assustadores.

ESTRANHOS MAS NÃO INSANOS

Uma pessoa que parece ter "despertado" é o filósofo Platão. Em *A República*, ele convida os leitores a imaginar um mundo onde todos vivam acorrentados em uma caverna, de costas para a luz. Essas pessoas pensam que a realidade consiste apenas de sombras refletidas na parede da caverna.

Segundo ele, se alguém saísse da caverna e andasse por aí, essa pessoa experimentaria um mundo muito mais vívido, interessante e convincente do que a parede de sombras. É bem provável que adotasse um conjunto totalmente diferente de prioridades com base no que descobrisse sobre a realidade fora da caverna. E as pessoas da caverna que permanecessem acorrentadas muito provavelmente pensariam que o transeunte era louco.

Mencionei várias vezes neste livro que superar a ansiedade fará com que você se sinta bem, mas também estranho. Se você se afastar das normas sociais dominadas pelo hemisfério esquerdo, se começar a criar uma vida a partir do que lhe traz mais alegria e, *definitivamente*, se tiver uma experiência de despertar, outras pessoas podem ficar confusas. Elas podem zombar de você, afirmar que perdeu a cabeça ou atacá-lo por não seguir as crenças delas.

Posso assegurar novamente que o despertar não tem a ver com uma psicose psicodélica esquisita. Na realidade, muitas pessoas despertas afirmam que é a coisa mais normal que já experimentaram. Conheci vários indivíduos que acredito terem "despertado". Todos me disseram que o estado desperto está presente em todo mundo e que permanecer nele é uma escolha contínua de direcionar a atenção para o que nos conecta com a percepção de um universo benevolente.

Você provavelmente já teve contato com esse estado em muitos momentos comuns. Se já viu uma pessoa ou um animal dormindo e de repente os considerou profundamente belos, até mesmo perfeitos, você os viu com olhos despertos. Talvez você se lembre de ter uma discussão com um ente querido e, de repente, passar a considerar o conflito como algo bobo — até dar vontade de cair na risada. Isso é uma mudança para uma perspectiva desperta. Sempre que nos sentimos tomados por uma onda de paz, um amor profundo ou admiração, acredito que estamos em contato com o estado desperto. Claro, em relação ao medo e ao controle da mente, esse tipo de experiência parece não conter nada interessante — nenhum drama, nenhuma história, nenhum acontecimento. Portanto, a parte de você que está lendo essas palavras pode nem ter notado os próprios lampejos de percepção desperta. Lembre-se, o hemisfério esquerdo pode não conseguir reconhecer a realidade da própria perna esquerda, portanto não podemos esperar que ele monitore um estado de ser que esteja absolutamente imóvel e silencioso.

No fim deste capítulo, vou propor um exercício que pode ajudá-lo a propositalmente entrar em contato com um pouquinho da percepção "desperta". Mas primeiro vamos falar sobre o fato de que tudo o que estou dizendo pode soar como baboseira ou algo muito simplista. Se você é como a maioria dos cidadãos na sociedade WEIRD, foi treinado para não dar importância ao despertar ou a considerá-lo irrelevante. Esse processo de socialização pode ter criado bloqueios internos que eu adoraria abordar agora.

POR QUE VOCÊ PODE ESTAR SE SENTINDO DESCONFORTÁVEL AGORA

Se toda essa conversa de "despertar" e se apaixonar pelo universo está fazendo você revirar os olhos até ficar enjoado, é bem provável que tenha sido educado em uma cultura WEIRD, em que a verdade é equiparada a evidências empíricas. Ou, quem sabe, você seja uma pessoa religiosa que se sinta profundamente ofendida por eu ter reduzido a experiência inefável de despertar a uma simples mudança neurológica. Seja como for, é possível que você esteja de cabelos em pé.

Todos nós fomos condicionados a reagir dessa maneira às discussões sobre a consciência desperta. O mundo ocidental não tem um legado cultural que favoreça ou aceite o despertar. As religiões dominantes que ajudaram a moldar a civilização podem atribuir o despertar a figuras célebres, mas, ao estabelecerem as leis sobre o que fazer e acreditar, essas religiões raramente oferecem orientação sobre como induzir transformações na consciência. Na verdade, o despertar pode fazer alguém questionar, ou mesmo se afastar, dos ensinamentos dos líderes religiosos.

O método científico surgiu nos séculos mais recentes em parte como resposta à opressão religiosa. Desde então, ciência e religião têm estado em conflito. Hoje, ao menos nas culturas WEIRD, muitos religiosos veem a ciência como uma ameaça à bondade básica, enquanto muitos cientistas consideram os devotos religiosos perigosamente delirantes.

Experimentei os dois lados desse viés cultural de dentro das trincheiras — uma experiência que, em última análise, me fez buscar um caminho alternativo. Quando criança, certa vez perguntei a um professor mórmon sobre algumas afirmações fatuais no Livro de Mórmon que correspondiam às evidências científicas (como a crença de que todos os indígenas norte-americanos são descendentes de uma família do Oriente Médio que imigrou há 600 anos). Disseram-me: "Você pode ver que a ciência está errada porque muda o tempo todo. Um dia os cientistas dizem uma coisa, no dia seguinte, outra. Você consegue saber que a Igreja é verdadeira porque nunca muda."

Quando saí de Utah para Harvard, ainda uma adolescente flexível, eu fiquei feliz por me distanciar do discurso "Intelectuais são maus! Os mórmons sabem de tudo!" e substituí-lo por "As pessoas religiosas são idiotas! Os intelectuais sabem de tudo!". Mas, durante a pós-graduação, enfrentei um desafio quando meu filho foi diagnosticado com síndrome de Down. Todos os meus orientadores na universidade e os médicos do centro médico de Harvard me disseram que a vida de Adam não valeria a pena ser vivida e me aconselharam a interná-lo em uma instituição. Nem o meu coração, nem o meu cérebro lógico podiam aceitar isso como Verdade.

Foi quando percebi que os meus orientadores e médicos pareciam venerar a inteligência analítica do mesmo modo que a comunidade onde cresci venerava o Livro de Mórmon. Apesar de todas as suas diferenças, os crentes religiosos anticiência e os pensadores científicos antirreligiosos compartilhavam o mesmo princípio fundamental: "SABEMOS DE TODAS AS COISAS!"

É possível reconhecer isso como o ponto de vista característico do hemisfério esquerdo. Quando estamos imersos no pensamento do hemisfério esquerdo, *acreditamos absolutamente* em qualquer história que estamos contando. Além disso, queremos convencer os outros a acreditarem também. Seja religiosa ou ateia, uma mente presa na ideia de que SABEMOS DE TODAS AS COISAS reflete um pensamento dogmático. Quando estamos fechados nessa mentalidade, ficamos indiferentes para muito do que estamos experimentando. Vivemos em projeção mental — pessoas despertas pela existência aterrorizante e cheias de ansiedade chamam isso de o mundo dos sonhos. Então qual seria a alternativa para ajudar a recuperar a nossa visão mental? Não é difícil. Basta reconhecer isto: Talvez não saibamos de todas as coisas.

A ALEGRIA DA MENTE QUE NÃO SABE DE TUDO

Sócrates disse: "Só sei que nada sei." O filósofo francês Réne Descartes concordava. As pessoas costumam citar Descartes dizendo: *"Cogito, ergo sum"* (Penso, logo existo). Mas o que ele realmente escreveu foi: "Não podemos duvidar de nossa existência enquanto duvidamos." E então concluiu: *"Dubito, ergo sum, vel, quod idem est, cogito, ergo sum"* (Duvido, logo existo — ou o que é o mesmo — penso, logo existo). Foi a dúvida, não o pensamento, que fundamentou a realidade de Descartes. No entanto, isso raramente é mencionado. A dúvida é uma condenação para os dogmáticos religiosos e científicos.

Quando eu tinha 20 anos, tendo absorvido tanto versões religiosas quanto intelectuais da mentalidade SABEMOS DE TODAS AS COISAS, fui morar e estudar na Ásia. Eu esperava encontrar as versões locais do SABEMOS DE TODAS AS COISAS e encontrei. Algumas vezes. O confucionismo, por exemplo, é rígido o suficiente para agradar à Inquisição espanhola. Mas muitos ramos da filosofia asiática adotam uma abordagem que eu nunca havia encontrado. Eles se baseiam na crença de que *nunca saberemos de todas as coisas*.

Leva cerca de meio segundo de reflexão lógica para perceber que a mente humana não pode compreender a totalidade do universo. Mas, quando conheci pessoas que estavam confortáveis com essa ideia, fiquei bastante *desnorteada*. Era como estender a mão para tocar uma parede sólida e não encontrar... nada.

Em vez de se encherem de conhecimento da maneira que sempre me ensinaram a fazer, os filósofos asiáticos mais respeitados aspiravam a um estado que chamavam de "mente 'não sei'", que, para mim, soava como a definição de estupidez. Eu sabia que o Iluminismo europeu surgiu quando muitos intelectuais instruíram-se com enormes quantidades de fatos e processos lógicos. Mas esses sábios asiáticos usaram o termo "iluminismo" para descrever a *libertação* de todas as ideias fixas.

No início, tudo me parecia como um quebra-cabeça de palavras estranho e abstrato. Achei que não tinha nada a ver comigo. Eu provavelmente ainda pensaria assim se não fosse pela minha antiga inimiga, a ansiedade.

Com o passar dos anos, fui ficando cada vez mais ansiosa, e a dor crônica se somou à minha lista de preocupações. Até que finalmente recorri à única coisa que ainda me restava: aprender a meditar. Então embarquei em intermináveis horas de tédio excruciante e crescente desconforto. Quando parei até de esperar por isso, senti as primeiras pistas fracas do que aqueles místicos asiáticos tanto falavam. Por breves instantes, às vezes eu entrava em um mundo mais gentil, mais doce e mais vívido e tinha uma sensação passageira, mas intensa, de que tinha voltado para casa.

As habilidades sobre as quais você tem lido neste livro são algumas das práticas que me trouxeram esses momentos de graça. Se você as praticar, ou quaisquer outras que possa encontrar espalhadas pela casa, poderá ocasionalmente sentir uma pausa na própria ansiedade, como a calmaria no olho de um furacão.

Nesses momentos, você pode perder a noção do tempo, da culpa, do arrependimento e do medo. De novo, a sua mente verbal — a parte que está lendo isto — pode não registrar essas experiências, já que nada do que ela valoriza está relacionado a essas experiências. Mas se você começar a prestar atenção aos espaços silenciosos entre seus pensamentos, em vez dos pensamentos em si, você não apenas se afastará da ansiedade. Você despertará. E, hoje, até a ciência está descobrindo que cada passo que damos em direção a essa mentalidade é muito, muito benéfico para nós.

A CIÊNCIA DO DESPERTAR

A Dra. Lisa Miller tem muita coragem. E isso é um elogio. Professora da Universidade Columbia, Miller compilou uma pequena montanha de pesquisas sugerindo que nosso cérebro tem o que ela chama de "uma estação de acoplamento para a consciência espiritual". Miller e seus colegas descobriram que os indivíduos que estão abertos à ideia de uma realidade espiritual no universo são, estatisticamente falando, muito mais felizes do que outros. Segundo ela, quando abrimos nossa mente para a possibilidade de um elemento metafísico no universo, "acessamos benefícios psicológicos insuperáveis: menos depressão, ansiedade e abuso de substâncias, e traços psicológicos mais positivos, como coragem, resiliência, otimismo, tenacidade e criatividade".

Acho que Miller tem nervos de aço porque, embora sua pesquisa seja impecável, ela também é francamente embaraçosa dentro de sua própria área. Defender a espiritualidade em uma instituição da Ivy League é como se levantar durante a missa de domingo em um mosteiro e gritar para os monges: "Ei, pessoal, todos nós temos sentimentos sexuais e é hora de explorá-los!"

Quando Miller apresentou seus dados pela primeira vez, os colegas desaprovaram a ideia argumentando que existiam "fatores ocultos" que explicariam todo o lado espiritual. Mas até agora ninguém encontrou tais fatores. E outros cientistas estão observando fenômenos que confirmam as descobertas de Miller.

Por exemplo, o neurologista Andrew Newberg e seu coautor Mark Robert Waldman, que chamam o cérebro espiritualmente sintonizado de "iluminado", relataram que a abertura espiritual é mesmo benéfica para a saúde mental, dados que apareceram na pesquisa de Miller. Quando Daniel Goleman e Richard Davidson, ambos de Harvard, usaram aparelhos de ressonância magnética para examinar o cérebro dos monges tibetanos, eles perceberam que os cérebros analisados pareciam muito mais jovens e muito mais ligados à felicidade do que os da maioria das pessoas. Esse efeito foi ainda mais forte em monges que meditavam por mais tempo, o que significa que aqueles homens não nasceram apenas com cérebros felizes; eles tinham transformado a própria neurologia por meio da prática espiritual. Essas práticas não tinham a ver com aprender crenças dogmáticas, mas sim com *deixar de lado a necessidade da certeza*.

Profissionais de saúde mental também relatam que o núcleo compassivo do *Self* está aberto ao Mistério do universo. Terapeutas que usam IFS relatam que os "*Selves*" das pessoas, os núcleos amorosos, sábios e destemidos da identidade, muitas vezes parecem ser abertamente espirituais. Richard Schwartz me disse que pode ser difícil para as pessoas descreverem a si mesmas sem usar conceitos espirituais ou vocabulário associado. Quando "entram" em contato com várias partes, muitos pacientes dizem encontrar aspectos espirituais de si mesmos, um dos quais é o *Self*. Outras partes podem se identificar como guias, aspectos da consciência que auxiliam a pessoa a encontrar seu caminho na vida.

Em suma, diversas abordagens na pesquisa neurológica e na psicologia clínica estão conduzindo estudiosos altamente capacitados e escrupulosamente científicos a um ponto em que "aceitar os dados" inclui reconhecer que o cérebro humano tem a "estação de acoplamento" para a conexão espiritual descrita por Miller.

Ao explorarmos a espiral de criatividade, começamos a nos "acoplar" a experiências que parecem intensamente misteriosas e metafísicas. Nesses momentos de despertar, sentimos que estamos sendo retirados de nossos pequenos e assustados *Selves* para nos misturarmos com o vasto espaço da Criação. A ansiedade desaparece de vista. A saúde, a felicidade e a capacidade de realizar nosso senso de propósito tomam um rumo ascendente dramático.

Eu adoraria ajudá-lo a experimentar isso. Mas não vou sugerir que você precise de uma grande mudança de personalidade ou que vá dançar com anjos. Acredito que aceitar os limites de nossas percepções é o que precisamos para começar a despertar. O caminho para o despertar é pavimentado não com novos conhecimentos, mas com o *não saber* — reconhecer que não sabemos das coisas com profundidade, nem como a realidade realmente é. Começamos esse caminho aceitando o não saber como uma característica fundamental do ser humano.

O CAMINHO PARA O DESPERTAR: ACEITAR A DÚVIDA

Acabei de mencionar uma pesquisa feita pelo Dr. Andrew Newberg, diretor de pesquisa do Marcus Institute of Integrative Health e médico no Thomas Jefferson University Hospital. Na juventude, Newberg embarcou em uma busca implacável pela verdade absoluta. Ele estava ansioso e deprimido, com uma dor psicológica profunda. "Mas aí, aconteceu", escreveu ele.

> De repente, me vi flutuando no que só posso descrever como um mar de Dúvida Infinita (...) Em vez de lutar contra a dúvida, me *uni* a ela. Foi incrivelmente intenso, fundamentalmente nítido, totalmente edificante, profundamente emocional e extraordinariamente prazeroso. Na verdade, foi o ponto de virada mais importante na minha vida e filosofia. [Itálico no original.]

Não foi o fato de *pensar na dúvida* que ajudou Newberg a começar a despertar, mas sim o fato de ele *se tornar a consciência na qual a dúvida ocorre*. Conheci outras pessoas que também deixaram de lado a certeza e adotaram o aspecto questionador, aberto, curioso e intensamente presente de si mesmas, e elas sentiram como se o mundo inteiro se tornasse "incrivelmente intenso, fundamentalmente nítido, totalmente edificante, profundamente emocional e extraordinariamente prazeroso".

Pouquíssimas dessas pessoas são famosas ou reverenciadas. Levam vidas completamente comuns. Um exemplo é minha cliente Dinah, mãe e escritora freelancer, que visitou Taiwan quando era adolescente, antes que a internet ou mesmo os celulares existissem. Ela se afastou de seu grupo de alunos e se perdeu por três dias. Sem falar mandarim, incapaz de ler as placas na rua, Dinah se tornou intensamente consciente da energia ao seu redor. Sentia-se atraída por certas pessoas e de alguma forma conseguia se comunicar com elas, apesar do fato de não falarem inglês. Elas lhe deram comida, ofereceram-lhe um lugar para dormir e, por fim, ajudaram-na a entrar em contato com seu grupo por intermédio da embaixada norte-americana.

Dinah foi transformada por essa experiência. Anos depois, ela me disse:

— Percebi que por *não saber* nada sobre o que me rodeia fui forçada a entrar em sintonia com um tipo de consciência mais aberta. Não saber me fez encontrar uma forma de me conectar com tudo e todos. Senti a beleza e o amor como uma matriz que contém todos e tudo.

Desde então, Dinah vive de acordo com algo que ouviu em uma aula de ioga: "Eu existo em resposta criativa contínua ao que quer que esteja presente." Este é o modo de vida que surge quando aceitamos que, na realidade, não sabemos muito, e que aquilo que pensamos saber pode ser falso.

Asher é outra pessoa comum que acredito estar desperta. A neta de Asher, assim como meu filho, tem síndrome de Down. Nós nos conhecemos em um congresso e acabamos conversando durante horas com dois ou três outros participantes. No fim da noite, Asher nos contou sobre uma experiência que, em suas palavras: "me deixou impressionado e salvou minha alma".

Asher chegou à meia-idade sentindo que a vida era inútil e deprimente. Ele sofria de uma ansiedade terrível e era assombrado pelo sofrimento, pela morte e pelos horrores que via na história humana.

— Então, um dia, parei de fugir de toda aquela dor e meio que *entrei nela* mentalmente. Não sei como. Mas, ao fazer isso, me uni a todas as pessoas e seres que já sofreram — mas eu não era eles; eu era a coisa que os fazia existir. E pensei: *Nossa, é como um filme! Todas essas histórias são reais, mas são apenas projeções reais de algo muito* mais *real*. E isso é o Amor. O amor além do amor. Não é algo que consigo expressar. Apenas tento viver nessa sensação.

Essas pessoas não são sobre-humanas, são apenas humanas. Newberg é apenas um cientista. Dinah é apenas uma escritora. Asher é apenas um paisagista aposentado. São pessoas comuns, mas que são muito menos ansiosas e muito mais criativas do que a maioria de nós. Em vez de fomentar o sofrimento interno, estão constantemente criando. Newberg cria experimentos. Dinah cria poemas, ensaios e livros. Asher cria atividades e aventuras para atletas nas Special Olympics. Eles escolhem, a todo momento, permanecer despertos. E como Newberg escreve, todos eles acreditam que: "em cada criança, e talvez em cada adulto, há um artista capaz de ir além dos limites da mente humana limitada para tocar em alguma essência mais profunda da vida".

A maneira de descobrir esse artista interior é duvidar com admiração e curiosidade, em vez de ansiedade. Aqui está um exercício que me ajuda a fazer isso.

Nova habilidade

ACESSE A MENTE "NÃO SEI"

Abaixo estão algumas descrições de eventos documentados. Responda a cada uma delas observando se você sabe ou não exatamente o que está acontecendo em cada situação. Use as técnicas que ajudam você a se acalmar para relaxar, caso comece a se sentir ansioso.

- Eşref Armağan é um artista turco que nasceu com um olho do tamanho de uma lentilha e totalmente disfuncional. Ele não possui o outro olho. Armağan literalmente nunca enxergou. No entanto, ele pinta quadros e paisagens realistas e reconhecíveis, como pássaros no ar e perspectiva linear. Armağan foi estudado por pesquisadores de várias universidades, inclusive Harvard. Eles verificaram que ninguém o ajuda enquanto ele pinta as imagens realistas.

    ☐ **Eu sei exatamente o que está acontecendo.**
    ☐ **Eu não sei o que está acontecendo.**

- Estudos revelaram que gêmeos criados separados muitas vezes compartilham diversas características e até experiências de vida. Em um caso bastante estudado, dois gêmeos foram adotados por famílias diferentes quando tinham um mês de vida. Eles se encontraram aos 39 anos. Pouco depois de saberem da existência um do outro, perceberam que tinham essas coisas em comum:

- Jim foi o nome escolhido para eles pelas famílias adotivas;

- na juventude, os dois Jim tinham um cachorro chamado Toy;

- cada um deles havia se casado duas vezes. As primeiras esposas se chamavam Linda, e as segundas esposas, Betty;

- um dos Jim deu o nome de James Allan para o filho. O outro escolheu o nome James Alan;

- cada gêmeo saiu várias vezes com seu Chevrolet azul-claro de Ohio para a mesma pequena praia na Flórida para passar férias em família — embora nunca tenham se visto lá;

- os dois Jim fumavam cigarros Salem e bebiam cerveja Miller Lite;

- ambos os Jim atuavam como xerifes em meio-expediente.

☐ Eu sei exatamente o que está acontecendo.
☐ Eu não sei o que está acontecendo.

- Monica Gagliano, pesquisadora da Universidade de Sydney, publicou inúmeros artigos científicos revisados por pares sobre a capacidade das plantas de aprender, lembrar e se comunicar. Seus experimentos inovadores, altamente bem-sucedidos e replicáveis demonstraram, entre outras coisas, que as plantas descansam, brincam, aprendem, emitem sons e respondem aos sons em seu ambiente.

Gagliano afirma que as ideias para esses experimentos vieram das próprias plantas. Ela utiliza práticas aprendidas com os xamãs da floresta tropical para "ouvir" a comunicação das plantas. E os experimentos que ela conduz para testar as informações acabam sendo cientificamente válidos.

☐ Eu sei exatamente o que está acontecendo.
☐ Eu não sei o que está acontecendo.

- Em 1898, o escritor Morgan Robertson publicou um romance curto sobre o naufrágio de um navio chamado *Futilidade ou o naufrágio do Titan*. Embora isso tenha acontecido anos antes da concepção do verdadeiro navio *Titanic*, a história de Robertson tem notáveis semelhanças com o naufrágio do *Titanic*. Por exemplo:

    - os navios (o fictício e o não fictício) foram os maiores já construídos na época;

    - foram considerados "impossíveis de afundar";

    - eram britânicos;

    - o *Titan* tinha 244 metros de comprimento; o Titanic, 269 metros;

    - eram feitos de aço e tinham três hélices e dois mastros;

    - tinham capacidade para 3 mil passageiros;

    - carregavam 24 botes salva-vidas;

    - atingiram um iceberg por volta da meia-noite;

    - tiveram uma perfuração no mesmo local do casco da embarcação;

    - afundaram em abril.

        ☐ **Eu sei exatamente o que está acontecendo.**
        ☐ **Eu não sei o que está acontecendo.**

- No século passado, físicos descobriram que o universo não é um conjunto de objetos físicos que colidem entre si. As partículas subatômicas, os blocos de construção de toda a matéria, são apenas campos de energia — até as medirmos. De alguma forma, sempre que nos propomos a fazer isso, as probabilidades das ondas "colapsam" e se tornam pontos físicos da matéria.

Alguns acreditam que isso significa que a consciência, por meio da observação, literalmente cria matéria a partir de energia. Outros afirmam que a maneira como percebemos o mundo está distante da realidade; vemos o universo como matéria, mas, na verdade, cada elétron, cada pesquisador, cada equipamento e todo o universo são apenas campos de energia.

☐ Eu sei exatamente o que está acontecendo.
☐ Eu não sei o que está acontecendo.

Como você se saiu? Há algo que você pode explicar com certeza, ou se contenta em duvidar que saiba alguma coisa com certeza absoluta? Talvez esteja pensando: *Não tem como tudo isso ser verdade. E, mesmo que seja, certamente não vou formar opiniões vagas com base em algumas anomalias. Vou ficar com uma versão comprovada da realidade.*

Olá, hemisfério esquerdo. Olá, espiral de ansiedade.

Todos esses fatos estranhos, e muitos mais, estarão à sua espera se você decidir liberar o seu controle sobre a certeza e vagar pelo Mistério. E, se isso acontecer, seus momentos de despertar não vão parecer estranhos, mas completamente familiares, como voltar para casa. Você não vai pensar: *Até agora, eu nunca soube disso!*, mas vai perceber: *Ah, sim! No meu coração, sempre soube dessa realidade amorosa. Ela estava apenas mascarada pelo meu jeito de pensar.* Você terá muito menos "pensamento mágico" em um momento desperto, simplesmente absorvendo a situação atual, do que teria em um dia ansioso ao comprar bilhetes de loteria extras e esperar lucrar com "O Segredo".

Dito isso, quanto mais nos permitimos acessar o despertar, mais a vida começa a se revelar proposital, amorosa e capaz de nos oferecer experiências que — pelo menos para o hemisfério esquerdo — se parecem muito com magia.

ALGUMAS AVENTURAS MÁGICAS

Parece que tenho muitas aventuras "mágicas" — não porque sou alguém especial ou uma das pessoas despertas, mas porque aplico de modo ativo e contínuo todos os conselhos que compartilhei neste livro. No capítulo anterior, mencionei que a "magia" acontece quando nos desvencilhamos da ansiedade. Acredito que isso aconteça porque um cérebro que funciona normalmente tem a "estação de acoplamento para a espiritualidade" descrita por Lisa Miller. Segundo ela, precisamos ter acesso ao Mistério para "utilizar plenamente a forma como somos construídos". Livres da ansiedade, felizes por saber que não sabemos, entramos em uma realidade onde eventos improváveis e maravilhosos parecem acontecer o tempo todo.

Já contei algumas histórias "mágicas" da minha própria trajetória. Eu as compartilho porque sei com certeza que não são exageradas, já que aconteceram comigo. Aqui estão mais algumas, apenas para mostrar como a realidade pode ser estranha.

Certa noite, paguei o jantar para uma antropóloga, uma mulher que dedicou sua carreira ao estudo do xamanismo siberiano. Eu queria fazer uma série de perguntas a ela sobre os aspectos metafísicos dessa cultura antiga. Enquanto conversávamos e comíamos, ela mencionou, com naturalidade, que existem aplicações práticas para reconhecer que a realidade física está fundamentalmente entrelaçada com a consciência. Quando pedi um exemplo, ela disse que uma colher pode permitir que você a dobre se você se conectar à própria consciência central, que está em harmonia com a consciência da colher, e pedir à colher para brincar com você. Se a colher concordar, você pode moldá-la como barro.

Sei que parece mentira. Certamente foi o que pareceu para mim. Pareceu mentira quando peguei um garfo, pedi para ele brincar comigo e de repente o senti dobrar sob uma leve pressão das minhas mãos. Tente você mesmo se quiser — mas lembre-se de que, para que funcione, você precisa estar em um estado livre de ansiedade, de "uma maneira particularmente preguiçosa" e com uma "calma profunda e agradável", como Philip Pullman descreveu em *Fronteiras do universo* (também conhecido como *A bússola de ouro*). Se você se mantiver em um estado calmo da mente "não sei" e se divertir profundamente, dominará facilmente essa habilidade. (E, por favor, use suas próprias colheres. As pessoas nos hotéis onde faço palestras estão sempre me pedindo para realizar demonstrações e, depois, vão para seus quartos tentar dobrar a colher. Elas ficam ansiosas quando não conseguem devolvê-las ao formato original, o que acaba deixando muitas colheres tortas, e eu me sinto responsável por isso.)

Esse pequeno truque divertido está longe de ser o modo mais estranho de perceber a consciência de coisas físicas que parecem brincar comigo. Em geral, isso acontece na natureza, especialmente quando tenho a oportunidade de interagir com animais selvagens. Por exemplo, em um dia gélido de inverno na Pensilvânia, onde moro, minha família encontrou no quintal um gaio-azul com asas feridas. Envolvemos o pássaro em uma toalha e o colocamos em uma caixa para que eu pudesse levá-lo ao centro de resgate de animais selvagens. O trajeto era bastante longo. Toda vez que eu fazia uma curva, freava ou acelerava, um barulho irritante saía da caixa. "Está tudo bem, falei para mim mesma. Ele não consegue sair."

Pegamos um trecho livre na rodovia e acelerei a cerca de 90 quilômetros por hora até encontrar o tráfego pesado. O barulho da caixa aumentou. Começou a ficar frenético. Mantive os olhos na estrada e repeti silenciosamente: "Ele não consegue sair. Ele não consegue sair. Ele não consegue (...) Ai, meu Deus, ele saiu."

Eu não sei como ele fez isso. Quando olhei, lá estava ele, parado em cima de sua caixa no banco do passageiro bem ao nível dos meus olhos, parecendo muito maior e mais vívido do que eu lembrava.

Enquanto tentava cuidadosamente sair da pista de alta velocidade para encontrar um lugar onde eu pudesse encostar o carro, minha mente criou um milhão de cenários aterrorizantes: o pássaro tentando voar pelas janelas, batendo no meu rosto, lutando comigo enquanto eu revidava, talvez machucando ainda mais a asa quebrada, fazendo com que meus olhos fossem arrancados ou causando um acidente grave com várias vítimas fatais. O pobre gaio-azul estava em um ambiente inteiramente novo, que eu imaginava que seria assustador para qualquer animal selvagem.

Sem saber o que fazer, fiz o que pude. Parei o carro e, depois, usei todas as minhas técnicas para acalmar a ansiedade. Percebi que, como sempre, minha ansiedade era o medo do que poderia acontecer no futuro, mesmo que esse futuro estivesse no segundo seguinte. Respirei devagar, relaxei os músculos e comecei a repetir pequenas frases do diálogo interno gentil (KIST): "Você está bem. Está tudo bem. Você está numa boa. Está tudo bem. Está tudo ok."

Demorou um ou dois minutos, mas finalmente senti minha ansiedade diminuir, até que se esvaiu. Eu me aprofundei naquele estado aberto e presente que surge após a ansiedade. Soltei uma expiração longa e lenta e me virei para encarar o pássaro, que, naquele exato momento, pulou da caixa, passou por cima do câmbio, subiu no meu colo e se acomodou como se tivesse voltado para casa, para o seu ninho.

O meu coração descompensou um pouco, mas depois voltou ao normal. Acariciei as penas sedosas do gaio-azul e falei baixinho com ele até que fechasse os olhos, aparentemente aproveitando o momento. Então o envolvi na toalha e o coloquei de volta na caixa, o que ele aceitou com muita calma. Com cuidado, coloquei minha bolsa em cima da caixa e fui para o centro de resgate de animais selvagens, sentindo-me um pouco atordoada. Uma mulher levou a caixa para uma sala, de onde logo surgiram muitos ruídos.

— Caramba! — disse a mulher, trazendo a minha toalha de volta. — Ele é bravo, né?

Bem, nem sempre.

Nunca saberei por que o gaio-azul agiu daquela forma. Quando me acalmei, talvez os neurônios-espelho no cérebro dele tenham refletido a minha rápida transição para um estado de paz. Ele pode ter sentido algum tipo de emanação de energia. Talvez ele tenha desenvolvido síndrome de Estocolmo. Ou talvez ele apenas tenha pensado bem e decidido que tentaria derreter o meu coração mole humano. Se essa era a intenção dele, funcionou.

Agora, eu não poderia ter deliberadamente forçado aquele gaio-azul a se acalmar, assim como não posso curar os medos de todos neste mundo ansioso. O que posso fazer é gentilmente me libertar da ansiedade, recorrer à curiosidade e à conexão e me tornar um ponto de consciência intencional e focado no mar da criação.

Minha prática favorita para chegar a esse ponto é um exercício meditativo, uma técnica descoberta pelo psicólogo Les Fehmi no Princeton Biofeedback Centre. Ele percebeu que dizer ou pensar certas frases fazia com que o cérebro entrasse no que ele chamava de "foco aberto". Esse é o mesmo estado calmo e relaxado em que pode ajudá-lo a se conectar com uma colher, um pássaro ou o seu *Self* mais profundo. É um dos infinitos caminhos para o despertar.

Nova habilidade

DISSOLVA-SE NO ESPAÇO, NO SILÊNCIO E NA QUIETUDE

1. Comece reservando alguns minutos sozinho em um espaço calmo. Sente-se ou deite-se e relaxe. Respire com tranquilidade e regularmente.

2. Repita essa pergunta silenciosamente várias vezes: *Consigo imaginar a distância entre os meus olhos?* Não tente descobrir uma resposta. Apenas repita a pergunta.

3. Agora, repita mentalmente: *Consigo imaginar a distância entre meu cocuruto e a parte inferior do meu queixo?*

4. Em seguida, repita mentalmente: *Consigo imaginar a distância entre o topo da minha cabeça e o centro do meu peito?*

5. Agora, lembre-se de que os átomos em seu corpo são quase inteiramente compostos de espaço vazio. Silenciosamente, várias vezes, pergunte-se: *Consigo imaginar o espaço dentro dos átomos do meu corpo?*

6. Em seguida, pense: *Consigo imaginar o espaço dentro do meu corpo como contínuo ao espaço ao meu redor?* Repita silenciosamente a pergunta várias vezes.

7. Em seguida: *Consigo imaginar o silêncio subjacente a todos os sons que ouço?* Repita silenciosamente a pergunta várias vezes.

8. Agora: *Consigo imaginar a quietude em que toda a atividade ocorre?* Repita.

9. Permita que quaisquer reações físicas e emocionais venham à tona ao se fazer essas perguntas estranhas. Seja muito gentil, educado e pouco exigente. Sinta o campo de espaço que preenche seu corpo e se estende até os confins do universo. Ouça o silêncio por trás de quaisquer sons que você escutar. Descanse na quietude vibrante que sustenta toda a atividade.

Você pode ter notado, como Fehmi relatou, que fazer essas perguntas coloca seu sistema nervoso em um estado de "verde profundo" mais rápido do que quase qualquer outro estímulo. Isso é estranho para a mente "eu sei!", porque toda a meditação consiste em fazer perguntas sem se preocupar com as respostas. Se nos permitirmos levar o não saber para além de nosso corpo e ao espaço, ao silêncio e à quietude — que são infinitos —, nossos pequenos cérebros se abrirão para um estado de calma quase surreal. Quando isso acontecer, fique atento à magia.

O MINDSET "ISSO E AQUILO"

Acho que essa calmaria do "verde profundo" é o que os textos sagrados chamam de "a paz que transcende a compreensão". Não alcançamos essa paz sabendo de nada. Conseguimos atingi-la nos esforçando diligentemente para saber tudo o que podemos e, em seguida, estando dispostos a não saber. Passamos muitas horas em diversão dedicada e, em seguida, reconhecemos o fato óbvio de que ainda não somos oniscientes.

Um experimento que ficou conhecido como "o mais elegante da história da física" (o experimento da dupla fenda) demonstrou que cada objeto é tanto uma energia unificada e sem fronteiras *quanto* uma coleção de coisas físicas separadas. Einstein provou que o tempo, que parece implacável e irrefutável sob a nossa perspectiva usual, é "apenas uma ilusão teimosamente persistente".

Em outras palavras, o que a ciência nos revela — mesmo quando operamos com a mente "eu sei!" — é a mente "não sei". A realidade é um paradoxo incomensurável. A mente que exclui não consegue lidar com o que de fato somos. Apenas a mente que inclui pode conter os paradoxos do ser. Quando adotamos a mentalidade "não sei", podemos nos perceber como grãos de consciência que existem além do espaço e do tempo e como pequenas criaturas físicas que estão se aproximando da morte, neste exato momento.

Falar de morte acabou de causar uma onda de ansiedade em você? Sim, isso acontece. Mesmo depois de mil momentos olhando para o universo e percebendo que você está tão conectado a ele quanto à sua própria perna esquerda, é possível sair do estado de paz que ultrapassa a compreensão e entrar no estado de ansiedade que é completamente compreensível.

Mas, como acredito que já ficou evidente, a ansiedade parece uma porcaria martelada na cabeça. Você pode usar esse sofrimento como motivação para relaxar, respirar e perguntar a si mesmo: *Consigo imaginar o espaço, o silêncio e a quietude que compartilho com tudo?* Em outras palavras, é possível usar esse sofrimento para retornar à paz. Para despertar, a cada momento.

Fiz isso para relaxar devido a uma dor física excruciante e encontrei um alívio paradoxal. Usei a prática de lidar com o fracasso, a morte de entes queridos e a rejeição das pessoas que mais importavam para mim. Está sempre lá — não é um fantasma frágil que tenho que imaginar, mas um fato sólido do meu não saber. É como descobrir o mesmo presente inestimável, esquecê-lo e depois encontrá-lo, repetidamente. O *Self* mantém os paradoxos do espaço e do ser, do tempo e da eternidade, em um abraço reconfortante que nunca se altera.

Acho que é por isso que a monja budista Pema Chödrön, depois de anos de prática espiritual, escreveu: "Estou desperta. Vou passar a minha vida tirando essa armadura." Não há nada de novo que devemos aprender, nenhum ritual ou cerimônia exigida para nos conectar ao nosso dom natural do despertar espiritual. Para estarmos plenamente despertos, tudo o que temos que fazer é despir-nos de nossa armadura, diversas vezes, até o dia em que nos esquecemos de colocá-la de volta.

12

SELF PROFUNDAMENTE VERDE, TERRA PROFUNDAMENTE VERDE

Na primeira vez que viajei de avião à noite, a vista me tirou o fôlego. As cidades abaixo de mim brilhavam como galáxias, e as estradas entre elas cintilavam como cordas de estrelas no espaço escuro. Essa visão me veio à mente alguns anos mais tarde, quando li uma famosa descrição do cérebro escrita pelo neurofisiologista Charles Sherrington. Ele descreveu o que acontece em nossa cabeça todos os dias:

> O cérebro está despertando e, com ele, a mente retorna. É como se a Via Láctea iniciasse uma dança cósmica. Rapidamente, a massa cinzenta se torna um tear encantado onde milhões de naves que piscam tecem um padrão de dissolução, sempre significativo, embora nunca permanente; uma harmonia mutável de subpadrões.

Esse tecido cintilante de energia nos permite realizar feitos exclusivamente humanos: imaginar um novo dia, conversar com entes queridos, olhar a agenda para verificar compromissos e checar as mensagens de e-mail. Tudo isso depende do neocórtex humano — uma estrutura surpreendentemente escassa, com apenas a espessura de quatro cartões de crédito empilhados. Deste pequeno esquife de células enroladas em nosso cérebro vieram todas as invenções únicas da humanidade: agricultura, ciência, literatura, matemática, a Grande Muralha da China, o Ônibus Espacial, o Mocha Frappuccino.

De muitas maneiras, nós, humanos, somos como o neocórtex da Terra: uma fina camada de entidades altamente ativas, interagindo e se comunicando de forma constante na superfície externa de uma esfera. Como as células cerebrais que influenciam todo o corpo, exercemos um poder desproporcional sobre o mundo em que vivemos. Podemos (e assim o fazemos diariamente) erradicar espécies, destruir biomas inteiros, mudar o clima do planeta. E, assim como o cérebro, temos a capacidade coletiva de despertar — não apenas do sono noturno, mas de nossas ilusões. Quase todas as nossas ilusões mais prejudiciais, desde o medo de nossa mortalidade até a rejeição de pessoas que parecem diferentes de nós, têm a ansiedade em seu núcleo.

Psiques saudáveis, assim como as células cerebrais saudáveis, são autossustentáveis, autocurativas, e orientadas para a ação criativa. Se nos permitirmos gravitar para os lugares que amamos, fazendo o que amamos, com as pessoas que amamos, geramos resultados muito maiores do que a soma de suas partes. Hoje, quando os pensamentos podem passar de uma mente para bilhões em um piscar de olhos, somos capazes de desencadear ideias que iluminam toda a humanidade — um "efeito Eureca" planetário.

Este capítulo abordará o impacto que você pode causar no mundo ao optar por superar a ansiedade. Como as pessoas são atraídas pela calma, alegria e criatividade, existir dessa maneira tende a atrair automaticamente indivíduos com visões semelhantes em grupos conhecidos como "células sociais".

A coesão da estrutura social não é mantida por um conjunto de regras que reúnem grupos para criar objetos, riqueza ou guerra. Em vez disso, as pessoas formam uma célula social conectadas pelo idealismo e pelo afeto. Como veremos, as células sociais podem gerar uma sabedoria coletiva superior à soma de suas partes. Historicamente, esses grupos têm sido com frequência a fonte de mudanças monumentais nas ideias e ações humanas. Em outras palavras, se puder acalmar a sua ansiedade e viver da sua criatividade — estritamente para seu bem-estar —, você pode acabar ajudando a salvar o mundo.

CUIDANDO DA CÉLULA, CUIDANDO DO *SELF*, CUIDANDO DA ALMA

As células, em sua maioria, são pequenas, macias e delicadas. No entanto, têm a capacidade de se regenerar e renovar, mesmo após serem perfuradas, rasgadas ou até divididas ao meio. O mesmo ocorre conosco e com nossa alma. Todos nós enfrentamos um mundo cheio de arestas afiadas. Os golpes imprevistos de má sorte perfuram, cortam e rasgam a todos. Mas mesmo depois de sofrer danos terríveis, uma célula — ou um *Self*, ou uma alma — pode não apenas sobreviver, mas também se curar e prosperar. Podemos nos recuperar de quase tudo, desde que façamos as duas coisas para as quais nossas células foram projetadas: evitar toxinas e ingerir alimentos.

As toxinas da mente, os elementos que podem nos invadir e nos dividir, como um vírus que abate uma célula, são mentiras. Como já vimos repetidas vezes ao longo deste livro, nosso cérebro e corpo odeiam mentir. Acreditar em qualquer coisa que não ressoe com a verdade de toda a nossa experiência — pensamentos como *Não tem o suficiente para mim!*, *Sou um desperdício de espaço*, *Não consigo fazer nada certo* ou *Ninguém se importa comigo!* — corroem a nossa saúde mental e física. As mentiras, mesmo aquelas em que acreditamos de modo inocente por estarem enraizadas em nossa socialização, podem nos levar a caminhos perigosos, nos tornar autodestrutivos ou simplesmente nos distanciar da realidade a ponto de tudo o que fazemos parecer em vão.

É por isso que escrevi o livro *Por inteiro*, no qual defendo que a integridade é a chave necessária para o bem-estar psicológico. Não me refiro à "integridade" performática (como um político piedoso segurando uma Bíblia para impressionar quem crê), mas sim a integridade *estrutural*: estar unido e alinhado, como um corpo vivo com todas as partes em funcionamento. Esse tipo de integridade exige que nos deixemos saber o que realmente sabemos, sintamos o que realmente sentimos e ajamos de acordo com o que realmente acreditamos.

Após o lançamento de *Por inteiro*, muitos leitores me disseram: "Eu vivo em integridade, mas ainda me sinto péssimo. Estou tão, tão ansioso!" Essa reação me motivou a escrever *este* livro. Porque essas pessoas boas e honestas estavam mentindo para si mesmas sem perceber. Elas não conseguiam enxergar um fato que agora pode estar evidente para você, embora talvez você não o tivesse aceitado se eu o deixasse escapar no início deste livro:

A ansiedade sempre mente.

Sempre.

Lembre-se, o *medo* saudável é a verdade: um claro impulso para agir, como quando há um leopardo no recinto. A ansiedade é apenas um pensamento: o medo de leopardos quando não há nenhum leopardo no local. O medo saudável sempre estará conosco e pode salvar a nossa vida; a ansiedade só pode arruiná-la. Os psicólogos Dan Grupe e Jack Nitschke descreveram a ansiedade como uma "resposta antecipatória aberrante e excessiva diante da incerteza da ameaça". Em outras palavras, é o terror de monstros imaginários em um futuro imaginário que talvez nunca se torne realidade.

DEIXANDO AS TOXINAS DE FORA

Dadas as estruturas de nossa neurologia e nossa sociedade, é fácil entender por que nos aterrorizamos com tais ficções. Não é fácil ficar ancorado na verdade quando as histórias terríveis de ansiedade não estão apenas enraizadas em nossos cérebros, mas também permeiam toda a nossa cultura.

Individual e coletivamente, sofremos com o solipsismo do hemisfério esquerdo, sua firme convicção de que suas crenças são de fato corretas, por mais bizarras que sejam. Nós realmente acreditamos que um partido político (aquele de que não gostamos) trará destruição total para todos. Acreditamos mesmo que uma dieta específica — sem carne, carboidratos, conservantes ou qualquer outra coisa — evitará todas as doenças que tememos. Alguns de nós impõem muitas restrições aos filhos, enquanto outros permitem que eles façam o que quiserem, todos acreditando que seu método de criação protegerá os filhos das dificuldades da vida.

A realidade é que todas essas crenças bem-intencionadas, baseadas na ansiedade (e muitas, muitas outras), são impossíveis de provar. Simplesmente, não podemos saber o que acontecerá se determinado político vencer. Algumas pessoas ficam doentes apesar de terem uma alimentação "saudável" a vida toda. As crianças deparam com o sofrimento, independentemente de como são criadas. Insistir no contrário, tentando provar pontos improváveis, é estressante e desgastante. Porém, ao usar habilidades que acalmam a ansiedade, incluindo as deste livro, você começará a enxergar através dos enganos da ansiedade. Você vai perceber, questionar e descartar histórias que só servem para assustá-lo, escolhendo se concentrar no que torna sua vida agradável e significativa. Você será como uma célula saudável, que reconhece e repele automaticamente o vírus de uma mentira assustadora.

A essa altura, você pode estar pensando: *Espere um pouco! Você já viu as notícias? Coisas ruins realmente acontecem; elas de fato estão acontecendo, e um dia vão acontecer comigo. Minhas histórias de ansiedade são verdadeiras!* Essa reação é compreensível, mas ainda não é a verdade sobre o seu momento presente. Respire fundo e lentamente. Expire por completo. Olhe ao seu redor em busca de "leopardos", ou seja, qualquer *perigo iminente que esteja fisicamente aqui e agora*, em vez de focar em pensamentos assustadores. Se você vir perigo, tome uma atitude. Mas se estiver fisicamente seguro, pode ser útil dizer em voz alta:

"Ah, que interessante! Estou tendo respostas antecipatórias exageradas e desproporcionais diante da incerteza da ameaça!"

Ou, ainda melhor:

"Você está bem. Vamos lidar com isso. Você pode relaxar. Eu estou aqui com você."

Mantenha o diálogo interno gentil (KIST) até conseguir acessar a energia do *Self* — o suficiente para começar a respirar com mais facilidade e sentir seus músculos relaxarem um pouco. Isso o reconectará com a sua versão inata: uma consciência calma, clara, curiosa, corajosa, conectada, confiante, compassiva e criativa.

Lembre-se, não há nada a se *fazer* aqui. Você não precisa direcionar o processo de cura da sua psique, assim como não precisa curar suas próprias células depois que elas forem danificadas. Mesmo que tentasse, não conseguiria. Mas a inteligência da natureza pode, e vai fazer isso se você simplesmente se render ao que de fato está aqui e agora.

PERMITINDO NUTRIR-SE

Evitar a toxicidade das falsas crenças é metade do caminho para prosperarmos. A outra metade é nutrir-se. O processo começa por observarmos a ansiedade em vez de acreditar nela, como uma mãe calma que observa o filho assustado. Quando começamos a *observar* e nos *perguntar* o que está acontecendo dentro de nós, ativamos a curiosidade, o que desperta a coragem e a conexão. Recuperamos essa massa crítica do *Self*. Então podemos usar a nossa imaginação, não para contar histórias aterrorizantes, mas para transformar situações desafiadoras em catalisadores de criatividade.

Por exemplo, em 2021, a jornalista Maria Ressa ganhou o prêmio Nobel da Paz por seu trabalho investigativo sobre a corrupção nas Filipinas, sob o governo do presidente Rodrigo Duterte. Em resposta, Duterte lançou uma campanha de difamação massiva e altamente organizada para destruir a reputação de Ressa e ameaçar a vida da jornalista. Centenas de e-mails de ataque foram enviados, e postagens em redes sociais inundaram a internet. A certa altura, Ressa estava recebendo mais de noventa mensagens de ódio e ameaças de morte por *hora*.

E o que Ressa fez? Ela e sua equipe se recusaram a ceder ao que poderia ter se tornado uma onda de ansiedade avassaladora. Em vez disso, ativaram a curiosidade. Decidiram estudar a campanha de ataque e descobriram algo fascinante: na internet, as mentiras se espalham mais rápido do que os fatos — seis vezes mais rápido. A simples verdade sobre o que realmente aconteceu não tinha como competir. Mas a equipe de Ressa também encontrou algo que *se espalha* tão rápido e poderosamente quanto as mentiras: a inspiração.

Assim como a ansiedade é resultado de uma imaginação *paranoica*, a inspiração é o resultado de uma imaginação *criativa*. Quando nos permitimos ser inspirados, nossa mente se distancia da ansiedade, optando por se concentrar em possibilidades que nutrem nossa alma.

Você pode começar agora, onde quer que esteja. Atenha-se ao momento presente respirando profunda e lentamente, prestando atenção ao que está ao seu redor. Sabendo que você está seguro agora, lembre-se de uma das ocasiões que você listou no Capítulo 4: um momento em que você foi corajoso, claro, calmo, criativo e assim por diante. Recorde a ocasião com o máximo de detalhes possível. Fique pensando nela. Abandone a falsa humildade e seja inspirado por sua capacidade de intensificar e incorporar seu melhor *Self*. Você é um humano extraordinariamente corajoso dando o seu melhor para viver em um mundo desafiador. Isso é inspirador.

Uma pessoa paranoica que está no modo de luta, fuga ou colapso pode espalhar muita ansiedade. Mas uma pessoa que vive com a criatividade corajosa pode espalhar muita inspiração. Uma das heroínas da minha vida, Ruth Killpack, era dona de casa e mãe de cinco adolescentes quando seu marido morreu devido a um tumor cerebral.

— Eu não sabia o que fazer, mas sabia que poderia descobrir o que fazer — disse ela.

Ruth voltou para a faculdade aos 40 e poucos anos, tornou-se bacharel e, em seguida, doutora em psicologia. Eu a conheci cerca de vinte anos depois, quando eu estava lutando contra ansiedade, depressão e problemas de saúde física. Ruth passou a ser a minha terapeuta.

Para falar a verdade, ela não era tão gentil quanto a maioria dos terapeutas. Na terapia em grupo que eu fazia com outras sete mulheres, Ruth tinha um papel mais de coach. "Eu não me importo com o que está acontecendo na sua vida", dizia. "Há um jeito de fazer dar certo. *Sempre* há um caminho para algum tipo de solução. Descubram como, descubram como, descubram como."

Com o incentivo de Ruth, minhas colegas de terapia e eu destrinchamos todos os tipos de questões não terapêuticas: como eu poderia cuidar dos meus filhos nos dias em que a dor impossibilitava que eu andasse ou usasse as minhas mãos; como outra mulher poderia consertar o encanamento do próprio banheiro (ela não tinha dinheiro para pagar um encanador); como várias outras poderiam iniciar carreiras depois de saírem de situações abusivas; como todas nós poderíamos nos tornar ativistas que desafiavam sistemas sociais injustos de forma resoluta.

Na maioria das vezes, a "terapia" de Ruth consistia em cumprir sua palavra e escolher respostas calmas, criativas, corajosas e empáticas para todo e qualquer dilema da vida. Ela nunca ficou rica ou famosa, mas sua inspiração emanava para todos que ela conhecia, transformando inúmeras vidas, entre elas a minha.

CONSTELAÇÕES MUNDIAIS

Como Ruth e Ressa, pessoas inspiradoras tendem a atrair grupos de outras pessoas que desejam aprender com elas ou servir às mesmas causas. É interessante que, como mencionei, esses grupos de indivíduos também possam ser chamados de "células". Todos os humanos tendem a se autoconstelar em células, formando conexões com pessoas que compartilham gostos, interesses ou valores. Você pode pertencer a várias células sociais: um círculo de amigos da escola ou do trabalho, fãs de sua banda musical favorita, criadores de porcos domésticos, alpinistas dedicados, jogadores, confeiteiros ou jardineiros.

As células dentro de nosso corpo também se agrupam, e ninguém tem muita certeza de como. Muito tempo atrás (literalmente há muito tempo, quando você tinha dois milímetros de comprimento), algumas de suas células começaram a se aglomerar e pulsar em sincronia. E, anos depois, seu coração — agora com três bilhões de células fortes — continua batendo. O cérebro é ainda mais impressionante. Seus 171 bilhões de células não apenas controlam seu corpo e processam seus pensamentos, mas também se reorganizam constantemente, agrupando-se para atingir diferentes objetivos. Confrontados por um problema que você realmente deseja resolver, alguns grupos de suas células completam "transferências distantes", iluminando seu mundo interior.

Tanto os grupos de células em nosso corpo quanto as células sociais formadas por ideais compartilhados são incrivelmente resilientes. Isso, no entanto, não parece se aplicar a nossas organizações sociais tradicionais (governos, burocracias, fábricas), que não operam com o desejo de conexão. Nessas estruturas mecânicas, as pessoas que podem não se conhecer ou se gostar são organizadas de acordo com regras abstratas. Elas assumem classificações e títulos específicos: algumas dão comandos, outras seguem ordens.

Uma estrutura como essa pode ser destruída ao eliminar seus principais líderes, fomentando a rebelião entre as pessoas na base da pirâmide ou colocando-a em um ambiente maior onde mudanças rápidas estão em curso.

As células sociais, por outro lado, são quase impossíveis de serem destruídas. É por isso que os combatentes da resistência nos territórios ocupados usam essa estrutura, assim como aqueles com intenções mais sombrias, como os terroristas. Para o bem ou para o mal, pessoas cujos ideais são contraculturais tendem a adotar naturalmente essa estrutura. Se alguém de uma célula é "exposto", não há como trair o grupo inteiro, porque não conhece todos os membros do grupo. E não há como entregar os líderes, porque não há líderes. As células são autoformadoras e autorreparadoras, suas conexões sempre mudam suavemente, de maneira fluida e voluntária, como um cérebro com a "harmonia mutável de subpadrões" descrita por Sherrington.

Se você passou a vida inteira inserido em hierarquias estruturadas, talvez não consiga ver como as células sociais podem se formar ao seu redor. Talvez você tenha nascido em uma hierarquia familiar na qual os homens eram mais poderosos do que as mulheres, ou tenha sido criado em uma sociedade na qual as pessoas brancas eram favorecidas em relação às não brancas, ou tenha trabalhado em um sistema cuja "regra de ouro" era que "quem tem o ouro faz as regras". Você pode ter passado a sua vida adulta em organizações em que todos acordam aterrorizados e se esforçam muito para acumular coisas o dia todo, todos os dias.

Sempre que você para de seguir essa cultura de ansiedade e começa a sintonizar em sua criatividade, logo experimenta a *magia* consteladora da criação. E a palavra *magia* não soará como um exagero. Como exemplo, deixe-me descrever uma constelação que parece ter se aproximado de mim durante toda a minha vida, embora eu realmente não tenha ideia do porquê.

Mesmo quando eu era muito pequena, tinha um sentimento interior muito forte de missão. Mas eu ficava perturbada com o fato de não ter ideia de qual era a minha missão. Mas, quando fui ficando mais velha, eu via outras pessoas — principalmente desconhecidas — que pareciam quase iluminadas, como se tivessem um holofote sobre elas. Olhando para essas pessoas, eu pensava: *Nossa! Estamos no mesmo time!*

Que time? Eu não fazia ideia.

Por décadas, guardei isso para mim. Era estranho demais, e eu tinha certeza de que pareceria insanidade mencionar isso. Mas, quando cheguei à idade adulta, as coisas continuaram ficando mais estranhas. Muito antes de me tornar uma figura pública, pessoas que eu mal conhecia às vezes se aproximavam de mim e perguntavam: "Estamos na mesma missão, certo? Você sabe o que está fazendo?" Isso parecia acontecer ao acaso. Eu não tinha nada a responder, exceto: "Eu não sei, mas seja lá o que for, sinto exatamente o mesmo."

Durante o meu doutorado, ao começar a pensar como socióloga, passei a catalogar os padrões que via nesse "time" autoagregador. Além de ter esse poderoso senso de missão, quem se conectava comigo tendia a compartilhar alguns traços. Por exemplo:

- sentir um intenso desejo de curar o que estava desalinhado — questões sentimentais individuais, culturas humanas, certos biomas como oceanos ou florestas, até mesmo todo o mundo natural;

- sentiam-se impulsionados a estudar certos assuntos — biologia, ecologia, ciências sociais, medicina e línguas específicas;

- tinham pouco interesse em obter poder, mas muitas vezes alcançavam posições de autoridade nos negócios, na ciência ou na política;

- muitas vezes tinham uma neurodivergência significativa e/ou um ente querido neurodivergente a ponto de não ser capaz de funcionar "normalmente" em sociedade;

- muitas vezes eram *genderqueer* ou questionavam as definições de gênero da sociedade;

- eram pensadores altamente imaginativos, criativos e originais;

- amavam a natureza e evitavam comunidades ou ambientes hierárquicos rigidamente estruturados;

- eram emocionalmente sensíveis a falhas, não conseguiam ignorar o sofrimento alheio;

- a sensibilidade os tornava mais propensos à ansiedade, à depressão e aos vícios que serviam de refúgio para a dor emocional;

- todos tinham a sensação, geralmente desde a primeira infância, de que estavam aqui para ajudar com uma grande transformação na maneira como os seres humanos pensam.

Muitas pessoas têm algumas dessas características, mas, à medida que eu encontrava mais e mais indivíduos do mesmo "*time*", a consistência e a precisão com que descreviam a *maioria* ou *todas* essas qualidades começaram a parecer muito mais do que mera coincidência. Ao procurar incessantemente por um elo comum, percebi que meu "time" correspondia ao perfil de personalidade comum a curandeiros, xamãs e outras figuras místicas em diversas culturas tradicionais. Na verdade, alguns deles eram curandeiros ou xamãs nas culturas tradicionais.

Quando cheguei à meia-idade, enfim decidi "me assumir" como parte da comunidade espontânea e autogeradora de membros do "time". Escrevi sobre isso em *Finding Your Way in a Wild New World* [*Encontrando seu caminho em um novo mundo selvagem*, em tradução livre]. Sabia que seria criticada, e fui. Acadêmicos, editores e o público em geral me disseram que eu tinha saído do meu gênero, da minha profundidade, e perdido a noção. Eu pensei que minha carreira de escritora tinha chegado ao fim. No entanto, outras pessoas me escreveram para dizer que leram a minha descrição de "time" e começaram a chorar, percebendo pela primeira vez que podia haver outras pessoas como elas.

Hoje, não faço mais segredo sobre meu sentimento de equipe e missão. Alguns comediantes gritam coisas como "Alguém aqui é de Cleveland?" Já eu grito ao público: "E aí, quantas pessoas sempre suspeitaram que você está aqui para ajudar a transformar a consciência humana?" Dependendo do público, 5% das pessoas levantam a mão, às vezes, 25%, ou até quase todos.

Após uma investigação mais detalhada, verifica-se que algumas dessas pessoas acreditam que a Bola de Queijo Sagrada está chegando em uma espaçonave para banhá-las com ouro logo após o almoço de quinta-feira. Mas a esmagadora maioria parece completamente sã. Muitas são altamente talentosas: médicos, terapeutas, professores, CEOs, cientistas e educadores.

Por décadas, fiquei me perguntando sobre essa constelação, esse grupo de "células adormecidas" compassivas que parecem continuar se formando, guiadas por algo que não posso fingir entender. *O que está acontecendo? O que essas pessoas estão fazendo e por quê?*

A única resposta que recebo, descartada pelo meu hemisfério direito (que, como você deve lembrar, prefere usar a linguagem para piadas, músicas e poesia), vem do poema de T. S. Eliot, "East Coker". Ele escreve: "Eu disse à minha alma, fique quieta", especificando que sua alma deve esperar sem esperança, amor, fé ou mesmo pensamento. "Espere sem pensar", diz Eliot, "pois não está pronta para pensar."

Sob a ótica cultural WEIRD, trata-se de instruções muito estranhas. São uma receita para a mente "não sei". E são excelentes guias para quem espera experimentar uma transformação de consciência. Afinal, se a mudança precisa atender à forma de pensar de alguém, nenhum modo de pensamento atual pode antecipá-la adequadamente, muito menos entendê-la.

Então, observo e reflito, constelando meu caminho por meio de situações desconcertantes como um Sapo de Missão Global Pouco Compreendido. Permaneço firmemente na mente "não sei" (o que não é difícil, já que é a única mente que tenho) e me pergunto se o meu sentimento de ser atraída pelo meu "time" é o que uma célula cerebral sente quando se alinha com outras células. O que as guia? O Tao. A Força? O Mar de Dúvida Infinita? Não sei. Então, eu espero, e a fé, o amor e a esperança se fazem presentes. E sempre que a oportunidade e a inspiração surgirem, estou disponível.

AS SUAS CONSTELAÇÕES

Imagine que cumprir a sua missão — costurando sua colcha de retalhos de saúde, vivendo a vida que ninguém além de você pode criar, mudando de um cérebro ansioso para um desperto — é a melhor maneira de você se constelar com outros membros do seu "time". Imagine que brincar com quem tem mentalidade semelhante, aprendendo e criando com o máximo de prática profunda possível, permitirá que você contribua com ideias e soluções tão vastas, sutis e complexas que seu pequeno hemisfério esquerdo nunca seria capaz de compreendê-las por completo.

Deixe essa imagem ser a sua inspiração.

Você não pode *pensar* em tal aventura, assim como uma única célula cerebral não pode pensar em sua justaposição com as células ao seu redor. Mas você pode se afastar das mentiras da ansiedade. Pode sair das espirais de ansiedade e seguir sua curiosidade rumo à criatividade e à criação, repetidamente. A cada recuperação, você se aproxima da verdade, da magia e da missão. Como David Foster Wallace escreveu: "A verdade o libertará. Mas não sem que antes termine com você." Quando sua verdade libertar, perceberá que está sendo usado das maneiras mais notáveis.

O QUE PODEMOS FAZER

Toda vez que visito Londolozi, sinto todo o meu corpo relaxar em um ambiente natural muito parecido com o que nós humanos vivíamos quando evoluímos na África Meridional. Mas a história de Londolozi é a de um paraíso interrompido. A terra já foi usada na criação de gado, e o superpastejo matou as plantas nativas e deixou o solo estéril. Então, dois adolescentes, David e John Varty, que herdaram o terreno após a morte súbita do pai, decidiram tentar algo que apelidaram de "restaurar o Éden". Eles começaram cortando arbustos com espinhos estranhos e empacotando-os em sulcos erodidos no solo, o que reparou o ciclo natural da água da área. As plantas nativas retornaram e os animais vieram em sequência. Hoje esse ecossistema é quase selvagem novamente — *quase*, porque os humanos que vivem lá deliberadamente cuidam do ambiente, servindo a todos os seus habitantes, de plantas a animais e pessoas.

No mundo todo, ocorrem esforços semelhantes de restauração. Em 2011, uma organização chamada Rewilding Europe começou a trabalhar para restaurar os ecossistemas de dez locais diferentes em doze países europeus, incluindo Alemanha, Itália, Romênia e Bulgária. Na China, os projetos de reflorestamento recuperaram 31,74 milhões de hectares de terra, e há planos de recuperar mais 2,7 milhões de hectares até 2025. Esses esforços transformaram uma região desertificadas há milhares de anos, que depois de apenas uma década de restauração, tornou-se uma "Grande Muralha Verde" que bloqueia tempestades de areia, conserva a água e o solo e protege a agricultura.

Em 2001, conheci o ambientalista Paul Hawken, cujo objetivo é "acabar com a crise climática em uma geração". Quando nos conhecemos, ele estava prestes a publicar um livro chamado *Drawdown: 100 iniciativas poderosas para resolver a crise climática*. A palavra *drawdown*, que significa redução, se refere às emissões de carbono da atmosfera e à reversão das mudanças climáticas. No livro de Hawken, dezenas de cientistas e ecologistas descrevem projetos que mostram diferentes maneiras de fazer isso.

E, sim, nós realmente somos capazes.

As palavras de abertura do livro de Hawken descrevem o primeiro passo que cada um deve dar ao ser confrontado com algo que cause ansiedade: "A gênese do Projeto Drawdown foi a curiosidade, não o medo." Obviamente, ele se preocupa muito em evitar a destruição apocalíptica da atmosfera do planeta. Mas, ao escolher deliberadamente a curiosidade em vez do medo, Hawken moldou a própria pesquisa de modo profundamente positivo. Ele entrevistou dezenas de ecologistas e especialistas em clima e descobriu várias soluções capazes de curar sistemas biológicos essenciais para nossa sobrevivência.

O grupo se formou como qualquer outra célula social. Na introdução do livro, Hawken ressalta: "Para ser claro, nossa organização não criou ou concebeu um plano (...) Achamos um plano, um modelo que já existe no mundo na forma de sabedoria humana coletiva." Repetidas vezes, essa sabedoria escolhe a criatividade em vez da ansiedade.

Pequenos grupos de pessoas guiadas pela criatividade, compaixão e genialidade individuais podem gerar mudanças rápidas e significativas. Pense no bombeiro Wag Dodge, que diante de uma tragédia aparentemente inevitável soube exatamente como sobreviveria. Seus colegas estavam fugindo do fogo e lutando tanto que não conseguiram entender, mas, depois que Dodge sobreviveu, bombeiros de todo o mundo adotaram sua epifania.

Se toda a humanidade funciona como um neocórtex global, então uma ideia do hemisfério direito criativo de uma pessoa pode se espalhar quase instantaneamente por toda a população. Um cérebro desperto pode criar uma onda de compreensão e motivação, inspirando todos nós a viver uma vida mais gratificante e significativa enquanto restauramos o equilíbrio da Terra.

Hawken e eu não nos conhecemos em uma cúpula de ecologia ou em uma conferência científica, mas na casa de uma amiga em comum, a mentora espiritual Byron Katie. Sua especialidade é curar indivíduos, ajudando-os a questionar os pensamentos que os tornam infelizes. Como já mencionei, o método dela (que recomendo fortemente que você investigue) me ajudou a perceber que a ansiedade está sempre mentindo e que, na verdade, o *exato oposto* de um pensamento assustador é muitas vezes meu próximo passo rumo ao despertar.

Um exemplo disso é a inversão proposta por Hawken: em vez de pensar que "o aquecimento global é algo que está acontecendo *com* a gente" para chegar a outra possibilidade: "O aquecimento global está acontecendo *para* a gente".

> Se mudarmos a preposição e considerarmos que o aquecimento global está acontecendo *para* a gente — uma transformação atmosférica que nos inspira a mudar e reimaginar tudo o que fazemos — começamos a viver em um mundo diferente (...) Vemos o aquecimento global (...) como um chamado para construir, inovar e efetuar mudanças, um caminho que desperta criatividade, compaixão e genialidade.

Por mais estranho que pareça ir na contramão das convicções assustadas do hemisfério esquerdo, pensar dessa maneira — criativa em vez de ansiosa — nos abre para a possibilidade. Hawken e eu precisávamos desse entendimento para avançar em nossas missões de vida, então nos constelamos em uma célula solta e auto-organizada em torno do trabalho de Katie. Compartilhamos instruções e ideias e depois passamos para nossas respectivas equipes e tarefas.

Culturas que emergem dessa maneira são como organismos, não máquinas. São o oposto da jaula de ferro. Enquanto a nossa cultura do hemisfério esquerdo é rígida, as células sociais são fluidas. Enquanto as sociedades WEIRD enfatizam a escalada de pirâmides de riqueza, poder e status, as células sociais se formam a partir do entusiasmo, da troca e da interconexão de insights criativos. Como crianças de 5 anos que constroem uma torre de espaguete mais rápido e melhor do que um grupo de engenheiros treinados, indivíduos que servem ao próprio gênio criativo encontram soluções que estruturas hierárquicas jamais poderiam conceber.

A história está repleta de exemplos desse processo. Quem moldou a democracia norte-americana, independentemente de suas falhas, elaborou um plano de governo que rompeu com os sistemas monárquicos da Europa. Os impressionistas franceses ultrapassaram os limites do literalismo e começaram a pintar luz e emoção. O Grupo Bloomsbury, que incluía pensadores e escritores como Virginia Woolf e E.M. Forster, mudou a visão das pessoas sobre literatura, estética, economia, feminismo, pacifismo e sexualidade.

Se você deseja acessar o poder de uma célula social para resolver os próprios problemas, junte-se a um grupo virtual que compartilhe seu interesse em decoração de casas sem gastar muito dinheiro, criação de hamsters mais amigáveis, planejamento de férias agradáveis em família, como morar confortavelmente em uma van ou produção de cadeiras a partir de pedaços de madeira que aparecem flutuando na água. Não fique muito obcecado em relação a isso e não se apegue a todos que você conhece. Permita que você e sua atenção se desviem e vagueiem; observe quais pessoas ou comentários despertam a sua criatividade ou ajudam você a se sentir conectado.

Não importa o que você queira abordar, sejam tópicos inusitados como esses que acabei de mencionar ou habilidades capazes de mudar a vida, como lidar com doenças graves, há outras pessoas por aí que estão se perguntando sobre as mesmas questões e trabalhando e tentando resolver os mesmos problemas. Unir forças com algumas delas — algo que pode ser tão simples quanto postar uma pergunta em um fórum on-line — conectará você a uma troca de insights e informações, a uma célula social viva, que pode mudar todo o seu mundo.

A PIRÂMIDE E A PISCINA

Um dia, enquanto vagava pelo meu cérebro neurodivergente, pulando de um pensamento baseado em interesses para o outro, eu me perguntei como seria a cultura humana se uma massa crítica de indivíduos experimentasse o próprio despertar. A resposta não veio por meio de conceitos do hemisfério esquerdo, mas através de uma imagem do hemisfério direito. Na minha mente, vi uma piscina, uma metáfora para a agregação da experiência, do pensamento e do sentimento humano. A contribuição de cada indivíduo era como uma gota de chuva aterrissando na superfície da piscina, e cada gota de chuva criava ondas que interagiam, a energia pessoal de cada ser humano afetando todos os outros.

Mas como a nossa cultura — uma pirâmide rígida de riqueza e privilégio — se torna uma poça, onde não exista coisas como a hierarquia?, pensei. No instante seguinte, o meu cérebro me enviou outra imagem, tão nítida e intensa que comecei a transformá-la em realidade. Encontrei uma travessa plana de vidro. Dentro dela, ergui uma pirâmide de cubos de açúcar. A estrutura era sólida, angular e cristalizada. Então pensei: *isso é a consciência que dominou a sociedade humana nos últimos séculos.* Então peguei um copo de água e pensei: *isto é a consciência desperta.*

Despejei a água na travessa e esperei.

No início, nada aconteceu. Mas aí os cubos de açúcar na base da pirâmide começaram a desmoronar. A ação capilar puxou a água até a próxima fileira de cubos, que também começou a se dissolver. A pirâmide começou a desmanchar suavemente de baixo para cima. O topo permaneceu seco e sólido até que quase todos os cubos de açúcar derreteram. Depois, até mesmo o cubo mais alto começou a se misturar com a água e desapareceu.

Nenhum pedacinho desse açúcar foi destruído. Tudo o que estava naquela travessa ainda permanecia lá. Apenas a rigidez e a opacidade desapareceram. E com o tempo, a água também pode dissolver o solo, o cimento ou o granito. Como o hemisfério esquerdo se concentra em *coisas* palpáveis, o que é fluído parece menos poderoso do que o que é rígido. Mas "a água caindo, dia após dia, desgasta até a mais rígida das rochas". Aquilo que se adapta e inclui conquistará aquilo que rejeita e exclui. Ou, como diz Tao Te Ching: "Quando duas grandes forças se opõem, a vitória vai para aquele que sabe se curvar."

Desde o dia do meu experimento da "pirâmide e piscina", tenho analisado o nosso momento na história sob as lentes dessa metáfora. O sofrimento impulsiona o despertar, e os indivíduos que estão perto da base de nossa pirâmide social — ou que foram totalmente excluídos dela — têm maior probabilidade de despertar mais cedo. Eles simplesmente têm menos a perder do que quem nasceu com privilégios. Quando essas pessoas "despertam" e suas estruturas de ego se dissolvem, suas mentes se tornam fluidas e abertas, capazes de acolher em vez de polarizar.

Não precisamos de mais "revoluções", aqueles massacres brutais em que um grupo poderoso depõe outro, conquistando o topo da pirâmide. O que é necessário é a *dissolução* do ego que acompanha o despertar. A consciência do hemisfério direito — a água nessa equação — não rejeita o açúcar; inclui sua essência, tornando-o claro e fluido. Da mesma forma, o nosso hemisfério direito reconhece todos os pontos de vista, mantendo paradoxo e polaridade, tanto a mente "eu sei!" quanto a "não sei", sem destruir nada.

COMO O *SELF* DISSOLVE O EGO

A advogada e ativista Valarie Kaur ficou arrasada quando um amigo querido foi morto por um indivíduo racista que após anunciar em um bar que atiraria em qualquer um que estivesse usando um turbante, realmente disparou. Mas Valarie se recusou a deixar o assassino fazê-la fechar a mente e o coração. Ela e sua família se curaram seguindo um processo com três etapas que ela descreveu para a revista *Parenting*:

1. **SINTA A DOR.** "Pergunte onde ela aparece no corpo", disse Kaur. "É importante perceber a dor, porque se a escondermos, ela vai aparecer mais tarde."

2. **DEIXE O AMOR ENTRAR.** "Imagine um lugar ou pessoa que você ama e observe a sensação no seu corpo", aconselhou Kaur. "Quando deixamos o amor entrar, é como a água morna que lentamente derrete o gelo em nossos corpos — e permite que nos sintamos fortalecidos de novo."

3. **ESCOLHA A ARTE E A AÇÃO.** "Escreva um poema, pinte um quadro, crie uma história ou inicie uma campanha que dê sentido ao que aconteceu", disse Kaur. Quando acessamos e compartilhamos nossa criatividade, descobrimos que "não estamos sozinhos e temos o poder de criar algo amoroso que liberte os outros".

Para o hemisfério esquerdo, isso pode parecer patético — na melhor das hipóteses, é uma estupidez e, na pior delas, um convite à destruição. Mas também se assemelha ao conselho de Chris Voss, o negociador de reféns do FBI, que ensina a acalmar a parte emocional do cérebro e desarmar situações perigosas. E aqui está o detalhe sobre água, amor e consciência desperta: você não pode esfaqueá-los, atirar neles ou espancá-los até a morte. Eles permanecerão ilesos e vão desgastar a sua energia violenta e as suas armas. Nada pode ferir o espaço, a tranquilidade e o silêncio.

Foi por isso que Gandhi disse: "Quando me desespero, lembro-me de que, ao longo da história, a verdade e o amor sempre venceram. Houve tiranos e assassinos que, por um tempo, pareciam invencíveis, mas no final, sempre caíram. Pense nisso, sempre."

Ao seguir a sua alegria, distanciando-se da ansiedade e se aproximando da criatividade, você perceberá que está interagindo fluidamente em células sociais alimentadas pela própria criação. Cada pessoa e cada encontro, criará ondulações que afetam toda a humanidade. As estruturas sustentadas pela ansiedade, tanto em sua psique quanto ao seu redor, vão começar a se dissolver. Neste momento, toda a população mundial já está interagindo com uma fluidez sem precedentes na história. E, quanto mais nos conectamos, mais aumentamos nosso acesso à sabedoria.

A SABEDORIA DAS MULTIDÕES

Em 1907, um cientista chamado Francis Galton relatou um fenômeno intrigante: em uma feira de condado, uma multidão foi convidada a adivinhar o peso de um boi. Quando todos os palpites foram somados e divididos pelo número total de participantes para calcular a *média*, o resultado acabou sendo mais próximo do peso real do boi do que a estimativa sugerida por qualquer indivíduo presente. Os economistas acreditam que esse fenômeno, chamado de "sabedoria das multidões", é verdadeiro em diversas situações; as multidões podem ser mais precisas do que os indivíduos que as compõem.

Você e suas células sociais, as pessoas com quem mais interage, formam uma espécie de "multidão". Juntos, podemos gerar resultados que não apenas incluem, mas transcendem todos nós, assim como uma molécula inclui, mas transcende seus átomos, as células incluem, mas transcendem suas moléculas, o corpo inclui, mas transcende suas células. Se mentes e corações despertos conseguirem interagir livremente, podemos incluir, mas transcender nossa sabedoria individual, criando algo mais sábio do que até mesmo o mais sábio entre nós seria capaz.

Uma das descobertas mais contraintuitivas sobre a sabedoria das multidões é que, *quanto mais diversa a multidão, mais sábia ela é*. Algumas multidões são dominadas por propaganda ou ilusão. Mas isso é menos provável quando há uma ampla diversidade de opiniões e experiências. Assim como um ecossistema ou uma célula social se torna mais resiliente com a diversidade — com mais fluxos de entrada, mais seres vivos e mais formas de viver —, as multidões humanas precisam dessa diversidade para alcançarem a sabedoria. E a opinião de cada pessoa deve ser "independente e livre da influência dos outros".

A MENSAGEM

Se uma multidão sábia é diversa, então uma multidão que inclui meu filho, Adam, que tem síndrome de Down, pode ser mais sábia do que uma multidão composta exclusivamente por professores acadêmicos. Adam admite com alegria que sabe muito pouco ("Eu não tenho ideia" é uma de suas respostas favoritas a qualquer pergunta). No entanto, ele também habita o Mistério, uma realidade muito mais maravilhosa do que qualquer coisa que nossa cultura nos ensina a valorizar. Com frequência, em breves momentos, ele demonstra uma relação profunda e indescritível com a inteligência da criação.

Adam pode passar anos sem fazer nada incomum. Mas, de vez em quando, ele calmamente desestrutura o que resta da minha mente "eu sei!". Foi o que aconteceu um dia, quando alguns amigos e eu nos reunimos em volta do meu computador para assistir a um vídeo do YouTube chamado "All Planet Sounds from Space (in our Solar System)".

Pesquise isso no Google — você não vai se arrepender. O computador ou o celular reproduzirá as emissões de rádio coletadas pelas espaçonaves à medida que elas passam por diferentes corpos celestes em nosso sistema solar. Traduzidas em som, essas gravações mostram que tudo por aí tem sua melodia única, seja ela assustadora ou bonita. O planeta Terra emite um som agitado e selvagem, como o vento uivando por entre árvores densas. Vênus vibra como uma enorme tigela tibetana. Júpiter parece tocar um órgão de tubos. Urano soa como o chilrear de um milhão de passarinhos (e eu desafio você a dizer isso a alguém em uma festa enquanto se mantém sério).

Enquanto meus amigos e eu ouvíamos tudo aquilo, fascinados, Adam passou por nós, voltou, deu uma segunda olhada e entrou na sala.

— Que sons são esses? — perguntou ele. — Eu tenho esses sons no meu corpo.

Em seu *corpo*? Registrando a estranheza dessa afirmação no fundo da minha mente, expliquei a Adam que estávamos ouvindo os sons dos planetas.

— Ah, certo — disse ele, acenando com a cabeça casualmente, como se eu tivesse acabado de lembrá-lo de que era quarta-feira. Então, antes de se virar para sair, ele acrescentou: — Essa é a mssge. — (Ele tem dificuldade de pronunciar as palavras e, mesmo depois de décadas de prática, muitas vezes não consigo entendê-lo.)

— Espere — falei. — O que você disse? A (...) mssge?

— Sim — respondeu ele. — Sempre enviam a mesma mssge. Tempo todo.

Um dos meus amigos se juntou a mim.

— Adam, você poderia repetir para que a gente possa entender? Não somos muito bons nisso.

Adam sorriu pacientemente e levou a mão ao ouvido como um telefone, com o polegar e dedo mindinho levantados.

— A MSSGE! — repetiu ele. — O chamado!

— Ah, uma *mensagem*! — todos dissemos em uníssono.

Adam sorriu e assentiu.

— Isso!

Ficamos tão satisfeitos com esse avanço que quase esqueci de perguntar:

— Espere, Adam! Você está nos dizendo que os planetas estão nos enviando uma mensagem?

— Sim — respondeu ele, parecendo surpreso por eu não saber. — Sempre.

— Bem, e qual é? — perguntou um dos meus amigos. — Qual é a mensagem?

Adam balançou a cabeça, aparentemente sentindo pena de nossa ignorância, e disse:

— Que estamos seguros.

PERTENCIMENTO

Quando me vejo perdida no salão dos espelhos da ansiedade, tudo parece impossível. Como podemos encontrar segurança diante das pequenas e grandes catástrofes que acontecem em nossas vidas, em todos os lugares e no mundo todo? Como podemos estar seguros quando "nascemos marcados para morrer"? Como esse espécime frágil que chamo de eu pode estar *seguro* em um universo governado pela entropia?

Porque podemos despertar.

Porque não somos apenas esses corpos, não somos apenas a nossa ansiedade. Porque podemos permitir que a inteligência da natureza guie nossas missões, nosso gênio criativo único, como parte de uma estratégia maior. Nossa missão é parte essencial da colcha que está sendo costurada no mundo por uma inteligência que pode ser nosso subconsciente coletivo, o Tao, a Força, a sabedoria da natureza. Nenhum rótulo é capaz de nos definir, mas podemos experimentá-lo. Trata-se, na verdade, do estado final de superar a ansiedade.

Assim que deixarmos a ansiedade para trás, o que ocupará a nossa mente e o nosso tempo? A imersão total no momento presente e a equanimidade que surgem naturalmente em nossos *Selves* centrais. Nesse estado, sabemos que somos elementos indispensáveis da criação. Nós pertencemos. Tudo sobre nós pertence, inclusive a parte que teme não pertencer. Em vez de viver como uma bola de ansiedade apertada e cerrada, podemos optar por nos abrir para nossa própria criatividade até nos encontrarmos inextricávelmente misturados com a própria criação. Podemos deixá-la ir e se dissolver. É assim que todos nós nos tornamos uma força emergente do amor.

Eu sei que isso pode salvar o mundo? É lógico que não. Talvez esteja imaginando este livro inteiro em um longo e focado sonho. *Dubito, ergo sum.* Duvido, logo existo. Sabendo que não posso saber, minha mente permanece aberta. Estou aqui, tirando a minha armadura. E eu realmente acredito que é tudo o que esse momento crítico da história nos convoca a fazer: nos mantermos calmos, curiosos, criativos e pronto. Aqui está um exemplo que pode ajudar você a visualizar.

Nova habilidade
MANTENHA A CALMA APESAR DE TUDO

1. Entre em um estado de calma utilizando as técnicas que você aprendeu neste livro. Dedique um tempo extra para se conectar com seu *Self* central, o seu centro compassivo. Ofereça o diálogo interno gentil (KIST) para qualquer parte que esteja se sentindo ansiosa.

2. Identifique algo que você deseja muito controlar, algo que, na verdade, provou ser difícil ou impossível de controlar: doença, envelhecimento, guerra, injustiça, o comportamento de alguém que você ama.

3. Imagine-se saindo de seu corpo, atravessando o teto da sala e subindo para a atmosfera. Olhe de longe para o problema que incomoda você. Permaneça quieto.

4. Diga ao seu interior: "Não podemos controlar esta situação."

5. Observe se a ansiedade surge. Se surgir, ofereça mais diálogo interno gentil KIST ("Você vai ficar bem. Você vai ser feliz (...)").

6. Respirando profunda e regularmente, permaneça no *Self*, diga a todas as partes de sua psique: "Está absolutamente tudo bem por não conseguirmos controlar isso. Não precisamos controlar isso." Permita que esse pensamento seja assimilado.

7. Observe qualquer resistência. Se uma de suas partes protestar (por exemplo, *Não! Eu preciso controlar essa coisa!*), lembre gentilmente à parte: "Mas, querida, não podemos controlar isso."

8. Quando conseguir se acalmar devido a sua falta de capacidade de controlar a situação, faça uma oferta à Galinha Mágica do universo, à Força,

ao Tao ou ao que você quiser chamar de criação. Você não precisa acreditar nessa oferta; você só precisa se sentir calmo enquanto diz isso. A oferta é:

"Estou disponível para agir nessa situação se necessário. Eu gostaria que fosse diferente e estou disposto a aparecer e dar o meu melhor para que seja assim. É só me avisar quando e como posso ajudar."

9. Respire fundo mais uma vez e balance as mãos e os pés. Em seguida, faça algo de que você goste. Veja se você consegue deixar o problema de lado. Se sim, você FINALIZOU! Caso contrário, passe para a próxima etapa.

10. Se você não conseguir deixar de lado as suas preocupações, diga: "Eu não posso controlar o fato de não conseguir parar de querer controlar isso." Repita todo o exercício, utilizando a sua incapacidade de se desprender como o objeto de controle.

11. Preste atenção: pode surgir uma oportunidade de agir de forma positiva. Pode ser uma ideia ou uma situação que surgiu ao seu redor. Se e quando isso acontecer, faça o que parecer mais pacífico.

Depois de começar a despertar, você pode manter "uma massa crítica do *Self*" em todos os momentos. Isso significa que sempre haverá um lugar para ir quando precisar se sentir calmo. Isso significa que pode acalmar outros cérebros, sejam humanos ou animais. Significa que o mundo coopera com você de maneiras inesperadas. Significa que você pode ajudar. Siga o fluxo de sua verdade enquanto ela se desenrola, com a sua mente criativa abraçando todas as suas ansiedades, esperando calmamente até que o frenesi delas se resolva em quietude.

Sinta o que está funcionando em você, através de você e para você.

Trata-se do Lila, o jogo da consciência que, à medida que assume a matéria, se forma em seres e depois os deixa de novo. É a consciência brincando no campo da matéria, dançando com corpos humanos mais lindamente do que eles sabem dançar. É a consciência como uma geração de seres humanos indo muito além das capacidades de qualquer geração anterior. É a consciência utilizando tecnologias incríveis e avançando com o efeito Eureca, resolvendo problemas de maneiras que só parecerão óbvias quando alguém pensar neles. É toda a natureza, toda a Terra, como um organismo inteligente trabalhando seus algoritmos incrivelmente complexos, brincando com a forma.

Aqui está o verdadeiro milagre da vida: quando está desperta, ela cura. Eu não quero só que você acredite nisso, quero que viva isso. Não de uma só vez, e não sem oscilações, mas de forma consistente e contínua, você pode liberar as suas ilusões. Vai chegar um momento em que você vai sentir a mensagem "Estou seguro" em cada célula do seu corpo. Superar a ansiedade vai curar seu coração partido, preenchendo-o com paz, alegria e desejo de compartilhar sua liberdade com todos os outros seres.

Agora imagine a Terra à noite, todos esses pontos de luz se movendo, se agrupando, se espalhando e se conectando. Em torno das pessoas que estão usando essas luzes, outras formas de energia fluem: ondas de rádio, comunicação digital, eletromagnetismo. Somos todos campos sobrepostos de energia e matéria, naves cintilantes no tear encantado do mundo, onde tecemos um padrão de dissolução.

Quando vamos além da ansiedade — quando rejeitamos as mentiras que causam tanto desgosto —, não apenas descobrimos a magia da vida; *somos* essa magia. É mágico o fato de que, desde que a consciência habite uma forma física, ela pode se mover, agir, pensar e reparar automaticamente suas partes despedaçadas. É mágico que você e eu possamos nos curar das tristezas e dos tormentos que enfrentamos. Usando essa "magia", podemos nos curar como espécie, conectando-nos com a coragem e a curiosidade que levam a uma cooperação harmoniosa sem a necessidade de estruturas rígidas. E, juntos, podemos curar a nossa casa, este planeta onde nos movemos como um pequeno neocórtex ocupado, cansado de seus medos, pronto para superar a ansiedade.

Se somos o cérebro da Terra, o cérebro está despertando.

AGRADECIMENTOS

Fico perplexa e inundada por gratidão quando penso em quantas pessoas contribuíram para a concepção e conclusão deste livro. Em primeiro lugar, gostaria de agradecer aos milhares de clientes, leitores e participantes dos meus cursos on-line que compartilharam suas experiências e me ajudaram a testar vários métodos para solucionar alguns problemas da vida. Se você é uma dessas pessoas, saiba que agradeço demais por sua abertura e os seus insights.

Minha agente, Linda Loewenthal, foi uma presença inestimável na minha mente (e no telefone!) enquanto eu esmiuçava as ideias gerais de *Ansiedade e Criatividade*. Ela ouvia com paciência o meu discurso animado sobre vários cientistas, então gentilmente me lembrava de que queria ouvir as *minhas* ideias. Ah, sim, isso. Linda é uma amiga, defensora e editora maravilhosa. Tenho muita sorte de conhecê-la e trabalhar com ela. Meus primeiros leitores e apoiadores constantes ao longo dos diversos rascunhos deste livro incluem algumas das minhas pessoas mais queridas: Kitt Forster, Sam Farren Beck e Paula Keogh. Agradeço a todos pelo brilhantismo literário, pela imensa generosidade e pela bondade. Eu amo vocês.

Enquanto escrevia *Ansiedade e Criatividade*, a minha querida amiga Elizabeth Gilbert e eu conversávamos ao telefone e nos visitávamos para ler em voz alta as partes novas de nossos respectivos livros. Adorava ver as belas e espontâneas ilustrações que Liz desenhava enquanto ouvia. Nunca conheci alguém com um dom tão grande para transformar todas as formas de energia em criação artística. Que presente ela é, e como sou grata por tê-la em minha vida.

Também tive oportunidades incríveis de falar pessoalmente com alguns dos especialistas e cientistas cujas obras serviram de arcabouço para este livro. Um enorme agradecimento a Jill Bolte Taylor, que generosamente compartilhou seu conhecimento e sua experiência, tanto por meio de conversas quanto por meio de seus livros poderosos, que espero que todos leiam. O coração de Jill é tão grande quanto a sua experiência, e me sinto abençoada por conhecê--la. Richard Schwartz, fundador da terapia de Sistemas Familiares Internos, também foi incrivelmente generoso doando seu tempo e apresentando suas ideias. Alexandra Barbo, uma especialista altamente treinada em IFS, não só foi uma terapeuta excepcional, como também explicou o processo de forma brilhante. Sou muito grata a essas pessoas incríveis, cujo trabalho ajuda tantas outras todos os dias.

De fato, nada disso seria possível sem uma equipe dedicada que trabalhou para publicar o que escrevi. Agradeço a todos do The Open Field, Penguin Life e Penguin Books.

Pam Dorman foi a primeira a ler o proposal e a acreditar neste livro. Ela é uma lenda, e sou muito grata por sua ajuda e seu apoio com este livro e com o anterior. Brian Tart, Kate Stark e Meg Leder estavam lá me apoiando no processo de escrita. Não tenho nem como agradecer.

O selo editorial The Open Field é coordenado pela minha querida amiga inigualável de longa data Maria Shriver. Seu compromisso de servir ao mundo, sua bondade e sua energia são quase inexplicáveis. Eu mencionei que me sinto tomada por gratidão?

Minha editora, Nina Rodriguez-Marty, é um ser humano verdadeiramente adorável, com um olhar atento aos detalhes e ao enredo e com uma maneira gentil de me redirecionar quando eu desviava da história, além de ter uma disposição constante para incentivar. Trabalhar com ela tem sido maravilhoso. Randee Marullo, minha editora de produção, e Lauren Morgan Whitticom, minha revisora, também foram além, vasculhando o manuscrito em busca de erros e corrigindo tudo. Um enorme agradecimento às duas.

Acima de tudo, agradeço à minha família. Lila Mangan e Adam Beck me trazem graça e alegria todos os dias. Eu nunca teria terminado nenhum livro sem a paciência interminável e o apoio constante da minha amada Karen Gerdes, que incansavelmente assume tarefas que impediriam que eu mantivesse o ritmo da escrita. Não tenho palavras para expressar a minha gratidão a ela.

Rowan Mangan, muito querida por mim, é a minha constante caixa de ressonância amorosa. Ela está lá para discutir cada nova ideia hesitante, para ler o primeiro, o segundo, o terceiro e o décimo rascunhos, para desafiar meus erros e trazer sua própria perspectiva brilhante para cada página. Ela criou a frase "sentir-se bem por parecer esquisito", que descreve a nossa família — e a minha vida — melhor do que qualquer outra definição.

Enfim, agradeço a todos os leitores que tiverem acesso a todos os formatos de *Ansiedade e Criatividade*. Quando o livro chegar a suas mãos, seus olhos, seus ouvidos e sua mente, você vai passar a ser um fator na construção de uma nova interpretação, exclusiva para você. Somos todos parte de cada pensamento que compartilhamos. Estou muito feliz por compartilhar e criar com você.

intrinseca.com.br

@intrinseca

editoraintrinseca

@intrinseca

@editoraintrinseca

intrinsecaeditora

1ª edição	JULHO DE 2025
impressão	BARTIRA
papel de miolo	HYLTE 60 G/M²
papel de capa	CARTÃO SUPREMO ALTA ALVURA 250 G/M²
tipografia	ADOBE CASLON PRO